彭祖文化探源

主编 彭铁元

中国书籍出版社
China Book Press

《彭祖文化探源》编委会名单

编委会主任： 彭小龙

副 主 任： 彭 滕　彭兴国

编　　　委： 彭 涛　彭锦程　彭 江
　　　　　　彭小龙　彭 滕　彭继峰
　　　　　　彭华军　彭良光　彭兴国
　　　　　　彭铁元　彭文清　彭献金
　　　　　　彭媛媛　彭旺华

主　　　编： 彭铁元

彭祖之歌

作词：彭铁元
作曲：王立东

1=E 4/4
♩=82 大气辉煌的

3 4 5 6 5 | 3 2 3 1 - | 6 7 1 2 1 | 3 1 6 5 - |

(女)五千年涛飞云　走　(男)爱之泉碧波长　流
(男)万里路风雨同　舟　(女)爱之大怀抱宇　宙

6 7 1 2 1 | 6 5 6 3 - | 2 2 1 1·1 7 6 | 5 - - 5 |

(女)八万里山川横　越(男)血之源一脉千　秋　(合)并
(男)一个梦自古传　承(女)血之亲暖透春　秋　(合)携

3 - - 2 1 | 3 - - - | 2· 1 3 1 6 | 5 - - 5 |

肩　　担天　下　　　　先　贤代代　　秀　　铁
手　　向前　走　　　　子　孙更优　　秀　　彭

3 - - 2 1 | 3 - - - | 2· 1 5 2·1 | 1 - - - |

血　　耀中　华　　　　彭　祖立神　州
祖　　遍天　下　　　　　　　薪　　旗　　联

1. 1 - 5 ‖ 2. 1 - - - | 2 - 1 3 | 3 - - - | 3 0 0 0 |
　　　　　　　结束句
洲　携 D.S 洲　　　　联　　五　　洲

王立东：国家一级作曲家、全国"五个一"工程奖获得者。

序 言

彭祖文化研究综述

复旦大学教授钱文忠

据古代典籍记载，彭祖，姓篯名铿，是上古帝王颛顼的玄孙（黄帝的第八代孙），至今有四千三百多年的历史。彭祖是中国历史上有文字记载的第一位养生学家，也是第一位长寿之人，又是道家先驱，因此受到世人敬仰。

彭祖文化作为中国传统文化中的重要一支，影响深远。其中的精髓，也最为后人追捧的，是彭祖的长寿养生文化，概括来说即三大养生术：膳食养生术、导引术和房中术。"膳食养生术"是将饮食养生和健康长寿有机结合的一种饮食方法；"导引术"是中华武术、气功之源头，是一种强身健体的运动形式；"房中术"是中国古人研究性科学的学问。

对彭祖文化的研究古已有之，自先秦起关于彭祖及其思想的记载就有很多。现代学者也将彭祖文化作为其研究课题。据不完全统计，全世界以彭祖文化为研究内容注册的学会、研究会有1296个。关于彭祖及彭祖文化的专著也有不少。本论文集收录了在中国知网（CNKI）以"彭祖"为"主题"词进行搜索获得的47篇学术论文，均登载于学术期刊或为博硕士研究生学位论文，作为目前学界对彭祖文化研究的主要研究成果。

根据研究主题，研究成果主要分为如下几类。

一、对彭祖身份的研究

自古以来，对彭祖的身份有几种不同的看法，有人认为是真有其人，有人说是族名或国号而非人名，也有人说是得道仙人，这几种说法都有一定的证据支撑，因此难有定论。

彭善俊和尚恒元在《彭祖不是神话人物》一文中，通过世系传承的研究与对先秦古籍的考证，确认了彭祖为有史可考的历史人物，而非神话人物。同样认为彭祖确有其人的还有学者陈广忠。他在《道家先驱与养生论——彭祖考》一文中同样通过史书考证，证明彭祖确实存在于上古，并指出彭祖在尧、舜时代就已知名，曾经担任尧之重臣，并且以长寿著称。

学者汪燕岗在《彭祖考略》中提出："彭祖是一个氏族名，又是丛氏族成为国家时的一个国家名，当然也可以理解为这个氏族的始祖就叫彭祖，而其后他的名字成了氏族名。"

此外，还有学者针对彭祖具体身份的传说做了争论。杨炳昆在《彭祖即巫彭》一文中论证了他所提出来的观点——彭祖即巫彭。学者李水海则在《老子不是彭祖考证》中通过梳理古籍对彭祖的记载反驳了"老聃亦称老彭"的说法，得出了老子不是彭祖的结论。

二、对彭祖故籍的研究

古今对彭祖被封于大彭一事没有疑问。然而，由于年代久远，故籍记载不全，对彭祖的故籍向来有所争议，江苏徐州和四川彭山都在和彭祖"攀亲戚"。但是彭祖的故乡究竟在哪儿，学者也争论纷纷。

学者汪燕岗根据韦昭注《国语》，认为大彭即谓之彭城，"彭城即今江苏铜山县，在徐州境"。据唐代杜光庭《墉城集仙录》卷6记载，彭祖晚年到了四川，"彭祖得道，不乐冲天，周游四海，居蜀多年，子孙繁重，故有彭山、天彭、彭门之名，俱在蜀焉……"《华阳国志》《元和郡县志》《一统志》《四川统志》都说彭祖晚年到了四川，死于蜀。学者邓庆在《彭祖故里四川彭山说江苏徐州说之争逐浪高》一文中考察了彭山、徐州各自与彭祖的关系。对于彭山，作者提出可能是彭氏中的一支流亡到达四川。而对于徐州，作者引用其他学者的观点认为，虽然"徐州不是彭祖的故里，而是彭祖的受封之地"，彭祖的第一故乡不能确定，而徐州又是彭祖的常住之地，因此"把彭祖的第二故乡徐州称为彭祖故里"。

学者彭胡在《彭祖故里彭山说铜山说争议贯古今》一文中指出，彭祖的故籍在"四川之武阳，即现今彭山县"。作者根据中国古代第一部编年史《竹书纪年》中的记载断定，商周时八个部族中"蜀、彭、濮"在四川。同时，根据晋常璩著的我国第一部最权威的地方志《华阳国志》记载的"彭祖本生蜀""彭祖家其彭蒙"等断定彭祖的故里在四川彭山。而晋代以后的很多史志都有关于"彭祖葬于彭山彭亡（蒙）山的记载"。学者杨炳昆和谢进也认为彭祖故籍在川巴山区。

三、对彭祖长寿的研究

自古以来即有彭祖活"八百岁"的传说。对彭祖的长寿，学者也有研究。

学者李大明在《彭祖长年新论》中梳理了古籍对彭祖岁数的记载，发现在先秦典籍中，彭祖是长寿的象征，但并没有具体说明其究竟活了多少岁；而到汉代，学者们确切指出了彭祖活了七百岁；据《竹书纪年》载，武丁四十三年灭大彭。则大彭国确存在八百多年，误认为是彭祖本人活了八百多岁。

学者张树国则从彭祖活"八百岁"的传说研究中国古代的崇寿文化。他在《彭祖与中国古代崇寿文化》一文中，对彭祖如何从历史人物成为神仙进行了文献考察，认为由于古代圣贤总是力图在有限的人生之内从事千古流芳的事业，他们的长寿对下民来说是苍天的莫大恩惠，得出"古人追求长寿与人生价值的实现是同步的"观点，可以说，"圣贤崇拜实际上也就是人类自身的偶像崇拜"。

四、对彭祖相关遗迹的研究

还有学者对彭祖相关遗迹进行了研究。

针对《元和郡县志》对彭亡山的来历写道："彭祖家于此而死，故曰彭亡。"杨炳昆在《彭祖即巫彭》一文中澄清说，"其实彭亡亦写作彭模、彭蒙、彭望、平无、平模等，当为古蜀语之对音，不能望文生义。"

学者帅希彭和赵志存、赵杰则分别在其论文中考察了古籍中对彭祖祠、彭祖墓和彭祖封地大彭国的记载。

五、对彭祖文化的研究

"彭祖文化"作为淮海地区的初始文化，其丰富的内涵向来为世人瞩目。但对其本身的概念界定，学界目前尚未形成一个统一的、规范的、被社会广泛接受的结论。基于此，学者赵明奇、韩秋红在《论彭祖文化的形成、发展与历史地位》一文中，试图对"彭祖文化"的概念做准确界定。他们认为，"彭祖文化应被视作一个立体文化系统，有广义、狭义之分"。"广义的彭祖文化是指与彭祖有关的一切生活方式和为满足这些生活方式进行的物质文明与精神文明创造，以及基于这些方式形成的心理和行为。其具体内容包括三个层面：一是彭祖物态文化，指与彭祖有关的遗迹、遗存；二是彭祖制度行为文化，指由彭祖或其后学所创造的系列'养生之术'，以及各种纪念彭祖的风俗习惯、行为礼仪、谚语故事等；三是彭祖精神心理文化，指人们在长期的养生实践和意识活动中形成的价值观念、思维方式、审美情趣、心理性格等。狭义的彭祖文化则是指由彭祖开创、经后人完善的，以追求养生长寿为目的，以摄养、导引、烹饪、房中等系列养生之术为手段的生命哲学，及其对中国民族精神所产生的影响。"此外，在文中他们还对彭祖文化在徐州的形成、彭祖文化的发展及其历史地位进行了阐述。

也有学者从彭祖文化与其他中国传统文化关系的角度出发进行研究。

学者朱平安在《彭祖文化是武夷山养生文化的集中体现》一文中指出，彭祖文化有其深刻的养生文化内涵，而武夷山养生文化的表现形式，诸如：神仙文化、茶道文化、图腾崇拜、祖先崇拜和生殖崇拜等，都与彭祖文化有直接或间接的联系。从而得出"彭祖文化是武夷山养生文化的集中体现"的结论。

学者彭会资着重探讨了客家文化与彭祖文化的内在联系，由彭祖文化在客家民间的流行，得出"汉民族客家民系的渊源和形成可追溯到远古时期"的结论。并指出，这两种文化具有多重特有价值，主要表现为：鲜明的民族性与世界性、独特的守成性与开创性、可贵的思维合理性与超前性，其中，中华哲学美学的核心范畴"和"是客家文化与彭祖文化的根基。

六、对彭祖文化精髓——养生文化的研究

养生文化是彭祖文化的精髓，因此，学界对彭祖文化的研究多集中于对彭祖长寿养生文化的研究。

朱平安、张永芳、魏彦彦、萧振禹、原野、朱存明、代生等学者在其研究中对彭祖养生文化的内涵进行了概括，尽管表达方式不尽相同，大体而言，可将彭祖养生术归纳为四大术，即：导引行气术、调摄疗养术、膳食养生术和房中养生术。

学者关于彭祖养生文化的研究，更深入饮食文化、气功文化等细分层面。

钱峰重点对饮食养生文化进行了研究，其研究成果有《彭祖饮食文化的形成和发展》和《彭祖饮食养生思想及方法》。作者认为，独特的自然环境，奠基了彭祖饮食文化；彭祖的烹饪术，孕育了彭祖饮食文化；彭祖的饮食养生思想，丰富了彭祖饮食文化；历代名人的推崇，扩大了彭祖饮食文化影响；历史文献记载、民俗与传说，延续了彭祖饮食文化。其中，他将彭祖饮食养生思想和方法概括为：阴阳平衡、五味调和是其饮食养生的哲学思想；顺时养生、遵循自然是其饮食养生的基本原则；食饮有节、定时定量是其饮食养生的指导原则；重工艺、调和滋味是其饮食养生精髓所在；药食同用、合理配伍是其饮食养生、调理机体的重要方式。

学者刘德华、王志平和郝勤等则进一步对彭祖养生文化中的"导引行气术"进行了研究。刘德华在《彭祖与"治气"之道》中指出，彭祖被后世称为"治气之祖"，《庄子．刻意篇》是现存古籍中对

于"彭祖功"的最早的详细确切的记载，经历代不断发展，"彭祖功"内容之丰富令人难以想象。

七、对彭祖文化产业的研究

在对彭祖及彭祖文化的内涵进行研究之外，也有学者从现实出发，从产业发展的角度对彭祖文化进行了研究。

有学者认为，徐州作为彭祖文化的发源地，发展彭祖文化产业有其先天优势。然而，作为无形资产的品牌文化增值潜力未引起人们的足够重视，彭祖文化资源开发没有形成整合优势，彭祖文化中的导引术、房中术没有得到应有重视、没有把握"文化"和"市场"结合度等问题突出，徐州目前在挖掘、整合彭祖文化资源方面存在不足。基于此，他们提出徐州发展彭祖文化产业的总体思路是：以"养生长寿"为灵魂，以民俗节会为旗帜，以"彭祖功夫"为纽带，以性文化博物馆为看点，以彭祖园为基地，以养身旅游为名片，以编撰彭祖文化读物为突破口，以做大做强无形资产为主业，以中老年人群为市场定位，以"发掘、分类、整合、包装、推广"的十字方针为操作手段，并提出发展徐州彭祖文化产业的具体举措。

八、对有关彭祖的出土文献的研究

上海博物馆藏战国楚竹简（三）《彭祖》篇对于研究彭祖及彭祖文化具有重要意义，杨芬、赵炳清、周凤五、汤志彪、孟蓬生、王晶、林志鹏等学者分别从出土文献《彭祖》的顺序、性质、注释（字义疏证）等方面做了研究。

从上述研究中我们可以发现，现有关于彭祖文化的研究主题丰富，在研究方法上以实证研究为主，研究者多是来自受彭祖文化影响最深的江苏、四川、福建、广西、河南等地从事历史、文学、体育、宗教等方面研究的学者、学生、研究员等，在时间跨度上自1985年至2015年，达30年之久，并且呈上升趋势，2004年起相关研究尤为凸显。然而，相关研究总体来看数量仍十分有限，登载在核心期刊上的研究不多，这些都是未来研究中值得注意与提升的地方。

目 录

▶序 言
彭祖文化研究综述　　1

▶第一篇　彭祖考略
毛泽东论彭祖　　2
道家先驱与养生论——彭祖考　　5
彭祖考略　　15
彭祖的养生之道　　24
上博楚竹书《彭祖》重探　　32
上博三《彭祖》补释　　45
上博楚简《彭祖》性质探析　　49

▶第二篇　彭祖传说研究
彭祖即巫彭　　58
彭祖传说的研究　　64
老子不是彭祖考证　　80
彭祖不是神话人物　　92
彭祖故里话彭祖　　98

▶第三篇　彭祖文化初探
初识彭祖文化　　106
彭祖故里彭山说铜山说争议贯古今　　117
彭祖故里四川彭山说江苏徐州说之争逐浪高　　122
彭祖长年新论　　128
彭祖与中国古代崇寿文化　　135

▶第四篇　彭祖长寿文化论

论彭祖文化的形成、发展与历史地位	144
彭祖文化是武夷山养生文化的集中体现	151
客家文化与彭祖文化	158
客家文化与彭祖文化的特有价值	165
养生与彭祖	175
彭祖长寿养生文化论	180
历代养生经典精论评介——之彭祖篇	186
出土文献与彭祖养生学术研究	191
彭祖饮食文化的形成和发展	196
彭祖饮食养生思想及方法	203
彭祖与"治气"之道	209
简明彭祖养生长寿健身术及其功效解析	218

▶后　记　　　　　　　　　　　　　229

▶编委会简介　　　　　　　　　　　231

第一篇

彭祖考略

◦ 第一篇　彭祖考略

◆ 彭祖文化探源 ◆

毛泽东《论彭祖》

李家骥　杨庆旺

[作者简介] 李家骥：毛泽东卫士；杨庆旺：作家

[文章来源]《我做毛泽东卫士十三年》，中央文献出版社

　　[内容摘要]《我做毛泽东卫士十三年》这本书，是毛泽东卫士李家骥回忆、作家杨庆旺整理而写作的。按中央办公厅的规定，对毛主席到各地的重要指示和讲话，随行人员必须准确记录在案。其时，毛泽东到徐州视察，他对当地领导人的指示和讲话，包括《论彭祖》这样重要的精辟论述，李家骥作为毛泽东卫士所做的记录，是无可置疑的。"

《我做毛泽东卫士十三年》这本书，是毛泽东卫士李家骥回忆、作家杨庆旺整理而写作的。按中央办公厅的规定，对毛主席到各地的重要指示和讲话，随行人员必须准确记录在案。其时，毛泽东到徐州视察，他对当地领导人的指示和讲话，包括《论彭祖》这样重要的精辟论述，李家骥作为毛泽东卫士所做的记录，是无可置疑的。

一九五二年十月二十八日夜，毛泽东乘专列来到徐州。第二天上午，罗瑞卿通知徐州领导干部到专列上来见见面。10月29日上午10点，毛主席在专列上用过早饭后，让罗瑞卿部长通知徐州市领导来专列见见面。因为徐州的领导知道毛主席到来，已等待接见。主席与市委书记华诚一、市长张光中等领导握手后就座……

"我们徐州，可是很有看头、很有听头的。"一位市领导介绍起徐州的历史。

"据史书记载，大约在4000年以前，大禹把全国九片陆地命名为九州，你们徐州即为一州。"毛主席赞扬道。

"另外，我们徐州应是养生学的发祥地。尧时有位叫篯铿的，是历史上有文字记载的第一位养生学家。尧封他到大彭，也就是徐州市区周围这块地方，建立了大彭国。这位篯铿就是彭祖，是这块土地的开山人物。"

讲古代的历史、传说故事，大概谁也说不过毛主席。一提到这位历史传说人物，毛主席就风趣地讲了起来："你们徐州的这位篯

◆彭祖文化探源◆

> **毛泽东**评价彭祖
>
> 1952年10月28日夜，毛泽东乘专列来到徐州。第二天上午，罗瑞卿通知徐州市领导干部到专列上来见面。毛泽东接见徐州市领导干部，一谈话就讲起徐州的历史。他说："徐州应是养生学的发祥地。当时有位叫钱铿的，是历史上有文字记载的第一位养生学家。尧封他到大彭，也就是徐州市区周围这块地方，建立了大彭国"。
>
> 毛泽东说："彭祖为开发这块土地付出了极大的辛劳，他带头挖井、发明了烹调术、建筑城墙。传说他活了八百岁，是中国历史上第一位长寿之人，还留下养生著作《彭祖经》"。
>
> 他还说："彭祖在历史上影响很大，孔夫子就非常推崇他。庄子、荀子、吕不韦等都曾论述过他。《史记》中对他有记载，屈原诗歌中也提到过他。大概因为他名气太大了，到了西汉，刘向在《列仙传》中竟把彭祖列入仙界"。
>
> ——摘自李家骥同志《我做毛泽东卫士十三年》

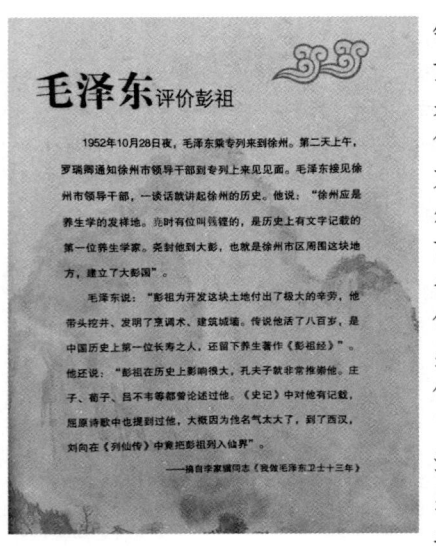

铿可不是简单的人物。据说他是黄帝的后裔，颛顼的玄孙，祝融吴回的孙子，陆终氏的第三子。他的母亲女嬇氏是鬼方人。这鬼方是华夏民族西部、北部的强梁外族，也是犬戎、猃狁、匈奴的前身。陆终氏和女嬇氏的结合，也许是民族和解的结果。传说这位女嬇氏分娩时难产，打开两肋，生下六子。大概因为剖腹产留的创伤太重，不久这位母亲就去世了。后来发生了犬戎之乱，篯铿流离西域，受尽磨难，并学会养生之道。据说他在尧帝生命垂危之际，曾进献雉羹，也就是野鸡汤，治好了尧的病，因此给尧留下很好的印象。"

"彭祖为开发这块土地付出了极大的辛苦。他带头挖井，发明了烹调术，建筑城墙。传说他活了800年，是中国历史上第一位长寿之人，还留下了养生著作《彭祖经》。他建的大彭国，在夏商时期比较强大，后被殷商武丁灭掉，前后存在八百年。大彭国灭亡后，彭城后来曾属宋、齐、楚，其都史称彭城。"

"彭祖在历史上影响很大，孔夫子就非常推崇他。庄子、荀子、吕不韦等都曾论述过他。《史记》中对他有记载，屈原诗歌中也提到过他。大概因为他名气太大了，到了西汉。刘向在《列仙传》中竟把彭祖列入仙界。"

毛泽东《论彭祖》的这篇精辟论述，是一代伟人对彭祖的全面肯定和高度评价，开创了现代研究彭祖和彭祖文化的先河。

第一篇　彭祖考略

道家先驱与养生论——彭祖考

陈广忠

[作者单位] 淮南师专中文系
[文章来源]《安徽大学学报》（哲学社会科学版1997年第1期）

[内容摘要] 彭祖是中国远古道家的重要人物，他以善养生而长寿。他的重生与弃物，服食、吐纳、守静、导引、房中术等养生理论，对道家、道教及中国传统文化，产生了深远的影响。

中国道家、道教，之所以成为我国古代传统文化的支柱之一，有一个长期孕育发展过程。春秋《老子》、战国《庄子》的出现，标志着道家思想体系的建立和完成；西汉初期的黄老道家走上政治舞台，成为治国的统治思想，表明道家思想的发展已经达到了顶点；东汉张道陵创立道教，说明道教的宗教性质及组成形式已经完备。凡此种种，都很自然地涉及到一个最基本的问题，道家和道教从产生、发展到日臻成熟，必然有一批早期的代表人物，而彭祖则是其中的一员。

一、彭祖其人

虽然人们对彭祖其人的认识颇为迷离，但是对其世系，史籍记载则十分清楚。《史记·楚世家》《五帝本纪》《三代世表》《大戴礼记·帝系》及《五帝德》《世本》等皆有记述。

《大戴礼记·帝系》载：

"少典生轩辕，是为黄帝。黄帝产玄嚣，玄嚣产蟜极，蟜极产高辛，是为帝喾。帝喾产放勋，是为帝尧。

黄帝产昌意，昌意产高阳，是为帝颛顼。颛顼产穷蝉，穷蝉产敬康，敬康产句芒，句芒产蟜牛，蟜牛产瞽叟，瞽叟产重华，是为帝舜，及产象、敖。颛顼产鲧，鲧产文命，是为禹。

黄帝居轩辕之丘，娶于西陵氏之子，谓之嫘祖氏，产青阳及昌意。青阳降居泜水，昌意降居若水。昌意娶于蜀山氏，蜀山氏之子，谓之昌濮氏，产颛顼。颛顼娶于滕氏，滕氏奔之子，谓之女禄氏，产老童。老童娶于竭水氏，竭水氏之子，谓之高緺氏，产重黎及吴回。

吴回氏产陆终。陆终氏娶于鬼方氏，鬼方氏之妹，谓之女嬇氏，产六子；孕而不粥，三年，启其左胁，六人出焉。其一曰樊，是为昆吾；其二曰惠连，是为参胡；其三曰籛，是为彭祖；其四曰菜言，是为云郐人；其五曰安，是为曹姓；其六曰季连，是为芈姓。"

"昆吾者，卫氏也；参胡者，韩氏也；彭祖者，彭氏也云剑人者，郑氏也；曹姓者，邾氏也；季连者，楚氏也。"

根据以上记载，可以制出如下世系表：

少典

黄帝（轩辕）—青阳（玄嚣）—蟜极—高辛（帝喾）—放勋（帝尧）

黄帝（轩辕）—青仆（昌意）—高阳（颛顼）—穷蝉—敬康—句芒—蟜牛—瞽叟—重华（帝舜）

黄帝(轩辕)—青仆(昌意)—高阳(颛顼)—老童—吴回—陆终—籛(彭祖)

黄帝（轩辕）—青仆（昌意）—高阳（颛顼）—鲧—文命（禹）

《五帝本纪》："尧老，使舜摄行天下子政，巡狩。舜得举用事二十年，而尧使摄政。摄政八年而尧崩。三年丧毕，让丹朱，天下归舜。而禹、皋陶、契、后稷、伯夷、夔、龙、倕、益、彭祖，自尧时而举用，未有分职。"知"彭祖"等十人，尧时就已经被举用，而未有职务。加上十二位部落领袖，"此二十二人咸成厥功：皋陶为大理，平；伯夷主礼，上下咸让；倕工师，百工致功；益主虞，山泽辟；弃主稷，百谷时茂；契主司徒，百姓亲和；龙主宾客，远人至；十二牧行而九州莫敢辟违，唯禹之功最大，……。"舜执政时，任用了二十二位大臣，"彭祖"虽具体执掌不明，但亦为二十二臣之一。

《楚世家》中记载彭祖的身世："楚之先祖，出自帝颛顼高阳。高阳者，黄帝之孙，昌意之子也。高阳生称，称生卷章，卷章生重黎。重黎为帝喾高辛居火正，甚有功，能光融天下，帝喾命曰祝融。共工氏作乱，帝喾使重黎诛之而不尽。帝乃以庚寅日诛重黎，而以其弟，吴回为重黎后，复居火正，为祝融。吴回生陆终。陆终生子六人，坼剖而产焉。其长一曰昆吾，二曰参胡，三曰彭祖，四曰会人，五曰曹姓，六曰季连，芈姓，楚其后也。"

《史记·索隐》认为"卷章"名"老童"。此与《帝系》略有不同。《帝系》：颛顼—老童。《楚世家》：颛顼—称—老童。其余没有什么区别。则此可知，"彭祖"其人，确实存在于上古，而在尧、舜时代就已知名，曾经担任舜之重臣，并且以长寿著称。

彭祖的长寿及行止广泛见于战国秦汉史籍之中。而较早的是战国初期的《列子·力命》："彭祖之智，不出尧舜之上，而寿八百。"认为他的才智不如尧舜，寿命却远远超过他们。《荀子·修身》也有记述："扁善之度一以治气养生，则身后彭祖；以修身自强，则名配尧禹。"荀子认为，遵循善行的法度，用善行来理气、养生，就可以追踪彭祖。对彭祖的养生长寿理论予以充分的肯定。

具有浓重道家思想的文学巨子屈原，在其《楚辞·天问》中对彭祖的时代及特长也有记述："彭铿斟雉，帝何飨？受寿永多，夫何久长？"东汉王逸注云："彭铿，彭祖也。好和滋味，善斟雉羹，能事帝尧，尧美而飨食之。"又云："言彭祖进雉羹于尧，尧飨食之以寿考。彭祖至八百岁，犹自悔不寿，恨枕高而唾远也。"可知战国之时彭祖以食补养生长寿而在南方广为流传，并引起屈子的关注。

对于彭祖，战国道家旗手庄子，曾有四次记述长寿，并闻名于当世。

彭祖长寿，是得到了大道。《庄子·大宗师》："夫道，有情有信，无为无形。自本自根，未有天地，自古以固存；神鬼神帝，生天生地；在太极之先而不为高，长于上古而不为老。"接着，列举狶韦氏、伏羲氏、堪坏、冯夷、肩吾、黄帝、颛顼、禺强、西王母、傅说及日月、维斗得"道"之结果，与此十二得道之人及自然界、北斗、日月并列的还有"彭祖得之，上及有虞，下及五伯"。庄子在这里告诉我们，彭祖也属道家人物，深得天地自然之道，而达到长寿的结果。

《庄子·逍遥游》："而彭祖乃今以久特闻，众人匹之，不亦悲乎？"可知彭祖长寿在当时是广为传扬的。《齐物论》中指出，长寿与短命都是相对的："天下莫大于秋毫之末，而太山为小；莫寿乎殇子，而彭祖为夭。天地与我并生，而万物与我为一。"

对彭祖的"养形"长寿论，《庄子·刻意》是这样记述的："吹呴呼吸，吐故纳新，熊经鸟申，为寿而已矣。此导引之士，养形之人，彭祖寿考者之所好也，若夫不刻意而高，无仁义而修，无功名而治，无江海而闲，不道引而寿，无不忘也，无不有也，澹然无极，而众美从之。此天地之道，圣人之德也。"

可知庄子对彭祖的长寿也是肯定的。但是对于通过吐纳、道引而达到长寿的目的，他是持否定态度的。而对于达到"澹然无极"境界的"圣人"，才是庄子所赞赏的。

对彭祖的年岁、任职、受封、称谓、经历、身世、气度、被害、逃亡等诸事，古籍中也有不少记载。《庄子》成玄英疏中说："彭祖者，姓篯名铿，帝颛顼之玄孙也。善养性，能调进雉羹于尧，尧封之彭城，其道可祖，故谓之彭祖。历夏经殷至周，年八百岁矣。"而《庄子释文》中也载："彭祖，李云：名铿，尧臣，封于彭城，历虞、夏至商，年七百岁，故以久特见闻。"《世本》中云："姓篯名铿，在商为守藏史，在周为柱下史，年八百岁。"而葛洪《神仙传》中这样说："彭祖者姓篯讳铿，帝颛顼之玄孙也。殷末已有七百六十七岁，而不衰老。"并记载彭祖自述："吾遗腹而生，三岁而失母，遇犬戎之乱，流离西域，百有余年。加以少枯，丧四十九妻，失四十五子，数遭忧患，和气折伤，冷热肌肤不泽，荣卫焦枯，恐不度世，所闻浅薄，不足宣传。"知这位长寿仙翁经历坎坷，饱经忧患，而能如此高寿，确实不易。彭祖并曾因传授长寿之道而险些遇害："王闻之，以告；致遗珍玩，前后数万金，而皆受之，以恤贫贱，无所留。""乃令采女问道于彭祖。""采女具受诸要以教王。王试之有验。殷王传彭祖之术，屡欲秘之。乃下令国中，有传彭祖之道者诛之。又欲害祖以绝之。祖知之乃去，不知所之。其后七十余年，闻人于流沙之国见之。"刘向《列仙传》亦云："彭祖有道术，商王忌之，西去流沙不返，不知所终。"

二、封国与姓氏

彭祖受封于淮水流域泗水之滨的彭城，并在这里修身养性，而使彭城成为他传播道术的基地，也为淮水流域成为中国道家的故乡，播下了第一颗种子。

较早记载彭祖受封的是《国语·郑语》："大彭、豕韦为商伯。"韦昭注："大彭，陆终第三子曰籛，为彭姓，封于大彭，谓之彭祖，彭城是也。豕韦，彭姓之别封于豕韦者。"除此之外，史籍对大彭、豕韦也有记述——《诗·商颂·长发》："韦、顾既伐。"东汉郑玄笺："韦、豕韦，彭姓也。"班固《白虎通·号》："大彭氏、豕韦氏，霸于殷者也。"豕韦故地在今河南滑县境。大彭、豕韦曾为商的政权巩固起到重要作用。古本《竹书纪年辑证》："河亶甲三年，彭伯克邳。""五年，姺人入于班方。彭伯、韦伯伐班方，姺人来宾。""祖乙之世，商道复兴，庙为中宗。""邳"即今山东薛城，"姺"位于山东曹县、定陶一带，邳、姺均与大彭、豕韦接近，商王便命其平定东方诸国。由此可知，大彭、豕韦这两个彭姓方国在商代确实是诸侯中的东方霸主，其势力十分强大。

把彭祖封于大彭的一说是尧。《庄子》注疏者主张尧封彭祖，成疏："尧封于彭城。"另一说尧时仅举用彭祖，而并未受封。《史记·五帝本纪》索隐云："彭祖自尧时举用，历夏、殷，封于大彭。"《楚世家》索隐云："《世本》云：'三曰籛铿，是为彭祖。彭祖者，彭城是。'虞翻云：'名翦，为彭姓，封于大彭。'"

大彭的地望古今未有疑义，都指江苏徐州铜山县，古又名彭城，县西有大彭山，郦道元《水经注·获水》云："获水于彭城西南回而北游，经彭城。……城之东北角，起层楼于上，号曰彭祖楼。《地理志》曰：'彭城，古彭祖国也。'《世本》曰：'陆终之子，其三曰籛，是为彭祖，彭祖城是也。下曰彭祖冢。彭祖长年八百，绵寿永世，于此有冢，盖亦无极之化矣。'"

彭城较早见于《左传·成公十八年》："夏六月，郑伯侵宋，及曹门外。遂会楚子伐宋，取朝郏。楚子辛、郑皇辰侵城郜，取幽丘。同伐彭城。""秋，七月，宋老佐、华喜围彭城。""冬十一月，楚子重救彭城，伐宋。"此时为前573、前572年。而《史记·宋世家》也记载此事。由此可知，彭城此时已成为晋、楚、吴、郑各路诸侯争夺的要塞，其地理位置及形势十分重要。彭祖氏在此长期经营，并成为商代诸侯霸主，由此可见一斑。

彭祖所建之大彭国，至商代中期时灭亡。

《国语·郑语》："彭姓，彭祖、豕韦、诸稽，则商灭之矣。"《史记·楚世家》亦云："彭祖氏，殷之时尝为侯伯，殷之末世灭彭祖氏。"《史记·正义》引《括地志》云："彭城，古彭祖国也。《外传》云殷末灭彭祖国也。"司马迁说大彭被灭在"殷之末世"。考《竹书纪年》所载，当在商朝中期武丁时期。《竹书纪年》："四十三年，王师灭大彭。五十年，征豕韦，克之。"武丁是商代中兴之君，在位五十九年。他在位时，把强大的鬼方、大彭、豕韦先后消灭。《尚书·无逸》中称赞说："力行王道，不敢荒宁，嘉靖殷邦。"为商朝做出重要贡献的大彭国，最终还是被商王所占据。

对于彭祖的称谓，则有姓籛名铿（《世本》、《庄子》注、《神仙传》等），名翦（《史记·楚世家》虞翻注），这到底是怎么一回事呢？对此，《大戴礼记》韦昭注则比较可信："陆终氏第三子曰籛为彭姓，封于大彭，谓之彭祖。"

上古常以封国为氏，如韩、赵、魏、宋、陈、齐等。彭祖受封大彭，自然以国名为氏。而籛、铿、翦三字，音近通假，皆为名，籛，上古音是精纽、元韵、平声字；铿从坚得声，属见纽、真韵、平声；翦从前得声，为精纽、元韵、上声字。三字韵部相近，属真、元旁转；精、见虽分属齿、牙音，但同为全清，发音方法相同，发音部位接近。因此，这三字可以构成音近相通的关系。如《易·贲》："六五，贲于丘园，束帛戋戋。"《文选·张衡〈东京赋〉》写作："聘丘园之耿洁，旅束帛之翦翦。"籛，正从戋得声。

再进一步考察，彭祖为黄帝之六代孙，颛顼之玄孙，那么，"黄帝居姬水以为姓"（《说文》），则彭祖应是姬姓的后代了。"彭"字本是氏，"氏"是姓的分支，战国时姓、氏逐渐混而为一，便称为"彭"姓。

再说，彭弟兄六人，有叫惠连、莱言、季连的，岂能为姓？《帝系》明明指出安（曹姓）、季连（芈姓），当称作彭籛。彭铿、彭祖，刘向《列仙传》《系本》及葛洪、成玄英等人认为姓籛名铿，则是讲不通的。

三、"益寿之道"

彭祖之所以在中国早期道家发展史上产生一定的影响，主要是以其长寿养生的理论，而为历代道家、道教思想家、医学家、科学家所继承，产生了广泛而深远的影响。可以说，它是老子"长生久视"思想的先声。

其一是修道而长寿。《列子》载彭祖八百，《庄子》有"久特""寿考"之说，《神仙传》云"七百六十七"，《荀子注》则主七百岁，《吕览》有"彭祖至寿"之论，《论衡》曰"寿如彭祖"，《史记》《汉书》《大戴礼》《世本》等史籍及注疏，亦如是说。其长寿皆由专心修道所致。《神仙传》载："少好恬静，不邺世务，不营名誉，不饰车服，唯以养生治身为事。""然性沉重，终不自言有道，亦不作诡惑、变化、鬼怪之事，窈然无为。"可见具有道家人物所独具的美德，不去追求人世间的名誉、富贵、金钱、权势，恃自然之道，以养生治身为平生之首要。他与老子的"百有六十余岁，或言二百余岁，以其修道而长寿也"（《史记·老子韩非列传》）相同，都成了中国道家人物中的两个得道仙翁，是中国古代在生命科学研究中出现的两个杰出典型。

其二，由服食而长寿。彭祖为服食派的创始人，对道教的服食、中国的医药科学的发展，及中国人的养生健身，起到奠基的作用。

彭祖所服有牝桂、芝、雉羹、云母粉、麋角散等。《列仙传》中说："彭祖者，殷大夫也。姓篯，名铿，帝颛顼之孙陆终氏之中子，历夏至殷末，八百余岁，常食桂、芝，善导引行气。"《天问》："彭铿斟雉，帝何飨？"王注："好和滋味，善斟雉羹。"《神仙传》："善于补导之术，服水（当为'木'）桂、云母粉、麋角散，常有少容。"桂有木桂（即牝桂）、菌桂等多种。《本草经》："牝桂，味辛温，主上气咳逆结气，喉痹吐吸，利关节，补中益气，久服通神，轻身不老。""菌桂，味辛温，主百病，养精神，和颜色，为诸药先聘通使，久服轻身不老。面生光华，媚好常如童子。"

其三，吐纳导引，闭气内息，也是彭祖养生长寿的要道之一。

《庄子·刻意》载彭祖寿考者"所好"的是："吹呴呼吸，吐故纳新，熊经鸟申。"《列仙传》有"导引行气"。《神仙传》："常闭气内息，从旦至中，乃危坐拭目，摩搦身体，舐唇咽唾，服气数十，乃起行言笑。其体，中或瘦倦不安，使导引闭气，以攻所患以存其体，面头九窍，五脏四肢，至于毛发，皆令具至，觉其气云行体中。故于鼻口中达十指末，寻即体和。"彭祖的气功有吐纳、闭气、引气、咽津、服气、运气、疗病等内容，包含了中国道家、道教气功理论的所有精华，对中华传统文化的养生理论，产生了极为广泛的影响。

"服气"是长寿的"本要"。彭祖论述长寿时说："次有服气，得其道则邪气不得人，治身之本要。人受精养体，服气炼形，则万神自守其真。不然者，则荣卫枯悴，万神自逝，悲思所留者也。"可知食气在彭祖养生理论中占有重要地位。

其四，房中术的研究和实践，是彭祖达到长寿目标的主要途径。

《抱朴子·释滞》载："房中之法十余家，或以补救伤损，或以攻治百病，或以采阴益阳，或以增年延寿，其大要在于还精补脑一事耳。玄素、子都、容成公、彭祖之属，盖载其粗事，终不以至要著于纸上者也。"《微旨》中也说："凡服药千种，三牲之养，而不知房中之术，亦无所益也。彭祖之法，最其要者。"阴阳之交，人皆有之。幽闭，会多病而不寿；肆欲，则折损性命。彭祖得"节宣之和"，故能长寿。服药也好，美食也好，而不懂房中之术，自觉节制性欲，都无益于长寿。"彭祖之法"今虽不传，葛洪认为是"最其要者"，当是可信的。

马王堆出土帛书中有《十问》篇，有彭祖回答王子巧父房中养生的问题，进一步说明房中术中"固精勿泄"是长寿的关键。

王子巧父问彭祖，彭祖回答说："人气莫如竣精，竣气宛闭，百脉生疾，竣气不成，不能繁生，故寿尽在竣。"指出，生殖之精的"竣"，乃是身体强健的关键之所在。他还说："彼生有殃，必其阴精漏泄，百脉菀废，喜怒不时，不明大道，生气去之。俗人芒生，乃恃巫医，行年七十，形必夭殰，颂事自杀，亦伤悲哉！死生安在？彻士制之，实下闭精，气不漏泄。心制死生，孰为之败？慎守勿失，长生累世。"彭祖认为"阴精漏泄"，是"俗人""有殃"的根源。必须"实下闭精""慎守勿失"，就能"长生累世"。彭祖还说："赤子骄悍数起，慎勿出人，以修美浬。轱白内成，何病之有？"这里谈的是"固精"之法，"赤子"竣"怒"，慎而勿泄，积累体内，就能使性机能健康，从而增强身体的抵抗力，还会产生什么疾病呢？这样自然就能达到长寿的目的。

其五，彭祖的"养寿之道"中特别强调要"守静"，要顺应自然规律和社会变化，要和外部世界保持和谐统一，不能人为地违背它。

彭祖在谈到养生与四时的关系时说："养寿之道，但莫伤之而已。夫冬温夏凉，不失四时之和，所以适身也"（《神仙传》）。

守静，也是彭祖养生要道。《神仙传》中说："少好恬静，以养生治身为事。""静"是道家养生功的基础。《老子》中对"静"的论述有十几次，其中最精彩的描述是："致虚极，守静笃。"这就是道家静功所要达到的最高境界。彭祖日常行止也持"守静"的原则："少周游，时还独行，人莫知其所诣，伺候竟不见也。有车马而常不乘，或数百日，或数十，不持资粮，还家则衣食与人无异。"他独来独行，"静"而往，"静"而归。可知彭祖也是主张守静养神。《庄子》把彭祖归为养形派，实则是神、形兼养派，与老子、庄子、《淮南子》的主张《养神》有所不同。

对于人类社会的花花世界，彭祖认为，"美色淑姿，幽闲娱乐，不致思欲之惑，所以通神也。车服威仪，知足无求，所以一致也。八音五色，以悦视听，所以导心也。凡此皆以养寿，而不能斟酌之者，反以速患。古之至人，恐下才之子，不识事宜，流遁不还，故绝其源。五音使人耳聋，五味使人口爽，苟能节宣其宜适，抑扬其通塞者，不以减年，得其益也。凡此之类，譬犹水火，用之过当，反为害也"（《神仙传》）。彭祖作为一个诸侯，对于美色、美味、美音、美饰，并不一概斥为尤物，这些对养生都是有益的，不可能完全禁绝，关键是怎样对待。彭祖一再告诫"下才"之人，这些外物，对于人生来说，就如同"水火"，用之过当，"沉溺其中""流遁不反"，不但不能长寿，反而会加速死亡。只有"节宣其宜适"才能延年益寿。

四、彭祖的影响

彭祖把服食养生作为人体健康的重要内容，把医道与长寿有机结为一体，至迟在魏晋时代，人们就把四大医祖岐、黄、彭、扁并称。

陶弘景《名医别录·自序》中说："昔神农氏之王天下也，画八卦以通鬼神之情，造耕种以省杀生之弊，宣药疗疾以拯夭伤之命。此三者，历众圣而滋彰。……岐、黄、彭、扁，振扬辅导，恩流含气。"岐伯、黄帝所传《黄帝内经》，扁鹊遗有《扁鹊内经》九卷、《外经·十二卷》（《汉书·艺文志》），而彭祖则有《彭祖服食经》（见《本草纲目》《彭祖经》等）。《神仙传》载："后有黄山君者，修彭祖之术，数百岁犹有少容。彭祖既去，乃追论其言，以为《彭祖经》。"可知此书为弟子所记。葛洪《抱朴子·遐览》收有"《彭祖经》一卷"，殆黄山君所记之书。《隋书·经籍志》"医方类"中收有"《彭祖养性经》一卷""《彭祖养性》一卷"，前者并见《新唐书·艺文志》。由此可知，彭祖至少曾留有四部医学养生类著作，其中部分内容尚保存在《本草纲目》之中。古人称之为医祖则是当之无愧的。

彭祖的吐故纳新，闭气内息，行气服气的养生气功，直接影响到道教的内丹理论和实践，成为道教日常修炼的功课之一《太平经》中有"食气"的记载："夫人，天且使其和调气，必先食气。故上士将入道，先不食有形而食气，是且与元气合。"《云笈七签》有《服气绝粒》诸篇，对服气辟谷有所发展。其中云"闭玄牝气鼓满牙齿，收息缩气谍，腹咽下"，使气进入"食脉"，以气代粮。至于《楚辞·远游》《淮南子·泰族训》《黄帝内经》、马王堆帛朽《去谷食气》篇、河上公《老子章句》等，都有服气的记述，可以说是彭相食气理论的发展。

彭祖的导引术，《庄子·刻意》仅"熊经鸟申"二种；《淮南子·精神训》中有六种："熊经鸟申，凫浴蝯躩，鸱视虎顾"；马王堆汉墓《导引图》则有包括吐纳、导引、器械诸项运动的四十四式，是导引术中最为完整的记述。华佗创五禽戏，并云"古之仙者为导引"之事，当指的是彭祖，其中"熊""鸟"动作即来自彭祖。

彭祖的房中术，强调顺其自然，固精慎泄，"节宣之和"对古代养生产生重要影响，并成为道教徒遵循的要则之一。它是我国古代研究男女生育、性保健及生命科学、医疗等方面的长期积累的结晶。马王堆汉墓出土竹简有《养生方》《十问》《合阴阳方》《天下至道谈》《杂禁方》等，涉及房中术诸方面的内容，其中有关彭祖论房中的见解则十分高明。说明汉初黄老道家对房中与长寿关系的研究，已达到很高的水平。

由此可知，彭祖所施行的守静、服食、导引、吐纳、房中术等，对健身长寿确实起到了重要的作用。他的理论和实践，对祖国古代医学、体育、生命科学、养生学等诸多领域，都产生了不可忽视的影响，为我们留下了一份宝贵的思想财富。

第一篇　彭祖考略

彭祖考略

汪燕岗

[作者简介] 中国社会科学院研究生院文学系2004届博士毕业生，现为西南师范大学文学院讲师、上海师范大学文学院博士后

[文章来源] 《中国社会科学院研究生院学报》（2005年第2期）

[内容摘要] 彭祖和彭铿的故事最早见于战国时《国语》《庄子》《荀子》和《天问》等书，这是彭祖故事的源流，后世的注家就把这种种的故事联系起来，魏晋道教学者又添加了许多自己的杜撰，彭祖的故事就如滚雪球似的壮大起来，终于融为一体，既迷离恍惚又丰富多彩。其中彭祖故事仙化的过程特别引人注目，葛洪的《抱朴子》以及一些古小说如《列仙传》等，在传播彭祖故事中都发挥了重要作用。

一

彭祖的故事和传说自来史不绝书,但其人却迷离恍惚,是人?是神?是历史人物还是神话传说?历来纷争不清。故有必要对他的事迹略作考察。对彭祖生平的记载,较完整的当数《列仙传》:①注释——刘向《列仙传》的著作权,学者多有怀疑,一说:"魏晋间方士为之,托名于向。"《四库全书总目提要·小说家类》之"列仙传"条:余嘉锡《四库提要辩证》卷19却认为是"明帝以后,顺帝以前人之所作也";杨守敬《日本访书志》认为"东汉方士所托无疑",(见李建国《唐前志怪小说史》,南开大学出版社1984年版,第189页。)

彭祖者,殷大夫也。姓籛,名铿,帝颛顼之玄孙。历夏至殷末,八百余岁。常食桂、芝,善导养行气。历阳有彭祖仙室,前世祷请风雨,莫不辄应。常有两虎在祠左右,祠讫,地即有虎迹云。后升仙而去。遐哉领仙,时惟彭祖。道与化新,绵绵历古。隐伦玄室,灵著风雨。二虎啸时,莫我猜侮。

干宝的《搜神记》所记与之大致相同,葛洪的《神仙传》增加了采女向彭祖问长寿之法的许多内容。考之古籍,《列仙传》中的彭祖传说是有来源的。

彭祖之名初见于战国时书,《国语·郑语》记载:"大彭、豕韦为商伯也。……彭姓彭祖、豕韦、诸稽,则商灭之矣。"彭姓是祝融后代八姓之一,彭祖即是大彭,和豕韦、诸稽同为商的诸侯国,后被王师所灭。《竹书纪年》也载:"(武丁名昭)四十三年,王师灭大彭。"可见彭祖是一个氏族名,又是氏族成为国家时的一个国家名,当然也可以理解为这个氏族的始祖就叫彭祖,而其后他的名字成了氏族名。故三国时韦昭注《国语》云:"大彭,陆终第三子,曰籛,为彭姓,封于大彭,谓之彭城,彭祖是也。豕韦,彭姓之别封于豕韦者。"

《庄子》《荀子》等书也多次提到彭祖,《庄子·逍遥游》云:"而彭祖乃今以久特闻,众人匹之,不亦悲乎?"《齐物论》云:"天下莫大于秋毫之末,而太山为小;莫寿于殇子,而彭祖为夭。"《大宗师》云:"天道,有情有信,无为无形,……彭祖得之,上及有虞,下及五伯。"《刻意》云:"吹呴呼吸,吐故纳新,熊经鸟申,为寿而已矣。此导引之士,彭祖寿考者之所好也。"《荀子·修身》曰:"扁善之度,以治气养生则后彭祖,以修身自命则配尧舜。"可见彭祖长寿的传说在战国流传已广,但仅是神话传说中的长寿老人而已,诸书并未说这个"久特闻"彭祖就是《国语》中封于大彭的彭祖。

可是到了《庄子·释文》就把《庄子》和《国语》的记载联系起来，云："彭祖，李（李颐）云：名铿，尧臣，封于彭城，历虞、夏至商，年七百岁，故以久特闻。"唐代成玄英又疏曰："彭祖者，姓篯名铿，帝颛顼之玄孙也。善养性，能调进雉羹于尧，尧封之彭城，其道可祖，故谓之彭祖。历夏经殷至周，年八百岁矣。"彭祖名铿和调雉羹的说法显然又和屈原的《天问》联系上了，《天问》云："彭铿斟雉，帝何飨？受寿永多，夫何久长？"屈原说的彭铿和《国语》中的彭祖何关？和《庄子》中的彭祖也不一定是同一个人。成玄英却把他们联系起来了，但他的想法又部分来自东汉王逸所著的《楚辞·章句》，云："彭铿，彭祖也。好和滋味，善斟雉羹，能事帝尧，尧美而飨食之。""言彭祖进雉羹于尧，尧飨食之以寿考。彭祖至八百岁，犹自悔不寿，恨枕高而唾远也。"宋人洪兴祖《楚辞补注》曰："彭祖姓篯名铿，帝颛顼之玄孙，善养性，能调进雉羹于尧，尧封于彭城。"

彭铿和彭祖是同一人还是两个人，《庄子》和《天问》并没有给出答案，但王逸等人都认定彭祖就是彭铿，而"帝"即是尧，彭祖的长寿是因献雉羹于尧得到的回报。《天问》的神话色彩颇浓，而把"帝"解释为"尧"则庶为近实，可能来自《史记》，《史记·五帝本纪》云："（尧）三年丧毕，让丹朱，天下归舜。而禹、皋陶、契、后稷、伯夷、夔、龙、垂、益、彭祖，自尧时而皆用，未有分职。"只寥寥一句，但李颐、成玄英、洪兴祖等人联想颇丰，把《天问》中的"帝"说成尧，把彭铿说成彭祖，把彭铿献雉羹于帝说成尧享雉羹而封他于彭城，把《庄子》《天问》《国语》《史记》种种相互联系起来。《国语》《史记》记述较翔实，而《庄子》和《天问》颇带神话色彩，实实虚虚，已开了后人对彭祖是人是神之疑惑的先河，更何况彭祖的故事后来又被大大地仙话了，难怪后人对彭祖故事将信将疑呢。

《史记》是后人谈彭祖世系时喜欢引用的材料，其实早在《世本》就对彭祖的世系有记载，《大戴礼记·帝系》出于《世本》，故略同。《史记·楚世家》本上述二书，也大同小异，曰：

楚之先祖，出自帝颛顼高阳。高阳者，黄帝之孙，昌意之子也。高阳生称，称生卷章，卷章生重黎。重黎为帝喾高辛居火正，甚有功，能光融天下。帝喾命曰祝融。共工氏作乱，帝喾使重黎诛之而不尽。帝乃以庚寅日诛重黎，而以其弟，吴回为重黎后，复居火正，为祝融。吴回生陆终。陆终生子六人，坼剖而产焉。其长一曰昆吾，二曰参胡，三曰彭祖，四曰会人，五曰曹姓，六曰季连，芈姓，楚其后也。昆吾氏，夏之时为侯伯，桀之时，汤灭之；彭祖氏，殷之时尝为侯、伯，殷之末世，灭彭祖氏。

《大戴礼记》还明确指出陆终的妻子是鬼方氏之妹女嬇氏，但她"孕而不粥，三年，启其左肋，六人出焉"，颇有神话色彩。《世本》稍有不同："启其左肋，三人出焉，启其右肋，三人出焉。"

而《史记》则是"坼剖而产焉"，指难产，去掉了其神异色彩。按《史记》的记载，彭祖是颛顼的第五世，正是玄孙，葛洪《神仙传》也作"颛顼之玄孙"，唯《搜神记》作"颛顼之孙"。《史记》等的记载和《国语》也有些不同，《国语》云彭祖乃祝融的后代，而祝融为黎，"黎为高辛氏火正，以淳耀敦大，天明地德，光照四海，故名之曰祝融"。《史记》中高辛之火正为重黎，而彭祖是重黎之弟吴回之孙。虽然有这些差异，但我们注意到《世本》《大戴礼》《史记》等实本于《国语》，或同出一源，并没有涉及《庄子》《天问》等内容，不过这些也被后来的注释家和道教学者利用上了，并成为他们故事的一部分。

其实，历代还有将《论语》中的老彭认为是彭祖的说法。《论语·述而》曰："述而不作，信而好古，窃比于老彭。"魏人何晏《集解》："包（咸）曰：老彭，殷贤大夫，好述古事。我若老彭，但述之耳。"仅认为老彭是商代贤大夫，并未指定是彭祖。朱熹《集注》同意这种说法："老彭，商贤大夫。"但梁人皇侃的《义疏》则认为："老彭，彭祖也，年八百岁，故曰老彭。"宋人邢昺的《邢疏》也持这种观点："老彭，即庄子所谓彭祖也。"也有认为老彭是老子和彭祖两个人，《邢疏》引王弼话云："老是老聃，彭是彭祖。"《大戴礼·虞戴德》也记有老彭，云："昔老彭及仲傀之教大夫，官之教士，技之教庶人，扬则抑，抑则扬，缀以德行，不任以言。"把老彭和仲傀对举，《汉书·古今人表》列老彭于仲傀下，均认为是商大夫。众说纷纭，但这位"述而不作，信而好古"的老彭事迹并没有融入后世流传的彭祖的故事之中。

还有把屈原《离骚》中的彭咸认为是彭祖的说法。屈原的作品多次提到彭咸，都是作为贤者的形象，如《离骚》曰："謇吾法夫前修兮，非世俗之所服。虽不周于今之人兮，愿依彭咸之遗则。"全诗尾声的"乱曰：已矣哉！国无人莫我知兮，又何怀乎故都！既莫足与为美政兮，吾将从彭咸之所居！"王逸注曰："彭咸，殷贤大夫。谏其君不听，自投水而死。"又有人认为彭咸当为巫彭和巫咸是两个人（①注释"参见蒋天枢《楚辞校释》，上海古籍出版社1989年版，第20页。"），明代汪瑗《离骚蒙引·彭咸辨》却认为彭咸即是彭祖，他说："考其德而论其世，稽其姓而辩其名，则曰彭咸,曰彭铿,曰彭翦,曰彭祖,曰老彭,曰籛铿,其实为一也明矣。"但汪瑗的一家之言并没有得到广泛承认,爱国者形象的彭咸也没有融入彭祖的故事之中。

随着彭祖故事的发展,他的称谓也越来越多,《列仙传》《神仙传》《庄子》成玄英疏都云彭祖姓籛名铿,而《国语》韦昭注则曰姓彭名籛,《史记·楚世家》虞翻注则曰名翦。籛,铿和翦古来音近,彭铿既得到了承认,那么籛和翦为名也可以理解。奇怪的是为什么籛又变成了彭祖的姓呢?这一杜撰倒也罢了,更奇怪的是后来连钱的人也和彭祖拉上了亲。吴越国王钱镠故里浙江临安县有《钱氏宗谱》,其序云:"钱氏系出少典,至彭祖受封孚公受姓,京公宝元帝渡江为江东祖,履祯公居葛浦,为临安祖,迨武肃王奄有吴越化家为国。五世王子孙繁盛而族乃大。"为什么"籛"会变成"钱"呢?《临安县志·寓贤栏》云:"籛铿尝为商大夫,不愿仕,遂隐居于邑之百岗岭,寿八百……封于彭,因名彭祖。后人去竹为钱氏,故铿为钱氏之始祖,武肃王其后裔也。"

关于彭祖被封于大彭一事,古今似乎都没有疑问,韦昭注《国语》就认为大彭即谓之彭城,按大彭氏国在商末就灭亡了,但彭城仍见于后来的记载。《左传·成公十八年》云:"夏六月,郑伯侵宋,及曹外。遂会楚子伐宋,取朝郏。楚子辛、郑皇辰侵城郲,取幽丘。同伐彭祖。""秋,七月,宋老佐、华喜围彭城","冬十一月,楚子重救彭城,伐宋。"彭城即今江苏铜山县,在徐州境。又据《水经注·获水》载:"获水于彭城西南回而北游,径彭城。……城之东北角,起层楼于上,号曰彭祖楼。《地理志》曰:'彭城县,古彭城国也。'……彭祖年长八百,绵寿永世,于此有冢,盖亦无极之化矣。"按《列仙传》载彭祖后升仙而去,《神仙传》云彭祖晚年到了流沙之西。而唐代杜光庭《墉城集仙录》卷6记载,彭祖晚年到了四川,云:"彭祖得道,不乐冲天,周游四海,居蜀多年,子孙繁众,故有彭山、天彭、彭门之名,俱在蜀焉。……彭女亦得养生之道,随祖修行,亦数百岁,朝勤夕志,晨夕不倦。今彭女山有礼拜石,有彭女五体肘膝拜痕及衣髻之迹。"《华阳国志》《元和郡县志》《一统志》《四川统志》皆云彭祖晚年到了四川,死于蜀。

如上所述,先秦诸子注家把种种彭祖的故事联系在一起,全国各地也纷纷拉彭祖做亲戚,但彭祖最为人所知的长寿养生的种种传说却主要是魏晋以后的道教学者附会上的,其附会之原因,则是《庄子》中的一些记载。

二

　　道教学者为自神其教编造的彭祖故事，因其通俗性、可读性而大受人们的喜爱，流传很广，这就是彭祖故事被仙化的过程。庄子也记载彭祖长寿，道家也说彭祖活了八百岁，道家虽尊崇庄子，但两者却有很大的不同，试以两者之不同做一比较。

　　庄子哲学的高度在于寻求人的精神对生命的超越，而不是极力追求生命本身的无限绵延。《庄子·大宗师》里借子舆、子祀、子犁、子来之口说道：有谁能够"以无为首，以生为脊，以死为尻，孰知死生存亡为一体者，吾与之友矣"。这种把生死视为一体的观念，就能够超越生死，解除心灵对生的渴求和对死的畏惧，所以子舆畸形，形体挛缩而不得伸展，却并不怨天尤人；子来病之将死，妻子儿女泣哀，但还能"成然寐，遽然觉"，浑若无事，这样的人不再为生死烦劳，便获得了精神的自由和快乐。因此庄子说彭祖虽然长寿，但与天地万物相比又算得了什么呢？《齐物论》云："天下莫大于秋毫之末，而太山为小；莫寿乎殇子，而彭祖为夭。天地与我并生，而万物与我为一。"对彭祖的长寿并没有丝毫的歆羡，反是一种虚无和空幻。《庄子·大宗师》中还有一段值得玩味的话："夫道，有情有信，无为无形。……未有天地，自古以固存；神鬼神帝，生天生地；在太极之先而不为高，长上古而不为重。"接着列举了豨韦氏、伏羲氏、黄帝等得道的结果，彭祖也列其中，说："彭祖得之，上及有虞，下及五伯。""道"是什么？难以述说，庄子的时代本就充满了许许多多难以解说的事情，庄子用了这种神秘而虚幻的"道"对历代传说的奇异故事做了一番解释，包括彭祖长寿的原因。而若按道家的说法，彭祖寿考不过是由"吹呴呼吸，吐故纳新，熊经鸟申"得来的。后世的道教学者在编造彭祖的故事时，显然把庄子虚玄的哲理悬置起来，没有去探索宇宙的真理，关心的只是世俗的幸福和人生的永恒以及怎样最大限度地达到现世欲望的满足。

　　葛洪曾猛烈地批评庄子的齐生死说，《抱朴子内篇·释滞》云："文子庄子关令尹喜之徒，其属文笔，虽祖述黄老，宪章玄虚，但演其大旨，永无至言，或复齐死生，谓无异以存活为徭役，以殂殁为休息，其去神仙，已千亿里矣，岂足耽玩哉？"又《勤求》中批评庄子"俗人见庄周有大梦之喻，因复竟共张齐死生之论"。并认为："庄周贵于摇尾途中，不为被网之龟，被绣之牛，饿而求粟于河伯，以此知其不能齐死生也。"一句"其去神仙，已千亿里矣"清楚地表明了庄子哲学和道教的区别。道教以追求现世欲望的满足为其目标，《列仙传》《神仙传》中记载那么多神仙的事迹，无非就是要说明神仙的实有和他们生活的快乐，而使民众信仰神仙、皈依道教。

《列仙传》序文说："乃知铸金之术，实有不虚，仙颜久视，真乎不谬，但世人求之不勤者也。"神仙的生活也被描写得如此之好，"夫得仙者，或生太清，或翔紫霄，或造玄州，或栖板桐，听钧天之乐，享九芝之馔，出携松羡于倒景之表，入宴常阳于瑶房之中，曷为当侣狐貉而偶猿狖乎？"（①注释"《抱朴子》内篇《明本》卷10"）怎不令世俗之人歆羡心动而诚心皈依呢？

不过神仙也有分类，按照葛洪的说法可分为天仙、地仙和尸解仙，《抱朴子》内篇《论仙》第二引《仙经》云："上士举形升虚，谓之天仙，中士游于名山，谓之地仙，下士先死后蜕，谓之尸解仙。"奇怪的是彭祖宁愿做地仙也不肯成为天仙，为什么呢？《抱朴子》卷三引彭祖的话云："彭祖言，天上多尊官大神，新仙者位卑，所奉事者非一，但更劳苦，故不足役役于登天，而止人间八百余年也。又云，古之得仙者，或身生羽毛，变化飞行，失人之本，更受异形，有似雀之为蛤，雉之为蜃，非人道也。"而人道是什么呢？彭祖接着说："人道当食甘旨，服轻暖，通阴阳，处官秩，耳目聪明，骨节坚强，颜色悦怿，老而不衰，延年久视，出处任意，寒温风湿不能伤，鬼神众精不能犯，五兵百毒不能中，忧喜毁誉不为累，乃为贵耳。"

《神仙传》之《白石先生》也讲到同样的意思："白石先生者，中黄丈人弟子也。至彭祖时，已二千岁余矣。不肯修升天之道，但取不死而已，不失人间之乐。其所据行者，正以交接之道为主，而金液之药为上也。……彭祖问之曰：'何不服升天之药？'答曰：'天上复能乐比人间乎？但莫使老死耳。天上多至尊，相奉事，更苦于人间。'故时人呼白石先生为隐遁仙人，以其不汲汲于升天为仙官，亦犹不求闻达也。"这段对话相当有趣，天上也和人间一样有了等级制度，因此在天上去侍候至尊大仙比人间生活还苦，不如在世上做一个逍遥自在的地仙。这是魏晋神仙学说出现的一股新思潮，这种新思潮更加贴近现实生活，也更能使信徒信仰，彭祖在道教宗教宣传中扮演了一个重要角色。但彭祖不同于白石先生、中黄丈人之类纯属虚玄的人物，因道教利用了《国语》《庄子》《天问》《史记》中彭祖的记载，使彭祖的可信程度大为提高，增加了成仙故事的说服力。这也是彭祖至今广为人知，而其他的长寿神仙渐湮没无闻的主要原因。

此外，彭祖还被认为是呼吸、导引术的发明者。早在秦汉时期，神仙说流行，呼吸、导引术相当普遍，长沙马王堆汉墓出土的帛书《导引图》，人物栩栩如生便是明证。道教学者汲取了神仙家的这些做法，并把它神秘复杂化，还往往附会在彭祖身上，兴许就是《庄子·刻意》篇就提到过他。《庄子·刻意》云："吹呴呼吸，吐故纳新，熊经鸟申，为寿而已矣。此导引之士，彭祖寿考者之所好也。"但作者并不全然赞同靠呼吸术和导引术来获得长寿的做法，而认为要"不导引而高"才是"天地之道，圣人之德"。《刻意》篇，学者多认为非庄子所作，罗根泽认为是秦汉间神仙家所为（①"参见罗根泽《庄子外杂篇探源》，《燕京学报》第39期。"），的确，《刻意》篇的思想无疑受神仙学说的深刻影响。故王夫之说："此篇之指归，则啬养精神为千越之剑，盖亦养生家之所谓炼已铸剑，龙吞虎吸鄙陋之数，……虽欲自别于导引，而其来流，亦流为炉火彼家之妖妄，固庄子所深鄙而不屑为者也。"

从庄子到神仙家，再到道家，虽都是借彭祖阐明己说，但实质有所不同，庄子追求精神的超越；神仙家虽也讲呼吸、导引术，但要旨在于养精神；道家走的是神仙家的路子，但更强调呼吸术和导引术，此间变化之脉络清晰可见。因此，《列仙传·彭祖》就说他"善导养行气"。《神仙传》也有此记载："（彭祖）常闭气内息，从旦至中，乃危坐拭目，摩搦身体，舐唇咽唾，服气数十，乃起行言笑。其体中或瘦倦不安，使导引闭气，以攻所患以存其体，面头九窍，五脏四肢，至于毛发，皆令具至。觉其气云行体中，故于鼻口中达十指末，寻即体和。"《道藏》中收有《彭祖导引图》《彭祖谷仙卧引法》等，梁代陶弘景《养性延命录·服气疗病篇》还有关于彭祖服气法的专门介绍。

此外，道教提倡之房中术也常常托名彭祖，这是因为道教看来，房中术不仅能使人延年益寿，甚至羽化登仙，早在秦汉彭祖就已为房中术的代言人。《汉书·艺文志》之《方技略》辑录了八家房中专书，长沙马王堆出土了七部房中书，都反映了秦汉时期人们的性观念。如《养生方》《十问》《合阴阳》等，其中就有王子巧父向彭祖问房中之术；道教发扬这一思想，葛洪《抱朴子》中鼓吹此术，《神仙传·彭祖》中也有采女向彭祖问房中术的详细记载。

彭祖的故事在后世流传极广，古小说如《神仙传》《列仙传》《搜神记》等彭祖的故事已为人津津乐道，唐宋诗词、明清小说、野史杂传、民间传说中更是屡屡出现彭祖的身影，彭祖的故事如同滚雪球似的发展壮大起来。胡适曾把包公称作一个"箭垛式的人物"（①参见：《胡适学术文集》之《中国文学史》，中华书局1998年版，第1038页。），许多载在史书、流传民间的精巧的折狱故事，人们不知道来历的都堆在包公身上，就像许多箭射在草人身上一样，彭祖也正是这样一个箭垛式的人物，本文考察的就是彭祖这一系列故事之来源和融合。

[导师石昌渝教授点评]

  汪燕岗的《彭祖考略》是一篇很有学术价值的论文。彭祖是古代传说和道教神仙谱系中的重要人物，本文以翔实的文献资料考镜彭祖形象嬗变演化的历史，在这个人物身上揭示出古代方术、道教与志怪小说的亲缘关系。本文见解新颖，这种研究方法在当前学风空泛的现实中尤应提倡。

第一篇 彭祖考略

彭祖的养生之道

朱存明

[作者简介] 徐州师范大学汉文化研究院院长，徐州师范大学文学院教授

[文章来源]《中国道教》（2001年第5期）

[内容摘要]淮海文化，历史悠久，远古的文化早已湮没于时光的流逝中，借考古材料，我们才得知一二，也只能是补苴罅漏，不成系统。淮海地区，疆域广大，徐州当为之重镇。徐州古称彭城，源于尧时封彭祖于大彭国。彭祖在中国古文化中，源远流长，他以美食与长寿而著称于世。虽然彭祖的养生术以后成了道教仙学的内容，但从历史和民俗传说来考证，彭祖神话传说中表现了淮海文化重生命，善养生，以求人生幸福的生命哲学。

淮海文化，历史悠久，远古的文化早已湮没于时光的流逝中，借考古材料，我们才得知一二，也只能是补阙挂漏，不成系统。淮海地区，疆域广大，徐州当为之重镇。徐州古称彭城，源于尧时封彭祖于大彭国。彭祖在中国古文化中，源远流长，他以美食与长寿而著称于世。虽然彭祖的养生术以后成了道教仙学的内容，但从历史和民俗传说来考证，彭祖神话传说中表现了淮海文化重生命，善养生，以求人生幸福的生命哲学。

在相传为汉刘向所作的《列仙传》中，有彭祖传：

彭祖者，殷大夫也。姓篯，名铿，帝颛顼之孙陆终氏之中子，历夏至殷末，八百余岁，常食桂、芝，善导引行气。历阳有彭祖仙室。前世祷请风雨，莫不辄应。常有两虎在祠左右。祠讫，地即有虎迹云，后升仙而去。

邈哉硕仙，时惟彭祖。道与化新，绵绵历古。隐伦玄室，灵著风雨。二虎啸时，莫我猜侮。

刘向的彭祖传，言简意赅，反映了汉时人们对彭祖的认识。汉以后的多种彭祖传，除了葛洪的多了一些吐纳导引、养生房中等内容外，多以此为本。今考之古籍，刘向的彭祖传是有其史料来源的。

我国古代文字发明很早，到商时已有能系统记事的甲骨文。商时并设有史官，专门负责记载史事。在孔子所作《春秋》中，记载有彭城。"（鲁成公）十有八年……夏，楚子、郑伯伐宋，宋鱼石复入于彭城。"左丘明的《左传》对此有较详细的说明。据晋时出土的中国古代编年体史书《竹书纪年》载：

（帝启）十五年，武观以西河叛，彭伯寿帅师征西河，武观来归。

（外壬）元年庚戌，王即位，居嚣，邳人、姺人叛。

（河亶甲）三年，彭伯克邳。

五年，姺人入于班方。彭伯、韦伯伐班方，姺人来宾。

（祖丁）元年己巳，王即位，自相迁于耿，命彭伯、韦伯。

（武丁名昭）四十三年，王师灭大彭。

从中可见彭祖所居彭城的记载，彭伯大约为封在彭城的首领。

其他古籍如《世本》《汲冢周书》《国语》《大戴礼记》等也记有彭祖的事迹及族系。到司马迁作《史记》时，他综合各种传说写道：尧老，使舜摄行天子政，巡狩。舜得举用事二十年，而尧使摄政。摄政八年而尧崩。三年丧毕，让丹朱，天下归舜。而禹、皋、陶、契、

◎ 第一篇 彭祖考略

后稷、伯夷、夔、龙、倕、益、彭祖自尧时皆举用，未有分职。

《史记·楚世家》把彭祖归为陆终六子中的第三子：

楚之先祖，出自帝颛顼高阳。高阳者，黄帝之孙，昌意之子也。高阳生称，称生卷章，卷章生重黎。重黎为帝喾高辛居火正，甚有功，能光融天下。帝喾命曰祝融。共工氏作乱，帝喾使重黎诛之而不尽。帝乃以庚寅日诛重黎，而以其弟，吴回为重黎后，复居火正，为祝融。吴回生陆终。陆终生子六人，坼剖而产焉。其长一曰昆吾，二曰参胡，三曰彭祖，四曰会人，五曰曹姓，六曰季连，芈姓，楚其后也。昆吾氏，夏之时尝为侯伯，桀之时，汤灭之；彭祖氏，殷之时尝为侯、伯，殷之末世，灭彭祖氏。季连生附沮，附沮生穴熊，其后中微，或在中国，或在蛮夷，弗能纪其世。

从史书上，可见彭祖事不虚，彭祖为历史上的真实人物是不成问题的。但彭祖似不应为一个人，而应为一氏族，其在尧时封在彭，以后世袭其封，故古籍记载才绵绵不绝。彭伯名"寿"，反映出彭人善气功养生，在当时为长寿之人，故后人传为可以活近千年的仙人。如在晋葛洪的《彭祖传》中说："彭祖者，姓篯讳铿，帝颛顼之玄孙也。殷末已七百六十七岁，而衰老。"这当然成道教仙话了。

除了《史书》外，在先秦诸子中我们也可以看到关于彭祖的议论。《论语·述而第七》载："子曰：述而不作，信而好古，窃比于我老彭。"道家重生，讲吐纳导引以求长寿，《庄子》一书多次讲到彭祖。《庄子·刻意第十五》曰："吹呴呼吸，吐故纳新，熊经鸟申，为寿而已矣。此导引之士，养形之人，彭祖寿考者之所好也。若夫不刻意而高，无仁义而修，无功名而治，无江海而闲，不道引而寿，无不忘也，无不有也。"《逍遥游·第一》曰："朝菌不知晦朔，蟪蛄不知春秋，此小年也。楚之南有冥灵者，以五百岁为春，五百岁为秋；上古有大椿者，以八千岁为春，八千岁为秋，而彭祖乃今以久特闻。众人匹之，不亦悲乎！"清末王先谦《庄子集解》注云："彭祖名铿，尧封臣彭城，历虞、夏至商，年七百岁，故以久寿见闻。"《荀子》一书中也提到彭祖："扁善之度，以治气养生则后彭祖，以修身自命则配尧舜。"这里的"扁"，当读为"辨"。意思是说君子有辨别善的方法，这就是礼。如果用礼治气养生，寿则不及于彭祖；如果以修身自为名号，则寿配尧、舜，可以不朽矣！《吕氏春秋·为欲篇》说："天子至贵也，天下至富也，彭祖至寿也。"《审分览·执一》说："彭祖以寿，三代宜昌。"《列子·力命第六》云："彭祖之智，不出尧、舜之上，而寿八百。"《抱朴子·对俗卷第三》云："人中之有老彭，犹木中之有松柏。"从诸子的著作中，我们可以认识到，从春秋战国到汉魏晋时代,彭祖都是以长寿者的形象出现的。

彭祖寿达七八百年,这于现在科学看来,几乎是不可能的,但如果把彭祖看作封在彭城国的历代的彭伯代代相袭的封号或祖先崇拜,则是很自然的。在传说中,大彭国人善于养生之道,如摄养术、导引术、服气术、房中术等,通过自我修炼以抵御疾病达到长生则是中国古代文化的精华内容之一。

原始社会,医药知识贫乏,加上生存条件艰苦,遇风雨雷电,霜雪寒露,人易染疾病。有时暴雨倾盆,江河横溢,阴湿壅塞,使人气血不畅,故多疾患。《路史》前纪卷九说:"阴康氏时,水渎不疏,江不行其源,阳凝而易闷,人既郁于内,腠理滞着而多重,得所以利其关节者,乃制为舞,教人引舞以利导之,是谓大舞。"阴康氏时代,人们对"关节不利"的疾病是"引舞以利导之"。这种"摇筋骨、动支节"的舞,是对飞禽走兽图腾的模仿。正如《庄子》所谓"吐故纳新,熊经鸟申"。这种大舞,有时要靠鼓点的节奏。彭祖之"彭",就是由此而来。

彭,本为击鼓而发出的声音。《说文解字》曰:"彭鼓声也,从壴,彡声。"文字学家认为"壴"为鼓之象形。彭祖以彭为姓或国,可见彭祖是以鼓为族徽形象的,这是一个善于击鼓而舞的方国。击鼓而舞有两大功能,一为以舞而通神,增加方国的战斗性,鼓舞士气;二为以舞来锻炼身体,在鼓声彭彭的节奏中,熊经鸟申,以御疾病。大彭国的此种风俗,一直到汉时还存在,我们可以从汉画像中看到击鼓而舞的图像,反映的正是大彭国古老的风俗。云南滇文化中的铜鼓文化,当是东夷文化影响的结果。我们从铜鼓上的鸟纹、羽人、太阳纹可以找到源于东夷文化的文化原型。

彭祖注重生命本身,讲究养生之道,故以长寿而著称于世。所以诸子百家及史籍中,留下了其方国养生术记载。虽然从今天留传下来的资料看,有许多有史以来谈彭祖养生术的著作肯定是伪托,但其精神内涵则是一脉相承的。彭祖养生术中,表现了中国人原始的生命哲学。据沛人朱浩熙君编著《彭祖》①一书介绍,彭祖养生术可分为摄养术、导引术、服气术、房中术、烹调术等。

导引又称道引,是中国古老的气功健身法。远古中国多洪水,阴多滞伏,民杂食而不劳,故多痿厥寒热之病,于是发明了导引按蹻之术。李颐注《庄子·刻意》曰:"此导引之士、养形之人、彭祖寿考之所好也。"又曰:"导气令和,引体令柔。"上古无医药,导引按蹻就是原始的医疗体育,彭祖是此术影响最大的实践者。到春秋战国时代成为流行的疗病保健和养生方法。后来被道教所吸收,

《道藏》中收有《彭祖导引图》《彭祖谷仙卧引法》等。传说，古有《彭祖经》，为彭祖养生学专著。可惜没有留传下来。彭祖导引术，分坐引和卧引两种。坐引法如次：导引服，解发，东向坐，握固，不息，一通；举手，左右导引，以手掩两耳，以指掐两脉边，五通；令人目明，发黑，不白，治头风。②

卧引法须夜半至鸡鸣平旦为之，禁饱食、沐浴，可以除百病，增延年。详见《道藏》尽字三号《彭祖谷仙卧引法》。

导引术和服气术是相通的。原始人有一种万物有灵观，认为万事万物中都有一种灵气，人也是由气育化而生，故人有"吐故纳新"的气息。中国古代生命哲学认为人的生老病死都是气的结果，故有一种气论观。表现在健身上，便把修身养性、吐纳导引称为"气功"。葛洪《神仙传·彭祖》记载彭祖的气功观说："次有服气得道，则邪气不得入，治身之本要。""人受精养体，服气炼形，则万神自守其真，不然者，则荣卫枯悴，万神自逝，悲思所留者也。"汉代古医书《引书》载有彭祖气功之法：

春产、夏长、秋收、冬藏，此彭祖之道也。春日早起之后，弃水，澡，洒齿，泃，被发，游堂下，迎露之清，受天之精。饮水一杯，所以益雠也。入宫，从昏到夜大半，止之，益之伤气。……

梁代陶弘景《养性延命录·服气疗病篇》对彭祖服气法有专门介绍。彭祖曰：

常闭气纳息，从平旦至日中，乃跪坐，拭目，摩搦身体，舐唇咽唾，服气数十，乃起行言笑。其偶有疲倦不安，便导引闭气，以攻所患，必存其身、头、面、九窍、五脏、四肢，至于发端，皆令所在觉其气运行体中，起于鼻口，下达十指末，则澄和其神，不须针药灸刺。凡行气欲解百病，随所在作念之。头痛念头，足痛念足，和气往攻之，从时至时，便自消矣。时气中冷，可闭气取汗，汗出辄周身则解矣。

这里介绍的彭祖气功，是一种闭气攻疾的方法，在中国古代又叫辟谷术。炼气到一定的程度，身体便会自我调整，不思饮食，气巡经行走，哪儿有疾患，气便自攻之。高级的辟谷者要兼作导引，以意念调动气脉，以攻病灶，百病全消，以达长寿。

彭祖的房中术也是养生术的一部分。所谓房中，即指房内男女性接触之事。古人云："饮食男女，人之大欲存焉。"《孟子·告子上》云："食、色，性也。"房中术实际上是中国古代的性保健方法。彭祖房中术是从延年益寿的角度来指导人们进行性生活。葛洪《神仙传·彭祖》中，彭祖与采女讨论这个问题，彭祖说："男女相成，犹天地相生也。所以神气导养，使人不失其和；天地得交接之道，故无终竟之限；人失交接之道，故有伤残之期。能避众伤之事，得阴阳之术，则不死之道也。"彭祖认为，男女之事是非常重要的，也是很正常的。那么如何交接？应该注意什么呢？彭祖认为，应该交接以时，交接有度，交接戒暴，交接戒滥。以气候论，当避大寒、大热、大雨、大雪，日月蚀、地震动，均不曾交接。以人的情态论，当避喜怒忧愁、悲哀恐惧、醉饱过甚等。交接时间不可过长，过长伤"气"；交接不可过频，过频致虚，虚损所寿；交接不可施暴，暴则使气、肉、筋骨、体衰；交接不可滥，纵性食色，淫声美色，犹如破骨斧锯，徒有减年损寿。所以"慎守易失，长生累世""服药百裹，不如独卧"。

在传说中，彭祖还是懂烹调术的高手。《楚辞·天问》中有"彭铿斟雉，帝何飨？受寿永多，夫何久长"的诗句。意思是说，彭祖调制的雉羹，帝尧为什么要用？彭祖寿命何以如此长久呢？这时保留了有关彭祖进雉羹予尧以求长寿的故事。王逸注曰："彭铿，彭祖也。好和滋味，善斟雉羹，能事帝尧，尧美而飨食之。""言彭祖进雉羹于尧，尧飨食之以寿考。彭祖至八百岁，犹自悔不寿，恨枕高而唾远也。"洪兴祖补曰："彭祖姓篯名铿，帝颛顼之玄孙，善养性，能调鼎，进雉羹于尧，尧封于彭城。"雉者，野鸡也；羹者，五味调和之肉末、肉汁粥也。从古到今，有些学人对彭祖进献雉羹被封于彭城提出怀疑，认为靠献一碗鸡汤，被封国事太简单了吧！实际上，以淮海文化的大背景看，这是完全可能的。尧、彭祖都为东夷部落的人，其图腾为鸟，雉乃图腾的一种，民族学告诉我们，有些民族有图腾筵的风俗，我颇疑彭祖所进"雉羹"，有宗教仪式的作用。林云铭曰："雉有文采，古用以祭。"徐焕龙曰："斟雉祀天，天帝何即飨之，使受永多之命，夫何且至八百之长？"③导引之术，有"熊经鸟申"之说，也就是从图腾的舞蹈而来，"鸟伸"，大概是模仿东夷人的鸟图腾的舞蹈吧。从生物学上看，鸡雉当然营养丰富，味道鲜美。今天民俗中仍有过年过节送"鸡"的习惯。妇女坐月子有喝鸡汤的习俗。在徐州，今天仍流行喝一种"跎汤"，据考它的原始做法就是"雉羹"。其做法如下，以野雉（今多用家鸡）、稷米（今用脱皮麦仁或薏苡米）入水，文火熬煮，待雉骨脱落肉化为细丝，稷米溶化为汁，再以二十四味佐料调味，鲜美喷香可口。据传，当年乾隆皇帝巡视徐州时，喝了此汤连连称赞："好汤！不愧是天下第一羹。"

彭祖养生术，内容丰富，流传久远，有些方法，今天仍有现实的意义。他不仅创造了一些功法，而且从生命哲学的意义上来讲养生。《道藏》中收有《彭祖摄生养性论》，对此有精深论述。他认为："神强者长生，气强者易灭。柔弱畏威，神强也；鼓怒骋志，气强也。凡人才所不至而极思之，则志伤也；力所不胜而极举之，则形伤也。积状不见，则魂神伤矣；积悲不已，则魄神散矣。喜怒过多，神不归室；憎爱无定，神不守形。汲汲而欲，神则烦；切切所思，神则败。"彭祖主张量才而思，量力而行，不积忧思，节制喜怒，明确爱憎，中庸有度，不可强行。彭祖还提出十二忌："久言笑则藏腑伤，久坐立则筋骨伤，寝寐失时则肝伤，动息疲劳则脾伤，挽弓引弩则筋伤，沿高涉下则肾伤，沈醉呕吐则肺伤，饱食偃卧则气伤，骤马步走则胃伤，喧呼诟骂则胆伤，阴阳不交则疮痱生，房室不节则劳瘵发。"注意这些禁忌则可以不生疾病或少生疾病。但人生百岁，食五谷杂粮，劳作辛苦，不可能无一日损伤。所以养生延寿并不是一件容易的事。尽管如此，事关我们安全立命的身体健康，故仍须谨慎小心为之。为此，彭祖又明确提出一些具体可行的操作方法：

"是以养生之法，不远唾，不骤行，耳有极听，目不久视，坐不至疲，卧不及极，先寒而后衣，先热而后解。不欲甚饥，饥则败气；食诫过多；勿极渴而饮，饮诫过深。食过则症块成矣，饮过则痰癖结聚气风。不欲其劳，不欲甚逸。勿出汗，勿醉中骤奔，勿饱食走马。勿多语，勿生餐，勿强食肥鲜，勿沐发后露头。冬不欲极温，夏不欲极凉，冬极温而春有狂疫，夏极凉而秋有疟痢。勿露卧星月之下，勿饥临尸骸之前，勿睡中摇扇，勿食次露头，勿冲大热而饮冷水，勿凌盛寒而逼炎炉，勿沐浴后而迎猛风，勿汗出甚而便解衣，勿冲热而便入冷水淋身，勿对日月及南北斗大小便。勿于星辰下露体，勿冲霜雾及岚气。此皆损伤脏腑，败其神魄。五味不得偏耽，酸多伤脾，苦多伤肺，辛多伤肝，甘多伤肾，咸多伤心。此并应于五行，潜禀四体，可理可究矣。志士君子，深可慎焉。犯之必不便损，久乃积成衰败。"

此论摄养术，托之于彭祖，当为彭祖后传人所作。从今日生命科学来看，大多有一定的道理，虽叙述烦琐，做起来不易，但久为之，当有益健康。身体健康，精神旺盛，于国、于家、于己都是有好处的，养生之道，性命关天，志士仁人，不可不察。彭祖开辟中国文化的养生之道，并把它上升到生命哲学上来认识，对中国文化产生了深远的影响。其精华内容被中国的道家，以后的道教及医家所继承，并弘扬广大。人的生命存在是依托身体的，人的悲欢痛快，生老病死也是人肉身的现象。长期以来，我们对自己的肉体不予重视，有时甚至把其视为邪恶、不洁，以致轻视了身体的意义。人的肉身和人的灵魂是相辅相成，合二而一的，我们一定要重视自己的身体，我们应该把自己的身体放在文化的中心来研究。彭祖的养生和气功，给我们提供了一个历史的传统。今天我们从淮海大地上，遍布各地的健身热中，感受到彭祖生命哲学巨大的现实意义。

参考文献

①作家出版社，1994．

②《道藏》尽字三号。

③游国恩主编．天问纂义．中华书局，1982：439．

◎ 第一篇　彭祖考略

上博楚竹书《彭祖》重探

周凤五

[作者简介] 台湾大学教授

[文章来源]《传统中国研究集刊》（2006年第01期）

[内容摘要]《上海博物馆藏战国楚竹书（三）》有一组竹简，完简约53字，整理者将之命名为《彭祖》。为对问体，设为上古时代耇老与彭祖二人问答。全篇杂有儒、道两家思想，是先秦学术史的重要材料，其中涉及齐、鲁、三晋等地与楚国的学术交流、"稷下学派"对战国诸子百家学术的影响等，事关重要。

前　言

一、竹简概述

根据整理者的记录与描述，对照《上海博物馆藏战国楚竹书（三）》的竹简彩色图版，本篇竹简概况如下：

1. 长度：完简约五十三厘米。

2. 编绳：三道。

3. 契口位置：简头至第一契口十厘米；以下至第二契口、第二契口至第三契口，各十八厘米；再下至简尾八厘米。

4. 字数：简头至第一契口，抄写十字；第一契口至第二契口、第二契口至第三契口，各抄写十七字左右；第三契口至简尾，抄写七字至十字不等。完简约五十三字。

二、凡例

1. 简号

简号采用整理者的编号，外加方括号（如【1】）。

2. 简序

（1）以整理者的意见为基础，考虑竹简残缺的情况，衡酌简文的上下文意重新编联。

（2）重编简序：第一简、第三简、第四简、第二简、第六简、第五简、第七简、第八简。

（3）第五简亦可编在第六简前，以第六简尾"余告汝咎"的"咎"与第七简头"□者不以，多务者多忧，贼者自贼也"的"以""忧""贼"为韵脚，之、幽合韵，见于《楚辞》。但参照第二简"余告汝人伦，曰"的句法，"余告汝咎"下应有"曰"字，亦即第六简尾"余告汝咎"与第七简头"□者不以"之间至少要有"曰□"二字，但第六简尾与第七简头都是完整的，两简之间仅能容一字，故不采取。

3. 补字

（1）补字外加方框线（如：告汝）。

（2）补字而不能确定位置者，于方框内加尖括弧（如：《＜彭祖曰＞）。

（3）竹简残缺严重者，以简长为准，估计所缺字数，用方格表示，一字一格（如：□□□）。

◎ 第一篇　彭祖考略

4.改字简文错字进行改正,字外加方括弧(如:【二】命三俯)。

5.释文

(1)释文采取宽式,不摹写疑难字,不隶定简文字形。

(2)通假字直接破读。

(3)疑难字与通假字在注解中说明。

6.解题

(1)篇题"彭祖"二字为整理者所加,竹简原无篇题。

(2)本篇杂有儒、道两家思想,是先秦学术史的重要材料,其中涉及齐、鲁、三晋等地与楚国的学术交流、"稷下学派"对战国诸子百家学术的影响等,由于事关重要,在释文之后以解题加以说明。

7.注解

(1)注解依序编号,标示于简文之后(如:耇老1)。

(2)注解以考释疑难字与解释词语为主,也用以通读、串讲简文。

一、《彭祖》释文

耇老1问于彭祖2曰:"耇氏执心3不忘,受命永长。臣何巍何行,而举4于朕身,而悐于褅尝5?"彭祖曰:"休哉,乃将多问因由,乃不失度。彼天之道,唯亟6【1】□□□□□□□□□□□□不知所终。"耇老曰:"眇眇7余冲子8,未则于天,敢问为人?"彭祖[曰]:"□□

□□□□耇老曰:【3】"既稽于天9,又潜于渊10,夫子之德,盛矣何其11。宗寡君之愿12,良□□□□□□□□□□。"

<彭祖曰>"'□□□□□□□□□【4】言。天地与人,若经与纬,若表与里13。"问:"三去其二,奚若已14?"彭祖曰:"吁,汝孳孳博问15,余告汝人伦16,曰:戒之毋骄,慎终保劳。大往之衍17,难以迁延18。余告汝【2】□,曰:□□□□□□□□□□□□之谋不可行,怵惕之心不可长。远虑用素19,心白身怿20。余告汝咎,【6】曰:□□□□□□□□□□□,父子兄弟,五纪毕周,虽贫必修;五纪不正21,虽富必失。余告汝祸,曰:□□□□□□□□□【5】□者不以,多务

34

者多忧，贼者自贼也。"

彭祖曰："一命二俯22，是谓益愈。【二】命三俯，是谓自厚。三命四俯，是谓百姓之主。一命二仰23，是谓遭殃。二命三仰，"【7】是谓不长。三命四仰，是谓绝世24。毋聚富25，毋倚贤26，毋易树27。"

耇老三拜稽首28曰："沖子不敏，既得闻道，恐不能守。"匕【8】

二、解题

本篇为对问体，设为上古时代耇老与彭祖二人问答。耇老自称"眇眇余沖子"，又说"宗寡君之愿"，推测他应是国君的继承人。所问的主题"臣何巍何行，而举于朕身，而悘于禘尝"，以"悘于禘尝"为要务，也从侧面强调了这个身份，他是奉国君之命，前来请教彭祖如何治国、如何得以长享国祚的。全篇由此发端而循问答方式次第展开。彭祖的答复侧重于"天道"，耇老辞以"未则于天"而"敢问为人"。彭祖仍想阐述天道，耇老又辞以德行不及，还是请教人道。彭祖告以天、地、人三者彼此经纬，相互表里，其意仍在强调天道，而耇老坚请"三去其二"专言人道。于是彭祖乃"告汝人伦""告汝口""告汝咎""告汝祸"。篇末彭祖强调谦恭守国，耇老敬谨受教。

综观《彭祖》全篇，阐述"人伦""五纪"，强调谦恭，其主张似以儒家思想为主。但从彭祖、耇老二人问答的过程来考察，彭祖所欲阐述的显然是"天道"而非"人道"。因此，本篇虽以儒家思想为主，但不排斥道家，甚至隐然寓有"扬道抑儒"的倾向。

除儒家思想之外，简文指出人寿有尽（"大往之衍，难以迁延"），主张无为（"多务者多忧""远虑用素"），强调养生（"慎终保劳"），凡此皆合于道家之说。然则本篇虽字数不多，但其内容夹杂儒、道，具体反映了战国中期以后，诸子学说相互交流、激通的实况。本篇从字体看来是楚国的文本，当时南方楚国的道家与来自齐、鲁、三晋的儒家，在楚国甚至整个战国时代思潮中一直占有主流的地位。本篇夹杂儒、道，可以说是战国学术史一个具有代表性的取样。

应当指出，第六简"心白身怿"四字，其用语、思想明显与《管子》书中的"白心"之说有关。然则本篇可能与"稷下"有关，不妨假设其为稷下学派的产物，或至少受到"稷下"的影响。巧合的是，《郭店楚墓竹简》以儒家典籍《性自命出》《缁衣》《五行》《尊德义》《六德》《成之闻之》等六篇为主，与道家典籍《老子》三种同出②队且在上述儒家典籍中也出现了"心术"③、"内业"④。

◎ 第一篇 彭祖考略

参考文献

①禘尝与治国有关，见《礼记·仲尼燕居》引孔子曰："明乎郊社之义、尝禘之礼，治国其如指诸掌而已乎！"郑注："治国指诸掌，言易知也。郊社、尝禘，尊卑之事，有治国之象焉。"参见：十三经注疏·礼记正义．台北艺文印书馆，1997：853．

②荆门市博物馆．郭店楚墓竹简．文物出版社，1998．《缁衣》《性自命出》二篇又见于《上海博物馆藏战国楚竹书（一）》。其中《性自命出》整理者改题为《性情论》。参见：马承源主编．上海博物馆藏战国楚竹书（一）．上海古籍出版社，2001．

③《性自命出》简一四："凡道，心术为主。"参见：荆门市博物馆．郭店楚墓竹简：62．

④《性自命出》简五四："独处而乐，有内业者也。"参见：荆门市博物馆．郭店楚墓竹简：65．此外，《性自命出》简六三："貌欲庄而毋废，欲柔齐而泊。"下"欲"字上或可补"心"字，读作"心欲柔齐而泊"，则似与"白心"之说有关。荆门市博物馆：《郭店楚墓竹简》，第66．

等见于《管子》篇名的用语。众所周知，《管子》书的《心术上》《心术下》《白心》《内业》四篇是稷下学派的重要思想数据。《上博楚竹书》与《郭店》这两批竹简，反映的究竟是个别现象抑或战国晚期学术思想的共同趋势？值得深入探究。

三、注解

1. 耇老：耇，氏；老，名。马王堆帛书《十问》有"帝盘庚问于耇老"，与"黄帝问于天师""黄帝问于大成""黄帝问于曹煞""黄帝问于容成""尧问于舜""王子巧父问于彭祖""齐威王问于文挚""秦昭王问于王期"等①，内容皆与长生之道有关。

2. 彭祖：上古氏族名，又为人名。前者见《国语·郑语》与《大戴礼·帝系》②；后者常见于先秦诸子，且多以之为上古长寿者的代表人物，如《庄子·刻意》："此导引之士养形之人，彭祖寿考者之所好也。"③《吕氏春秋·为欲》："彭祖，至寿也。"④出土文物除上述马王堆帛书《十问》外，近年出土的张家山汉简《引书》也记载"春产，夏长，秋收，冬藏，此彭祖之道也"⑤。可见彭祖是先秦养生家所依托的重要人物。

3. 执心：《逸周书·谥法》："执心克庄曰齐""执心决断曰肃"⑥。执，守也⑦。"执心"指掌握自己的心，与下文"心白"相呼应。

4. 举：行也，为也。《周礼·地官·师氏》："王举则从。"郑玄注："举犹行也。"⑧《左传·庄公二十三年》："君举必书。"⑨亦同此训。

5. 愸于禘尝：简文读为愸，慎也。《尚书·洛诰》："予冲子夙夜愸祀。"伪孔传以"慎其祭祀"解之⑩。简文"帝常"读为"禘尝"。《礼记·中庸》："明乎郊社之礼，禘尝之义，治国其如示诸掌乎。"又《祭统》："凡祭有四时：春祭曰礿，夏祭曰禘，秋祭曰尝，冬祭曰蒸。礿、禘，阳义也；尝、蒸，阴义也。禘者，阳之盛也；尝者，阴之盛也。故曰莫重于禘尝。古者于禘也，发爵赐服，顺阳义也⑪；于尝也，出田邑、发秋政，顺阴义也。"凡此"发爵赐服"、"出田邑"、"发秋政"皆治国之事，故曰"治国其如示诸掌"。由此可见，耇老是以国君嗣子的身份向彭祖请教治国长生之道。

6. 唯巫：整理者以第一简与第二简连读，作"彼天之道唯巫言：天地与人，若经与纬"云云。按，如此编联文意不顺。细心体会简文，应是耇老请教彭祖，如何方能长享国祚，彭祖以"天道"答之，耇老辞以"未则于天"而"敢问为人"。彭祖仍欲阐述天道，耇老又以辞行不及，而更请教人道。彭祖告以天、地、人三者彼此经纬，相互表里，其意仍由天道发端，而耇老坚请"三去其二"，专言人道。于是彭祖乃依序"告汝人伦""告汝□""告汝咎""告汝祸"。最后彭祖教以谦恭守国，耇老敬谨受教。

7. 眇眇：简文作"䀑眇"，按，䀑、眇二字古音皆明母宵部，可以通假。眇眇，微小貌。《尚书·顾命》："眇眇予末小子。"伪孔传："微微我浅末小子。"⑫

8. 冲子：简文作"朕挚"，当读作"冲子"。朕，古音定母侵部；冲，定母冬部：音近可通。"冲子"一词见《尚书·洛诰》："公，明保予冲子。"又："予冲子夙夜愸祀。"伪孔传皆以"童子"解之。⑬按，盖自谦之词。

9. 既槿于天：槿，简文作"只"，整理者读为"跻"，以为"跻是精母脂部字，只是章母支部字，读音相近"。按，当读为"榰"。榰，古音章纽支部，与"只"同音。《说文》："榰，柱氐也。"段注："引申凡支拄、拄塞之称。"⑭前者例见《尔雅·释言》："榰，柱也。"郭注："相榰柱。"⑮后者见《楚辞·离骚》："朝发轫于苍梧兮。"王逸章句："轫，搘轮木也。"⑯俗体改从手。榰、搘二字后世多以"支"字代之。"槿于天"就是"榰于天"，也就是向上顶着天，极言其高。

10. 又潜于渊：简文作"或椎于渊"，整理者读"椎"为"坠"⑰。按，椎，古音定母微部；潜，从母侵部：二字音近可通。或，又也。《说文》："龙，鳞虫之长，能幽能明，能细能巨，能短能长，春分而登天，秋分而潜渊。"简文"既槽于天，又潜于渊"，是耈老把彭祖比喻作神龙，与《史记·老子韩非列传》载孔子赞美老子"犹龙"⑱，可谓异曲同工。

11. 盛矣何其：盛，简文作"登"，整理者读"登矣"为句，以"何其"属下读。按，当读作"盛矣何其"。登，古音端母蒸部；盛，禅母耕部：音近可通。"夫子之德，盛矣何其"即"夫子之德，何其盛矣"，乃耈老赞美彭祖之语。"何其盛矣"倒装为"盛矣何其"，以与上句"德"字协韵，"德""其"皆之部字。

12. 宗寡君之愿：整理者以"宗"字与上句连读为"何其崇"。按，宗、主二字形音义俱近⑲，宗可以读为"主"。《楚辞·招魂》："主此盛德兮，牵于俗而芜秽。"五臣注："主，守也。"⑳ 字又见《仲弓》篇简五："为之宗谋焉。"㉑ 寡君，简文原作"古君"，按，古、寡二字古音皆见母鱼部，当读作"寡君"。简文是说耈老坚持遵从自己国君的意愿。

13. 若表与里：表，简文左从糹，右从衣，中间从"暴"省，即"襮"字。㉒《诗·唐风·扬之水》："素衣朱襮，从子于沃。"毛传："襮，领也。"㉓ 引申为"表"。《玉篇·衣部》："褛，衣表也。㉔"《广雅·释诂四》："襮，表也。㉕"按，襮，古音并母药部，表，帮母宵部。二字音近可通。"表里"与上文"经纬"皆反义词。

14. 奚若已：简文作"幾若矣"。幾，几，古音见母微部；奚，匣母支部：音近可通。"奚若已"即"何若矣"。《礼记·檀弓》："岁旱，穆公召县子而问然，曰：'天久不雨，吾欲暴尪而奚若？'"郑注："奚若，何如也。"㉖

15. 孳孳博问：孳孳即"孜孜"。《礼记·表记》："俛焉日有孳孳，斃而后已。"《汉书·贡禹传》："孳孳于民。"颜师古注："孳与孜同。孜孜，不怠也。"㉗"専昏"读作"博问"。《说文》："孽孽，伋伋生也。"段玉裁注："孜、孳二字古多通用。"㉘

16. 余告汝人伦曰："余告汝人伦"五字属下读，领"曰"字以下所述人伦的内容。

17. 大往之衍：往，去也。大往，犹言大去，讳言死也。战国文字有"䢃"字，从遣、陷二字省声，见郭店《语丛四》简十九，㉙ 简文"衍"从此字省声。今本《老子》二十五章"大曰逝，逝曰远，远曰反",郭店《老子甲》作"大曰衍,衍曰转,转曰反","衍"与"逝"异词同义,皆训流、训行㉚。流行则远去,故"衍"引申有"远"义。大往之衍犹"大往之行",指人死而远去,不再回来。

18. 难以迁延:以,简文作"易",易,古音余母锡部;以,余母之部:二字音近可通。迁,简文从言,欠声;欠、迁音近假借。延,简文从"遣"、从"欠",二者皆声,与"延"音近。"迁延"一词见《左传·襄公十四年》:"晋人谓之迁延之役。"杜注:"迁延,退却。"㉛简文"迁延"指迟疑,拖延。"难以迁延"指人之生死无法拖延。

19. 远虑用素:"远虑用素"处应断读。老、庄"樸""素"常连言,如《老子》第十九章"见素抱朴"㉜;《庄子·天道》"樸素而天下莫能与之争美"㉝。单言"素"者见《庄子·刻意》:"純素之道,唯神是守;守而勿失,与神为一;一之精通,合于天伦。……能体纯素,是谓真人。"㉞《管子》一书由"素也者,五色之质也"推论出"素质不留,与地同极"㉟,于人事修养亦言"素",见《心术》:"君子恬愉无为,去智舆故,言虚素也。"㊱韩非受道家影响,于驾驭臣下之道亦强调"素",如《韩非子·二柄》:"去好去恶,群臣见素。群臣见素,则大君不蔽矣。"㊲

20. 心白身怿:"心白"一词当与《管子·白心》有关,值得注意的是《庄子·天下》:"不累于俗,不饰于物,不苟于人,不忮于众,愿天下之安宁以活民命,人我之养毕足而止,以此白心,古之道术有在于是者,宋钘、尹文闻其风而悦之。"㊳"白心"之说和宋钘一派又有关系。

21. 五纪不正:正,整理者原释"工"。按,此字又见上博三《周易·谦卦》简十三"征"字所从,当是"正"字无疑㊴。简文"五纪不正"下接"虽富必失"。正,古音章母耕部;失,书母质部:二句押韵。五纪见《尚书·洪范》:"一曰岁;二曰月;三曰日;四曰星辰;五曰历数。"㊵所论属于天文历法,与人伦无关。旧以"三纲五纪"说最早见于《春秋繁露·深察名号》,指父子、君臣、夫妇及仁、义、礼、智、信㊶。但《庄子·盗跖》:"五纪六位,将何以别乎?"又:"儒者伪辞,墨者兼爱,五纪六位将有别乎?"《释文》:"六位,君、臣、父、子、夫、妇。"俞樾云:"五纪即五伦也,六位即六纪也。《白虎通·三纲六纪篇》曰:'六纪者,谓诸父、兄弟、族人、诸舅、师长、朋友也。'"㊷按,《庄子》"五纪"当指君臣、父子、兄弟、夫妇、朋友五伦,"六位"即郭店《六德》父、子、夫、妇、君、臣六者㊸。《庄子》有"五纪六位"之说,楚竹书《六德》《彭祖》又分见"六位""五纪",其说与楚国是否有地缘关系,值得深入探究。

22. 一命二俯:二,简文作"弌",整理者读作"一"。林素清先生指出,西周金文"四匹"二字,往往在"匹"字上作三横画,借匹字上部一横,共为积画的"四"字,见《彔伯簋》《吴方彝盖》《鄂侯驭方鼎》等㊹。简文此字从弋,从一,盖以弋为一,加一为二;参照下文"一命二仰""二命三仰""三命四仰",知此处当为"一命二俯""二命三俯""三命四俯",乃完整的数字序列。但抄写者误作"一命二俯""一命三俯""三命四俯",于是遂错落而不可理解。㊺俯,《说文》作"頫"㊻,简文从页,夂声。夂,滂母屋部;俯,帮母侯部:可以通假。

23. 一命二仰:仰,简文原从肉,襄声。襄,古音心母阳部;仰,疑母阳部:音近可通。所谓"一命""二命""三命"见《左传·昭公七年》:"及正考父佐戴、武、宣,三命兹益共,故其鼎铭云:4一命而偻,再命而伛,三命而俯,循墙而走,亦莫余敢侮。饘于是,鬻于是,以餬余口。'其共也如是。"㊼

24. 绝世:简文"世"字从糸,蔡声,当读作"世"。蔡,古音清母月部;世,书母月部:可以通假。"绝世"即"绝后"。见《左传·哀公十五年》:"大命陨队,绝世于良。"杜注:"绝世,犹弃世。"㊽又见《论语·尧曰》:"兴灭国,继绝世。"㊾又见《礼记·中庸》:"继绝世,举废国。"㊿

25. 毋聚富:聚,简文原作"由"。由,古音余母幽部;聚,从母侯部:音近可通。"聚富"指聚敛财富。

26. 毋倚贤:倚,简文从力,可声,又见包山简㊹。按,疑读作"倚",仗也,恃也。"倚贤"有二解,其一指自负贤能而不纳谏,其二指听信贤者而大权旁落。《韩非子·二柄》云人主有二患,其一为"任贤,则臣将乘于贤以劫其君"㊺。

27. 毋易树:简文原作"毋向桓","向"读作"易","桓"读作"树"。易,古音余母锡部;向,晓母阳部:声韵似较远,但锡部的阳声韵耕部与阳部关系密切,如"饼"与"绠"通假,㊻"冥"与"湎"通假,然则二字可通。"毋易树",即"无易树子",指天子或贵族立嗣之后不得擅易,见《公羊传·僖公三年》阳谷之会㊼、《谷梁传·僖公九年》㊽及《孟子·告子下》葵丘之会㊾。

28. 三拜稽首:三,简文作"弌",整理者读为"二"。按,"二"

与"再"虽为同义词,但上古文献有"再拜"无"二拜"。考虑上古汉语构词法与用语的习惯,此处不能读作"二拜"。且上文"二命"之"二"从弋从一,则此从弋从二之字当释作"三"。《左传·僖公十五年》"晋大夫三拜稽首"㊼是其证。

(2004年4月25日初稿)

(2004年5月4日二稿)

(2004年12月25日三稿)

参考文献

① 马王堆汉墓帛书整理小组. 马王堆汉墓帛书(第4册). 文物出版社,1985: 145-152.

②《国语·郑语》:"佐制物于前代者,昆吾为夏伯矣;大彭、豕韦为商伯矣。……彭姓彭祖、豕韦、诸稽,则商灭之矣。"《大戴礼记·帝系》载陆终氏取于鬼方氏之妹,"产六子,孕而不粥,三年,启其左胁,六人出焉。……其三曰籛,是为彭祖"。

③ 郭庆藩. 庄子集释(第3册). 中华书局,1961: 535.

④ 王利器. 吕氏春秋注疏(第3册). 巴蜀书社,2002: 2375.

⑤ 张家山二四七号汉墓竹简整理小组. 张家山汉墓竹简. 文物出版社,2001: 285.

⑥ 黄怀信等. 逸周书汇校集注(下册). 上海古籍出版社,1995: 696, 721.

⑦《礼记·曲礼上》"执尔颜"郑玄注:"执犹守也。"参见:十三经注疏·礼记正义:35.

⑧ 十三经注疏·周礼注疏. 台北艺文印书馆,1997: 212.

⑨ 十三经注疏·左传正义. 台北艺文印书馆,1997: 171.

⑩ 十三经注疏·左传正义. 台北艺文印书馆,1997: 228.

⑪ 十三经注疏·左传正义. 台北艺文印书馆,1997: 887, 837-838.

⑫ 十三经注疏·左传正义. 台北艺文印书馆,1997: 282.

⑬ 十三经注疏·左传正义. 台北艺文印书馆,1997: 228.

⑭ 段玉裁.说文解字注.台北汉京文化事业有限公司,1983:254.

⑮ 十三经注疏·左传正义.台北艺文印书馆,1997:44.

⑯ 王逸.楚辞章句.台北艺文印书馆,1974:46.

⑰ 马承源主编.上海博物馆藏战国楚竹书(三):306.

⑱【日】泷川龟太郎.史记会注考证.台北艺文印书馆,1972:832.

⑲ 宗,古音精母冬部;主,章母侯部:音近可通。字形则前者所从"示"形,中间直画不加短横或圆点;后者则有短横或圆点而无左右两撇。

⑳ 洪兴祖.楚辞补注.台北艺文印书馆,1999:326.

㉑ 马承源主编.上海博物馆藏战国楚竹书(三):124,267.按,"宗谋"即"主谋",亦即"谋主",参考周凤五:《上博〈仲弓〉篇重探》,待刊稿。

㉒ 周凤五的《郭店＜性自命出＞》"怒欲盈而毋暴"说出自由上海大学古代文明研究中心、台湾楚文化研究会主办的"新出土文献与古代文明研究国际学术研讨会"会议论文,2002年7月28—30日于上海。收入:新出土文献与古代文明研究.上海大学出版社,2004:181-191.

㉓ 十三经注疏·毛诗正义.台北艺文印书馆,1997:218.

㉔ 陈彭年等重修.大广益会玉篇.台北新兴书局,1968:392.

㉕ 王念孙.广雅疏证.江苏古籍出版社,1984:113.

㉖ 十三经注疏·礼记正义:201.

㉗ 班固.汉书.中华书局,1962:3074.

㉘ 段玉裁.说文解字注.台北汉京文化事业有限公司,1983:743.

㉙ 荆门市博物馆.郭店楚墓竹简:106.

按,字又从水作,《见郭店《老子甲》简二二,荆门市博物馆:《郭店楚墓竹简》,第4页;又见包山简九六及简一三九反,湖北省荆沙铁路考古队:《包山楚简》图版四二、图版六二,文物出版社1991年10月版。

㉚ 周凤五.楚简文字琐记(三则)//陈文豪主编.《简帛研究汇刊》

第 1 辑（第一届简帛学术讨论会论文集）. 台北中国文化大学史学系及简帛学文教基金会筹备处, 2003: 627-628.

㉛ 十三经注疏·左传正义: 559.

㉜ 老子. 台湾中华书局, 1996: 10.

㉝ 郭庆藩. 庄子集释(第 2 册): 458.

㉞ 郭庆藩. 庄子集释(第 3 册): 546.

㉟ 分别见《水地》《势第》二篇. 管子(第 2 册). 商务印书馆, 1936: 74, 86.

㊱ 管子(第 2 册): 65.

㊲ 王先慎. 韩非子集解. 中华书局, 1998: 43.

㊳ 郭庆藩. 庄子集释(第 4 册): 1082. "白心"一本作"任心"。

㊴ 关于"正"字的考释，根据台湾大学中文系博士生范丽梅同学 2004 年 5 月 1 日在台北"新出战国楚竹书研读会"第五次会议的发言整理而成。

㊵ 十三经注疏·尚书正义: 171.

㊶ 苏舆. 春秋繁露义证. 中华书局, 1992: 303. 按，《义证》引《白虎通·纲纪》"三纲者何？谓君臣、父子、夫妇也"；引《庄子·盗跖》谓古人本有"五纪"之称。《周语》"五义纪宜"，韦注："五义，谓父义、母慈、兄友、弟恭、子孝。"

㊷ 郭庆藩. 庄子集释(第 4 册): 1004.

㊸ 郭店《六德》简二三至二四"夫夫、妇妇、父父、子子、君君、臣臣，六者各行其职"；简二六至二七"内立父、子、夫也，外立君、臣、妇也"。参见：荆门市博物馆. 郭店楚墓竹简: 188.

㊹ 马承源主编. 商周青铜器铭文选(第 3 册). 文物出版社, 1988: 118, 176, 281.

㊺ 以上"二""三"两字的考释，根据林素清先生 2004 年 5 月 1 日在台北"新出战国楚竹书研读会"第五次会议的发言整理而成。

㊻《说文》："頫，低头也。从页，逃省。"参见：段玉裁. 说文解字注: 419.

㊼ 十三经注疏·左传正义: 765-766.

㊽ 十三经注疏·左传正义: 1035.

㊾ 十三经注疏 · 论语注疏. 台北艺文印书馆, 1997: 178.

㊿ 十三经注疏 · 礼记正义: 889.

51 包山简五三此字为人名，所从力、可二形与简文左右互易，仍当是一字。湖北省荆沙铁路考古队：《包山楚简》图版三二。

52 王先慎. 韩非子集解: 41.

53 高亨. 古字通假会典. 齐鲁社, 1997: 71, 73.

54 十三经注疏 · 公羊传注疏. 台北艺文印书馆, 1997: 125.

55 十三经注疏 · 谷梁传注疏. 台北艺文印书馆, 1997: 80.

56 十三经注疏 · 孟子注疏. 台北艺文印书馆, 1997: 218.

57 十三经注疏 · 左传正义: 231.

第一篇 彭祖考略

上博三《彭祖》补释

王晶

[作者单位] 嘉应学院文学院，广东梅州市

[文章来源]《华夏考古》（2010年第1期）

[内容摘要] 根据出土和传世文献材料，笔者对上博三《彭祖》简中的一些文字进行了新的阐释："耇老"应为"长寿者、贤者"；"句是执心不忘"句中的"句"应通作"苟"，作"若、如果"解；"是"通作"时"，作"有常、常常"解；"余联孳"中"孳"应通作"兹"，作"我"解，属第一人称代词，与"余朕"同义连用。

上博三《彭祖》简1：狗（耇）老问于彭祖曰："句（耇）是（氏）执心不忘，受命永长。"①

耇老，李零在简3处注："疑'耇老'是以老寿称，非本名。"赵炳清："耇老，文献无征，然在长沙马王堆帛书的《十问》中却有耇老向商帝盘庚传授'食阴炼胘'之法的记载……耇老接阴食神气之道。这说明耇老懂得家方仙派的房中术，为一长寿者。"②"'耇老'是以老寿称"的理解是对的，且文献有征：耇，或作耇、耇。《尔雅·释诂上》："耇，寿也。"邢昺疏引舍人曰："耇，觏也，血气精华觏竭，言色赤黑如狗矣。"郭璞注："耇，犹者也。"《逸周书·皇门》："下邑之国克有耇老据屏位。"孔晁注："耇老，贤人也。"朱右曾集训校释："耇老，老成人也。"《国语·周语上》："三十二年春，宣王伐鲁，立孝公，诸侯从是而不睦。宣王欲得国子之能导训诸侯者，樊穆仲曰：'鲁侯孝。'王曰：'何以知之？'对曰：'肃恭明神而敬事耇老；赋事行刑，必问于遗训而咨于故实；不干所问，不犯所咨。'王曰：'然则能训治其民矣。'乃命鲁孝公于夷宫。"韦昭注："耇，冻梨也。"《说文·老部》"耇，老人面冻黎若垢。"朱骏声通训定声："（耇）当训老人背伛偻也。"《广韵·厚韵》："耇，耇老，寿也。"总之，耇老应为老者、寿者、贤人者。因为老者毛发变黄，也称其为黄耇。《释名·释长幼》："九十曰鲐背，或曰黄耇，鬓发变黄也。"戎生编钟："戎生其万年无疆，黄耇又耋，骏保其子孙，永宝用。"③《诗·大雅·行苇序》："外尊事黄耇。"《仪礼·士冠礼》："黄耇无疆。"《汉书·师丹传》："德为国黄耇。"《后汉书·和帝纪》："可谓老成黄耇矣。"可见，面冻黎、体伛偻、黄鬓发是老寿者的外部特征。所以"狗（耇）老"之"狗"与"句是"之"句"并没有什么因果关系，也不是什么姓氏，它们不过是一篇文章中出现的两个同音字，应根据文义做不同的解释。简文中耇老谦称自己为"臣"，是出于对对方的尊敬，并不能表明"耇老的身份是帝王"。耇老虽长寿，但与彭祖比起来，年岁尚轻，自称为"臣"，已可见其"请问彭祖时谦逊低下之态度"④。

句是，李零"疑读为耇氏"。赵炳清认为"句氏，应为耇老所在的句姓氏族"。他利用包山楚简第四简、第八十九简等的"是"释为"氏"，以及传世文献中"是""氏"通假的例证说明"是""氏"通用⑤。汤志彪读"句"为"苟"，认为"苟是"一词有假如、如果等义。《世说新语·文学》："天心不可违，人情不可失，苟是历数所至，虽欲谦光，亦不可得已。"均其例。⑥今按："耇"在本简以及第2、第3、第8简中出现时，都是由"犬"和"句"两部分组成，独独"句是"一处的"耇"仅有"句"形，可知两处并非一字。"是""氏"通用虽有例证，但不能作为耇老所在的氏族为旬姓的充分条件，暂不取这种解释。"旬"通作"苟"是对的，但作"假如、如果"讲的话应该是"苟"，而不是"旬是"。《战国策·燕策二》："臣苟得见则盈愿。"汉帛书本苟作句。《周易·系辞》："苟非其人。"《经传释词》卷五："苟，犹若也。"先秦时期，单音节词占绝大多数，"苟是"连用表如果的可能性很小，且作者所举《世说新语》和《梁书》中的"是"按语义均应为判断动词用法，与简文中的"是"所连接的成分不一样。简文中的"是"应通作"时"。《书·汤誓》："时日曷丧？"《史记·殷本纪》："是日何时丧。"《书·伊训》："时谓巫风。"《墨子·非乐》引《汤之官刑》曰："是谓巫风。"《荀子·王制》之"政令时则百姓一"，杨注曰"时谓有常"。

执，赵炳清说：此处应通"慹"，为"服、畏服"之意⑦。《释名·释姿容》："执摄也。使畏摄己也。"《尔雅·释言》："执，胁也。"清朱骏声《说文通训定声·临部》："执，假借为慹。"《汉书·陈万年传附陈咸》："豪强执服。"颜师古注曰："执，读为慹。"执心，即敬畏之心。孟蓬生说："执心"犹言"秉心""操心"，执、秉、操三字同义⑧。今按："执"有"守"义，用本字可解文义，何须展转假借？孟说是可从的。《礼记·少仪》之"执君之乘车"，郑注曰："执，执辔，谓守之也。"《礼记·曲礼上》之"坐必安，执尔颜"，郑注曰："执，犹守也。"

"忘"，通作"妄"。《老子》十六章："不知常，妄作凶。"景龙碑"妄"作"忘"。《庄子·盗跖》："故推正不忘邪。"《释文》："忘或作妄。"⑨"妄"，《说文》："乱也。"

所以，"耇氏执心不忘，受命永长"这句话应解释为："如果时时把持心志不妄为，（就能）长久地领受天命。"

《彭祖》简3耇老曰："眊眊余朕孳未则于天，敢问为人？"⑩《彭祖》简8老再拜稽首曰："朕孳不敏，既得闻道，恐弗能守。"⑪

对简3的"余朕孳"和简8的"朕孳"学者们有不同意见。李零先生认为："'朕孳'，从文义看应是耇老之名。"⑫陈伟武先生认为，"余"与"朕"为第一人称代词同义连文，"耇老本名仅为单字'孳'"⑬。黄人二先生认为"耇老"的本名是"朕孳"，作"逊子"解，即谦逊之子。汤志彪先生读"孳"为"兹"，引《尔雅·释诂》："兹，此也。"《广雅·释言》："兹，今也。"并将朕孳属下读，简文"朕孳未则于天"犹言"余此未则于天"或"余今未则于天"。《彭祖》篇简8又见"朕孳不敏"语，犹言"余此不敏"或"余今不敏"⑭。耆老的名到底是"朕孳"还是"孳"于史无证，而且，在自称为"朕"或"余朕"之后再加上自己的名，这种说法在上古也不常见。我认为，"孳"通作"兹"，此二字谐声，声近可通。《诗·闵予小子》："念兹皇祖。"《齐》（按：指《齐诗》）："兹作我。"《汉书·匡衡传》衡《疏》曰："其《诗》曰：'念我皇祖。'"⑮"孳"亦为第一人称代词。所以，"余朕孳"和"朕孳"可以理解为第一人称代词同义连用，"孳"不必看作耆老之名。

李零先生注："眊眊，是昏愦之义。《韩诗外传》：'不闻道之人，则冥于得失。不知治乱之所由，眊眊乎其犹醉也。'"⑯所以，耆老曰："余朕孳，未则于天，敢问为人？"这句话应解释为："长寿老者说：'糊里糊涂啊我（这个人）不能效法天，（又）怎么敢询问人事？'""耆老再拜稽首曰：'朕孳不敏，既得闻道，恐弗能守。'"这句话应解释为："长寿老者拜了两拜叩头说：'我不聪明，已经听说了道，恐怕（也）不能守持。'"

（此文是在与胡海琼同学讨论的过程中受启发而作的，论文写作得到了导师张振林教授的悉心指导，在此一并致以感谢。）

参考文献

①⑩⑪⑫⑯ 马承源. 上海博物馆藏战国楚竹书（三）. 上海：上海古籍出版社，2003：304-308.

②⑤⑦ 赵炳清. 上博三《彭祖》篇的性质探析. 简帛网一武汉大学简帛研究中心，2005-11-20.

③ 李学勤. 戎生编钟论释. 文物，1999（9）：78.

④ 黄人二，林志鹏. 上博藏简第三册彭祖试探. 简帛网一武汉大学帛研究中心，2005-04-29.

⑥⑭ 汤志彪. 上博简（三）《彭祖》篇校读琐记. 江汉考古，2005（3）：88-89.

⑧ 孟蓬生. 《彭祖》字义疏证. 简帛网一武汉大学简帛研究中心，2005-06-21.

⑨ 高亨. 古字通假会典. 济南：齐鲁书社，1989：318.

⑬ 陈伟武. 读上博藏简第三册零劄. 华学，2004（7）：176.

⑮ 雒江生. 诗经通诂. 西安：三秦出版社，1998：862.

第一篇　彭祖考略

上博楚简《彭祖》性质探析

赵炳清

[作者单位] 西华师范大学历史文化学院，四川南充

[文章来源]《西华师范大学学报》（哲学社会科学版2010年第01期）

[内容摘要] 上博楚简（三）中《彭祖》篇，主要记述了彭祖与耇老关于"为人"之道的谈论，明显地具有道家抱朴守素、知足不争的思想。故此《彭祖》应是一篇黄老道家的作品。

上博楚简三中有《彭祖》一篇，由于不见于传世文献，故而研究者尚少（相对于其他各篇来说）。笔者曾在李零先生文字考释的基础上，对《彭祖》的文字考释做过补充，①然对本篇的性质并没有涉及。今不揣浅陋，欲试为之，敬请方家指正。

一、《彭祖》篇释文

《彭祖》篇的释文，整理者李零先生已考释清楚，学界的讨论也只是极个别文字。②兹将释文整理于下，简序、标点略作变动。③释文改为通行字，通假字直接读破，重文符号径作重文。

耇老问于彭祖曰："耇氏愁心不忘，受命永长。臣何艺何行，而与于朕身，而谧于禘尝。"彭祖曰："休哉，乃将多问因由，乃不失度。彼天之道，唯亘【1】言：天地与人，若经与纬，若表与里。"问："三去其二，岂若已？"彭祖曰："吁，汝孳孳布问，余告汝人伦。"曰："戒之毋骄，慎终保劳。大匡之要，憩易言欠欲。余[告汝]【2】……父子兄弟。五纪必周，虽贫必修。五纪不工，虽富必失。余告汝，祸……【5】……，不知所终。"耇老曰："眊眊余朕孳，未则于天，敢问为人？"彭祖曰……【3】既跻于天，又坠于渊。夫子之德登矣，何其宗。故君之愿，良……【4】之谋不可行，怵惕之心不可长，远虑用素，心白身释。余告汝，𠙽【6】口者不以，多悫者多忧，恻者自恻也。"彭祖曰："一命一修，是谓益愈。一命三修，是谓自厚。三命四修，是谓百姓之主。一命一，是谓遭殃。一命三，【7】是谓不长。三命四，是谓绝缀。毋抽富，毋柯贤，毋向桓。"耇老再拜稽首曰："朕孳不敏，既得闻道，恐弗能守。"【8】

二、《彭祖》篇的译文

耇老向彭祖问道："句氏对上帝的敬畏之心不敢忘怀，故能长久地领受天命。我何德何能，得到了上天对我的关爱，谨慎恭敬地施行祭祀？"彭祖说道："很好呀，你应该多问一些原因，这样才不会失去常规。天道，就如人们常说的一样，天、地与人的关系，就像经线与纬线，外部与内在一样，是不能割弃的。"耇老问道："天、地、人三者之间舍去天和地，难道可以吗？"彭祖回答道："噫，你孜孜不倦地询问，我就给你讲述做人的伦理。"又说："提高警惕、不要骄傲，始终谨慎、保持勤劳，要明白'大匡'的纲要，无论难境、顺境都要克制自己的欲望。我告诉你……父子兄弟。五伦关系达到和谐，虽然贫穷也能得到善果，五伦关系未处理好，虽是富贵也会丧失。我告诉你，灾祸……不知道有所终结。"耇老说："朕孳昏聩，没有才能效法上天，哪敢询问做人的道理呢？"彭祖说："……既能登升到天际，又能下落入深渊。这样的人的德行就很高了，又推崇什么呢？所以，你谦恭……图谋不可施行，戒惧防备的心思不能滋长，长远的思虑要出自本性，心地纯洁、身体放松。我告诉你，仇视……的人不可以，十分勤勉的人总有许多担忧，悲伤的人内心常是自我忧伤。"彭祖又进一步说道："受到爵位赏赐而一再警诫自己，可以说是更加贤良；受到衣服赏赐而再三警诫自己，可以说是自我加深德行；受到车马赏赐而多次警诫自己，可以说能做百姓的君主。相反，受到爵位赏赐而一再自大自满，可以说要遭受祸殃；受到衣服赏赐而再三自大自傲，可以说生命活不长久；受到车马赏赐而多次狂妄自傲，可以说能使后嗣子孙断绝。不要炫耀自己的富有，不要扼杀贤能之人，不要崇尚美食享乐。"耇老点头答谢道："我不是一个聪慧的人，既然得到了你的指教，恐怕不能很好地遵守。"

三、对《彭祖》篇的分析

通观《彭祖》全篇，人物有二，一为耇老，一为彭祖，耇老问，彭祖答。耇老，文献无征，然在长沙马王堆帛书的《十问》中却有耇老向商帝盘庚传授"食阴炼酸"之法的记载，其文曰：帝盘庚问于耇老曰："闻子接阴以为强，吸天之精，以为寿长，吾将何处而道可行？"耇老答曰："君必贵夫与身俱生而先身老者，弱者使之强，短者使长，贫者使多粮。其事壹虚壹实，治之有节：一曰垂肢，直脊，挠尻；二曰疏股，动阴，缩州；三曰合睫毋听，吸气以充；四曰含其五味，饮夫泉英；五曰□精皆上，吸其大明。至五而止，精神日怡。"耇老接阴食神气之道。这说明耇老懂得道家方仙派的房中术，为一长寿者。彭祖，在《列仙传》《神仙传》中记载，其懂得采阴补阳，为一长寿者，活有七八百岁。《列子·力命》："彭祖智不出尧、舜之上，而寿八百。"《楚辞·天问》："（彭铿）受寿永长，夫何久长？"然《国语·郑语》载："祝融亦能昭显天地之光明，以生柔嘉材者也，其后八姓于周未有侯伯。……彭姓彭祖、豕韦、诸稽，则商灭之矣。"《大戴礼记·帝系》也载："吴回氏产陆终。陆终氏娶于鬼方氏，鬼方氏之妹，谓之女嬇氏，产六子，孕而不粥。三年，启其左肋，六人出焉。……其三曰籛，是为彭祖；其四曰莱言，是为云郐人；……彭祖者，彭氏也。云郐人者，郑氏也。曹姓者，邾氏也。季连者，楚氏也。"可见彭祖为"祝融八姓"或"陆终六子"之一，应是从祝融部落分裂出来的一支部族，封于"大彭"，号彭祖。因历代以彭祖为名号，故后世把彭祖当作了一个人，认为其长生不老。

首先，耇老问彭祖，旬氏是凭什么德行而长久地"受命"？受命，即"领受天命"。古人认为天是一种具有善恶意识和赏罚意志的至上神格，具有道德倾向，可以根据人事顺逆决定并施行灾祥祸福，所以人事要遵从天命，不能逆天而行。但人事行善积德，可以改变天命，这是天人相与的思想。如《尚书·商书·咸有一德》："克享天心，受天明命。"《孔子集语·六艺下》："大哉天命！善不可不传于子孙，是以富贵无常。不如是，则王公其何以戒慎，民萌何以劝勉。"可见"天命"观应是儒家的思想。针对这个问题，彭祖没有直接回答，而讲天道与人的关系。天道，古人认为是有意识支配人类命运的天神意志。在儒家那儿，天被赋予了道德属性，是人世理想道德和伦理规范的生成根源所在，人类的一切美好理想与行为被看成"天道"所与。如《尚书·大禹谟》："满招损，谦受益，时乃天道。"《尚书·仲虺之诰》："钦崇天道，永保天命。"而在道家那儿，天即"道"，道是万物的本原，其本性表现为"自然无为"，故天道即为"自然无为"。如《老子·25章》："人法地，地法天，天法道，道法自然。"《老子·37章》："道恒无为而无不为。"黄老之学继承了老子的"道"论，并引入政治领域，与人事相联系，同时，又借鉴吸收了儒家的仁、礼等思想，认为其为"道"在人事中的具体表现。如《吕氏春秋·圜道》说："天道圜，地道方，圣王法之，所以立上下。"所以，天道寓意于人事中，"若经与纬，若表与里"。

其次，面对耇老去掉天地，只问人事的问话，彭祖认为在人事中，人伦非常重要，因为"五纪必周，虽贫必修。五纪不工，虽富必失"（简5）。人伦，中国古代指人与人之间的关系和应当遵守的行为准则。《孟子·滕文公上》："使契为司徒，教以人伦：父子有亲，君臣有义，夫妇有别，长幼有序，朋友有信。"主要是儒家的伦理道德。在黄老之学中，也非常强调人伦，如《慎子·逸文》："君明臣直，国之福也；父慈子孝，夫信妻贞，家之福也。"《文子·上礼》："中受人事以制礼乐，行仁义之道以治人伦，列金木水火土之性以立父子之亲而成家，听五音清浊六律相生之数以立君臣之义而成国，察四时孟仲季之序以立长幼之节而成官。"但"人伦"产生于"道"，"得道即举，失道即废"。五纪《尚书·洪范》所论的"五纪：一曰岁，二曰月，三曰日，四曰星辰，五曰历数"，有学者认为"五纪"非此，而应是《庄子·盗跖》中"子张"所说的"五纪"，五纪即五伦。④五伦，即人所处的父子、君臣、夫妇、长幼、朋友五者之间的关系。从文中彭祖所要讲的人伦及"父子兄弟"之句来看，其说可从。此外，还有"大匡"之要。大匡，《逸周书》《管子》中都有"大匡"篇，郭沫若认为"匡"乃"簿"的假借，《大匡》是指二尺四寸长的简书，为齐国官书。⑤黄怀信认为"匡"是"筐"的本字，有"方正、端正"义，可引申为"辅助、辅相"，其记事在先，制作较早者为"大"，编在前面。⑥张固也认为"匡"有"匡正、匡救、匡扶"义，故"匡"与"正"有很多义项相同，而《管子》

中"正"有"正天下、正国、正民"三个政治层次，所以"匡"也有大、中、小的区别，"大匡"就是"正天下"。⑦按：以上诸说，张固也先生之说较为有理，可从。《文子·上仁》："古者，修道德即正天下，修仁义即正一国，修礼智即正一乡。德厚者大，德薄者小。"可见"大匡"即是"修道德"，从《逸周书》篇一一的"大匡"篇来看，是说文王在程遇到三年大旱而修德政，意为"匡正君王的物欲，与民休养生息"。对照西汉初期的政治来看，可知"大匡"正是黄老之学思想。

接着，彭祖就具体阐述了"为人"之道。"为人"之道，是指"做人的道理"，《中庸》："仁者，人也。"《孟子·尽心下》："仁也者，人也。"朱熹解释道："仁者，人之所以为人之理也。"（《孟子集注》卷14）这也就是说"做人的道理"就是"仁道"，是人之为人的终极价值之所在。郭店简《语丛一》第一一简记道"仁生于人"，离开了"仁道"，人就不称其为人了。《文子·上礼》亦载："行仁义之道以治人伦。"可见，黄老之学认为处理人伦关系也要用"仁道"，行"仁道"则要"治身"，因为身治才能天下治，《吕氏春秋·先己》说："昔者先圣成王，成其身而天下成，治其身而天下治。"《执一》也说："为国之本在于为身，身为家为。家为而国为，国为而天下为。"黄老之学的"治身"与儒家的"修身"可谓有异曲同工之妙。也就是说"为人"就是"治身"。简6的"……之谋不可行，怵惕之心不可长，远虑用素，心白身释"与简8的"毋柯贤"是叫人不要有害人防人之心；简7的"多戁者多忧，恻者自恻也"与简8的"毋抽富，……毋向桓"是叫人抱朴守素，少私寡欲。《老子·12章》："五色令人目盲；五音令人耳聋；五味令人口爽；驰骋畋猎，令人心发狂；难得之货，令人行妨。是以圣人为腹不为目，故去彼取此。"《老子·19章》也云："见素抱朴，少思寡欲，绝学无忧。"简7、简8的"一命一修，是谓益愈。一命三修，是谓自厚。三命四修，是谓百姓之主。一命一，是谓遭殃。一命三，是谓不长。三命四，是谓绝缀"是说人们即使在受到君王奖赏时，也要自律知足，不要自满多欲。《老子·44章》："知足不辱，知止不殆，可以长久。"《老子·46章》也云："祸莫大于不知足；咎莫大于欲得。"可见，从"为人"的具体做法来看，明显具有道家的视素保朴、少私寡欲、处卑安下、知足不争的思想。

然我们又从前面的一些词语概念分析来看，《彭祖》篇无疑也有一些儒家的观念，如"人伦"等。因此，可以说《彭祖》是熔儒道思想于一炉的。

◎ 第一篇 彭祖考略

四、《彭祖》篇为黄老之学的作品

一般地认为，道儒两家互相排斥、对立。从传世的《老子》看，确实如此，具有明显的批儒倾向。如《老子·5章》云："天地不仁，以万物为刍狗；圣人不仁，以百姓为刍狗。"明显批判儒家的仁政。《老子·38章》云："失道而后德，失德而后仁，失仁而后义，失义而后礼。夫礼者，忠信之薄而乱之首也。"明显是批判儒家的仁、义、礼的。然而，郭店楚简《老子》甲、乙、丙三种的出现，却使学术界对儒道两家关系的认识产生了分歧，因为郭店《老子》的内容并不批儒，并不排斥仁、义、礼。因此，一些学者认为早期儒、道两家并不对立，⑧也有学者认为儒家与道家庄周学派是对立的，与道家稷下学派不对立，郭店《老子》是稷下道家的摘抄本。⑨

稷下道家，又称"黄老道家"或"黄老之学"。此学派兴起于齐国的稷下学宫，据《史记·孟荀列传》记载，代表人物有慎到、田骈、接子、环渊等"皆学黄老道德之术，因发明序其旨意"而著书立说。其学派的主要特点表现为继承发展了《老子》的"道"，认为"道"是宇宙的本体、万物的本原，在此基础上"采儒墨之善，撮名法之要"，⑩吸收融合各家各派的思想"非循一迹之路，守一隅之指"，⑪并把"自然无为"发展为"无为而无不为"，变人生的消极出世为人生的积极入世。⑫可见，黄老之学并不批判儒家，相反还吸收融合了儒家的"人伦"思想。

战国时期，我国学术"百花齐放，百家争鸣"，到中后期，各家各派在交流中互相借鉴吸收，出现了文化整和的趋势，因此"黄老之学"就应运而生了。楚国是道家的发源地，但并不独守于道家，对其他各家学派也开放、吸收。因此，各家学派在楚国都能找到应有的地位。环渊就是楚人，著有《上下篇》，在《汉书·艺文志》中著录有"《蜎子》十三篇"班固自注道："名渊，楚人，老子弟子。"郭沫若考证后认为，蜎渊就是环渊，并还有范蜎、范擐、便蜎、玄渊等异名。⑬更有甚者，有学者认为《管子》中的《水地》篇是环渊的作品⑭。又据《战国策·楚策二》记载，慎到做过楚襄王的老师，策划其归国即位，故而有学者认为郭店1号楚墓是慎到的墓。⑮这些学者对黄老之学在楚国的传播无疑是起了重要的作用，有可能形成黄老之学的南方流派，1973年，长沙马王堆出土的四篇古佚书《经法》《十六经》《称》和《道原》（总称为《黄帝四经》或《黄老帛书》），学术界一致意见，认为是黄老之学的作品，虽然对其成书时期和地域尚存在着争论，⑯但楚国十分流行黄老之学则是比较肯定的。所以，我们不排除出土的楚简中也有黄老之学的作品。《彭祖》可能就是其中之一。

黄老之称，始见于《史记》，如《老子韩非列传》中记载"申子之学本于黄老而主刑名"，"（韩非）喜刑名法术之学，而其归本于黄老"等。黄是指黄帝，老指老子，《论衡·自然》云："贤之纯者，黄老是也。黄者，黄帝也；老者，老子也。"然在战国时期，已有伪托的黄帝书流传。当时，各家为了在论战中处于有利地位，纷纷打出远古帝王的招牌，以壮声势。如儒家"祖述尧舜"，墨家也声称自己的学说是"禹之道"，农家也自称是"神农之言"，因此，道家就打出了黄帝，委托黄帝来阐述、发扬、改造老子之言，遂成道家黄老学派。彭祖、鬻老也是如此成为道家人物的。汉武帝之后，黄老之学逐渐失势，流传于民间，并与神仙方术思想结合，形成道家方仙派，后演变为道教，彭祖也就成为神仙了。

参考文献

① 赵炳清. 上博简三《彭祖》补释 [EB/OL]. 简帛研究网，2005-01-26, http：//www.jianbo.org/admin3/2005/zhaobinqing001.htm.

② 黄人二，林志鹏. 上博藏简第三册彭祖试探 [EB/OL]. 简帛研究网，2004-04-09, http：//www.jianbo.org/admin3/html/huangrenei02.htm. 李锐. 彭祖补释 [EB/OL]. 简帛研究网，2004-04-19, http：//www.jianbo.org/admin3/htm"limi001.htm.

杨泽生. 上博竹书第三册零释 [EB/OL]. 简帛研究网，2004-04-29, http：//www.jianbo.org/admin3/html/yangzesheng02.htm.

黄锡全. 读《上博战国楚竹书（三）》札记数则 [EB/OL]. 简帛研究网，2004-06-22, http：//www.jianbo.org/admin3/html/huangxiquan02.htm.

孟蓬生.《彭祖》字义疏证 [EB/OL]. 简帛研究网，2005-06-21, http：//www.jianbo.org/admin3/2005/mengpengsheng004.htm.

③ 上博简三《彭祖》释解 [J]. 江汉考古待刊稿.

④ 李锐. 彭祖补释 [EB/OL]. 简帛研究网，2004-04-19.

⑤ 郭沫若. 管子集校 [A] // 郭沫若全集·历史卷第5卷. 北京：人民出版社，1984.

⑥ 黄怀信. 试说《管子》"三匡"命名之故 [J]. 西北大学学报（哲社版），1997，（2）.

⑦ 张固也. 论《管子》"三匡"命名分篇之义 [J]. 烟台师范学院学报，2002，(4).

⑧ 郭沂. 楚简《老子》与老子公案 [J]. 中国哲学第二十辑.

⑨ 黄钊. 竹简《老子》应为稷下道家传本的摘抄本 [J]. 中州学刊，2000，(1).

⑩ 史记·太史公自序"论六家之要指"[M].

⑪ 淮南子·要略 [M].

⑫ 熊铁基. 秦汉新道家 [M]. 上海：上海人民出版社，2001.

⑬ 郭沫若. 老聃、关尹、环渊 [M]. 郭沫若全集：历史卷第1卷 [C]. 北京：人民出版社，1984：542.

⑭ 徐文武. 楚国思想史 [M]. 武汉：湖北人民出版社，2003：330.

⑮ 李裕民. 郭店楚墓的年代与墓主新探 [J]. 陕西师范大学学报（哲社版），2000，(3).

⑯ 关于《黄帝四经》或《黄老帛书》的成书年代，学术界有战国中期以前、战国中期、战国末期、秦汉之际等观点；关于其成书地域，则有楚国说、齐国说、越国说和郑国说。可参看：张增田.《黄老帛书》研究综述 [J]. 安徽大学学报（哲社版），2001，(4).

第二篇

彭祖传说研究

◎ 第二篇 彭祖传说研究

彭祖即巫彭

杨炳昆

[作者单位] 乐山师范专科学校政史系

[文章来源]《社会科学研究》（1991年第6期）

[内容摘要] 乐山市彭山县（汉为武阳县治和犍为郡治所在地）相传是彭祖的故乡。彭山产的一种酒因而就叫"彭祖大曲"。《平阳国志》说："彭祖家其彭蒙""（武阳县）有彭祖祠"。彭蒙即彭亡（望）山，也就是现在彭山县双江镇（又称江口）的仙女山。山上今存后世修的彭祖冢、彭祖钿。驭江镇古为彭亡聚，聚者小乡也。《元和郡县志》说："彭祖家于此而死，故曰彭亡。"其实彭亡亦写作彭模、彭蒙、彭望、平无、平模等，当为古蜀语之对音，不能望文生义。

乐山市彭山县（汉为武阳县治和犍为郡治所在地）相传是彭祖的故乡。彭山产的一种酒因而就叫"彭祖大曲"。《平阳国志》说"彭祖家其彭蒙""（武阳县）有彭祖祠"。彭蒙即彭亡（望）山，也就是现在彭山县双江镇（又称江口）的仙女山。山上今存后世修的彭祖冢、彭祖祠。驭江镇古为彭亡聚，聚者小乡也。《元和郡县志》说："彭祖家于此而死，故曰彭亡。"其实彭亡亦写作彭模、彭蒙、彭望、平无、平模等，当为古蜀语之对音，不能望文生义。

彭祖何许人也？《史记·五帝本纪》和《大戴礼记·五帝德》皆言彭祖曾为尧举用。更有学者认为彭祖与禹、皋陶、伯夷为尧之"四岳"。四岳乃掌四方之方伯。《世本》则说彭祖在商为守藏史，在周为柱下史，活了八百多岁。古史上有这点影子，东汉成书的《列仙传》和晋葛洪撰的《神仙传》便把他发挥成活神仙。唐人司马贞的《史记·索隐》则曰："彭祖即陆终氏之第三子，钱铿之后，后为大彭，亦称彭祖。"张守节的《史记·正义》则曰："彭祖闻尧时举用，历夏、殷，封于大彭。"这些记载有真有假，更有附会之辞。但从中仍可得到某些信息。

一、彭祖经历了虞、夏、商、周几代

《史记·五帝本纪》说："尧老，使舜摄行天子政，巡狩。舜得举用事二十年，而尧使摄政。摄政八年而尧崩，三年丧毕，让朱丹，天下归舜。而禹、皋陶、契、后稷、伯、夷、夔、龙、倕、益、彭祖，自尧时而皆举用，未有分职。"那么，彭祖与舜、禹（夏族始祖）、契（商族始祖）、后稷（周族始祖）、皋陶（东夷族首领）、伯夷（应为伯姓益，嬴各族祖先）等一样，都是古代的部族首领。这个古老的被称为"彭"的部族，一直延续到周代，故其首领"彭祖"也历夏、殷、周几代，"延续了八百岁"。也有把八百岁作八百"甲子"解，古代以干支记时，一个甲子为六十日，折合下来不过一百多岁。这样虽然也能自圆其说，但却解释不了彭祖在尧时已被举用、殷时为守藏史，周时为柱下史的史实。因而，不可信。

二、彭祖既是"彭"部族的首领，又是殷周等中原国家的"史"官

传说尧时有四岳九官十二牧，这不过表明尧是古代华夏区域部落联盟的大酋长，四岳十二牧则是参与联盟的众多部族首领。这些部落领袖有的在殷、周之际也参与了中央政权，担任了一定的职务。前已述及：彭祖"尧时举用"，当为四岳十二牧之数。在殷为守藏史，守藏史是管理书库。殷墟发掘出大量的甲骨文，那是商代的"国家档案库"留存下来的，大概彭祖就是管理这些卜骨卜甲的官。在上古时期，部落酋长常身兼神职，传达神的旨意，即"巫"。三

星堆出土的青铜立人像,身高1.7米,头戴高冠,身着华丽的深衣与裳,双手做握物状鸳鸯对举于胸前,赤足立于0.9米高的方形祭台上。整个造型活像一尊正布作法的很有权威的神巫。这巫师也可能就是蜀王。(陈显丹,《三星堆一、二号坑几个问题的研究》,《四川文物》M年专辑)陈梦家先生在《商代的神话与巫术》一文中指出:"由巫而史,而为王者的行政官吏王者自己虽为政治领袖,同时仍为群巫之长。"(《燕京学报》第20期,转引自《四川文物》89年三星堆研究专辑)另一方面,上古时的巫、医、史三者是兼通的,是当时社会唯一的文化人。所以彭祖既是部族首领,又是"史",还是巫。《庄子·刻意》篇说:"吹呴呼吸,吐故纳新,熊经鸟申,为寿而已矣。此导引之士,养形之人,彭祖寿考者之所好也。"这里虽然说的是彭祖寿考之所由,但也透露出彭祖是与方士同类的古代巫师。

三、"彭"在何地?这是问题的关键

因为有人明白地说彭祖封于大彭,商代的大彭即今江苏徐州铜山县。又有人怀疑远离中原的四川彭山人不可能做殷大夫。彭祖封于大彭,甚至说他是陆终氏第三子篯铿。此说最晚起于唐代,这时彭祖已成为道教尊奉的列仙之一,其谱系姓氏说得越具体,越显其因缘附会。被道教神化的人物大多如此,自不可信。至于说远在四川的彭人不可能到中原去,这是低估了那时的交通与各族交往和联系。考古发掘表明,在三星堆遗址中,距今4500年以上第一期的陶器,属于龙山时代的文化面貌;距今4000年左右的第二期的器物,含有二里头文化的因素。(林向:《三星堆遗址与殷商的西土——兼释殷墟卜辞中的"蜀"的地理位置》,《四川文物》专辑,1989年版)而三星堆祭祀坑出土的青铜尊、罍等典型商代礼器,成都附近发现的一批卜甲,都说明川西地区受到商文化的强烈影响。(赵殿增:《近年巴蜀文化考古综述》,同上刊)殷墟卜辞中提到"蜀"的不下三四十条,殷商与蜀的关系,既有"正(征)蜀""敦(挞伐之意)缶于蜀"的战争冲突,也有"至蜀又(有)事""至蜀亡(无)祸"的友好交往,还有"蜀御""蜀射三百"等贡赋关系和"示蜀""蜀其受年"等卜祀活动。(林向:《二堆遗址与殷商的西土》)蜀人与中原交往甚多,彭人亦同样可能。

黄帝时的"疆域"已东至海,西至崆峒,南达江湘,北逐匈奴,成为"万国和"的部落联盟领袖。尧时也是"合和万国"。"万国"虽然有夸张的成分与泛指的含义,但也表明当时的华夏联盟已非常广泛,不局限于中原地区与黄河流域。不过联盟关系有深浅亲疏的区别,因而出现了以京畿为中心,每隔一定距离便划分为隶属程度

不同的区域，即侯服、甸服、男服、采服、卫服、蛮服、夷服、镇服、藩服等所谓"九服"，就是对王室的服役、服务及服从关系，因其距离远近（也是关系亲疏）而有所不同。所以，地处殷商"西土"的蜀、彭等族，当亦在九服之列。

现在再回头来讨论，彭在何地？《尚书·牧誓》中记载，武王伐纣在牧野誓师时说："逖矣，西土之人……我友邦冢君、御事……及庸、蜀、羌、髳、微、卢、彭、濮人。"武王提到的这些人都总称为"西土之人"，这就确定了方位，不可能是"东土"的江苏彭城。虽然对彭人的所在地说法不一，但"西土"是大方向。《尚书》孔颖达疏"彭在东蜀之西北"，这又进一步缩小了彭所在地的范围。而《水经注》谓彭亡山有彭祖冢，《华阳国志》则称"彭祖本生蜀"，"王桥升其北山，彭祖家其彭蒙"是肯定彭祖为彭山人了。现今通行的注释，把《牧誓》中的彭国定在湖北房县附近，可能是彭人受蜀人压迫后迁徙去的，因而又有"彭即巴人"之说。所以《牧誓》中虽然没有提到巴，但《华阳国志》却说："周武王伐纣，实得巴、蜀之师，著乎《尚书》。巴师勇锐，歌舞以凌殷人，前徒倒戈，故世称之曰'武王伐纣，前歌后舞'也。"真是言之凿凿。巴师的歌舞，当是巫歌巫舞，殷人信鬼，所以才起到瓦解军心的作用，使"前徒倒戈"。这又证明彭祖是很有影响的巫师。

《竹书纪年》上有五条关于"彭"的记载，可供我们分析彭地的变迁。录之如下：

〔夏〕启十五年 武观以西河叛，彭伯寿帅师征西河，武观来归。

〔商〕河亶甲三年彭伯克邳。

祖乙元年 己巳王即位，自相迁于耿，命彭伯、韦伯。

三年命卿士巫贤。

武丁四十三年王师灭大彭。

帝辛（受）五十二年

冬十有二月，周师有事于上帝，庸、蜀、羌、髳、微、卢、彭、濮从周师伐殷。

上述之彭伯寿，当然是彭国之伯而名寿者，但寿也有寿考之意。他能帅师讨叛，显系方伯之位。因此，彭伯寿就是尧舜时四岳之一的彭祖，夏初仍为方伯。商中叶"彭伯克邳"，邳就在徐州附近，彭伯克之而有其地，故该地名曰大彭。武丁时"王师灭大彭"，其国除。殷末参与武王伐纣（即帝辛名受者）的"西土"八国中又冒出了彭，这有可能是彭人西迁后重建的邦国。从《竹书纪年》中还可以看出，彭伯在殷前期，与卿士巫贤（咸）一样，是殷的重臣。

其实，彭祖就是古史上多次提到，与巫咸齐名的巫彭。巫咸、巫彭，是古代两位著名的巫师，为楚人崇敬，连称"彭、咸"。《楚辞·九章》中就多次提道："指彭咸以为仪。"（《抽思》）"思彭咸之故也"（《思美人》），"夫何彭咸之造思兮"，"托彭咸之所居"（《悲回风》），在屈原心目中是有着崇高地位的典范。

彭祖即巫彭，还可以从以下三方面可证。

第一，古代巫、医、史不分，巫彭、巫咸都应当是三者萃通的。前面述及，彭祖是史而兼。彭祖与虫彭，身份相同。

第二，籍贯一致。《论衡》说："巫咸……生于江南。"郭璞《巫山赋》则认为巫咸"封于斯山，因此名之"（《艺林·伐山》卷四）。《山海经·海内西经》说："开明东有巫彭、巫抵、巫阳、巫履、巫凡、巫桐，夹窫之尸，皆操不死之药以距之。"咸、彭是南方的两位大巫，而巫彭更在开明（开明氏蜀国）之东。《华阳国志》说："《孔子地图》言（峨眉山）有仙药。"峨眉山本来盛产药材，至今仍有药用植物一千多种。峨眉三山自古就有极浓厚的宗教神秘色彩，古称之为皇人之山、中皇之山、西皇之山。《山海经》楚人崇奉的大神是东皇太乙（见《楚文化史》第295页），那么中皇、西皇之说，则显示出蜀地同属楚文化范畴而又与楚人对峙。"操不死之药"而且"作医"的巫彭，就应当在离峨眉山不远，开明之东的地区。这样，巫彭与彭祖的籍贯就一致了。

第三，经历相同。相传巫咸在神农时作筮，黄帝时作筮与医，尧时作医，殷商时作楚。（《山海经·海外西经》袁珂注）很明显，巫咸是咸国人而在历代为巫者的通称。《山海经·海外西经》有"巫咸国在女丑北"，即证明巫咸不仅是人名而且是国名。巫咸如此，巫彭亦当如是，即彭国人之在历代为巫者的通称。这又与彭祖的经历相同了。据理而论，彭祖是彭人的首领，在"中央"供职的代表，彭人尊之为"彭祖"（可能是祭祀用的尊号），而中原则按其职业（也是职务）目之为"巫彭"。彭人不衰，故彭祖或巫彭也历数百年而长存。

殷墟出土有字甲骨十六万多片。这大量的龟甲，主要供应地在南方。龟甲运送到殷都之后，还需要修整打磨、署录保藏、烧灼贞卜。干这些事的称为贞人，贞人是巫而史，守藏史即其一。四川古代沼泽遍地，是"贡"龟甲的主要地区之一。《山海经·中山经》有："民江，江水山焉……其中多良龟，多鼍。"《史记》有："神龟出于江水中。"（《龟策列传》）《蜀都赋》刘注引谯周《巴蜀异物志》也说："涪陵多大龟，其甲可以卜，其缘中义似玳瑁，俗名曰灵。"楚巫亦称为灵，如《九

◆ 彭祖文化探源 ◆

62

歌》中的"灵偃蹇兮姣服"(《东皇太乙》),"灵连蜷兮既留"(《云中君》),王逸注说这些"灵"都是楚人对巫的称呼。所以,殷墟卜甲必有许多来自巴、蜀等南国。巴、蜀等楚文化圈的南人(孔子曾说:"南人有言曰:'人而无恒,不可以作巫医。'"可见南人中巫医甚显)中也必有许多进入殷王室贞人的行列。巫咸、巫彭,在甲骨卜辞中也屡有著淆。夜彦堂断巫彭为廪辛、康丁时人,(《郭沫若全集·考古篇》第二卷,20、21、315页)这与彭祖在商为守藏史也是一致的。

第二篇　彭祖传说研究

彭祖传说的研究①

[日] 坂出祥伸②

[作者简介] 日本学者

[文章来源]《宗教学研究》（1994年第4期）

[序言] 晋代葛洪（283—363），在其著作《抱朴子》中提到过一个叫彭祖的人。据他所述，彭祖在远古帝喾（五帝之一，黄帝曾孙）时为尧的辅佐，历夏至殷为大夫，殷王获悉他有能长生的房中术秘诀，遣人前往学习，行之有效。殷王恐彭祖之术被更多的人得到，欲杀彭祖以绝其道。彭祖觉而去殷。其时，彭祖已活了七八百岁。③葛洪的这段记述引自《彭祖经》。那么，彭祖房中术的传承是从何时开始，又是怎样演变、成立和发展的呢？还有，葛洪所引用的《彭祖经》是一部什么内容的书，从何时起，经由何人之手写成的呢？本文就是要对这样一个长寿传说的彭祖故事做一番全面的考察。

一、《列仙传》《神仙传》中的彭祖

所谓七八百高寿的彭祖是一个什么样的人物呢？关于其长寿的故事，虽然零星出现在各种文献中，但以西汉末刘向（前79—8）所著《列仙传》和比刘向晚三个世纪的晋葛洪所著《神仙传》中的记述最为详备。不过，现行本的《列仙传》和《神仙传》中有关彭祖的记述，姑且不论其长短，其长寿故事的性质——即为长寿所用之术完全不同。在《列仙传》中，彭祖是由于导引、行气而得以长寿。在《神仙传》中，却是在罗列出闭气内息、导引以及其它养生诸术的作用之后又说，人能"交接之道"则长生，其余诸术，皆非真道。教初学者，必正其身。正因如此，殷王遣采女问延年益寿之道，意欲杀彭祖，以独占其道。在后一种书中，正是这个房中术（交接之道）成了彭祖之术的主干。兹将现行本《列仙传》和《神仙传》的原文转录如下。

彭祖者，殷大夫也。姓篯，名铿，帝颛顼之孙陆终氏之中子，历夏至殷末，八百余岁。常食桂、芝，善导引行气。历阳有彭祖仙室，前世祷请风雨，莫不辄应。常有两虎在祠左右。祠讫，地即有虎迹云，后升仙而去。（《列仙传》，《古今逸史》所收）

务，不营名誉，不饰车服，唯以养生治身为事。王闻之，以为大夫，常称疾闲居，不与政事。善于补导之术，服水桂、云母粉、麋角散，常有少容，然性沉重，终不自言有之道，亦不作诡惑变化鬼怪之事，窈然无为。少周游，时还独行，人莫知其所诣，伺候，竟不见也。有车马而常不乘，或数百日，或数十日，不持资粮。还家，则衣食与人无异。常闭气内息，从旦至中，乃危坐拭目，摩搦身体。舐唇咽唾，服气数十，乃起行言笑。其体中或瘦倦不安，便导引闭气，以攻所患，以存其体，面头九窍，五脏四肢，至于毛发，皆令具至。觉其气云行体中，故于鼻口中达十指末，寻即体和。王自往问讯，不告，致遗珍玩前后数万金，而皆受之，以恤贫贱，无所留。

又采女者，亦少得道，知养性之方。年二百七十夕，视之如五六十岁。奉事之，于掖庭为立华屋紫阁，饰以金玉。乃令采女乘辎軿，往问道于彭祖，既而再拜请问延年益寿之法。

彭祖曰，欲举形登天，上补仙官，当用金丹。此九召太一，所以白日升天也。此道至大，非君王之所能为。其次当爱养精神，服药草，可以长生。但不能役使鬼神，乘虚飞行。身不知交接之道，纵服药无益也。能养阴阳之意，可推之而得，但不思言耳，何足杠问也。吾遗腹而生，三岁而失母，遇犬戎之乱，流离西域百有余年。加以少怙，丧四十九妻，失五十四子，数遭忧患，和气折伤，冷热肌肤不泽，荣卫焦枯，恐不渡世。所闻浅薄，不足宣传。大宛山有青精先生者，传言千岁，色如童子，步行过五百里，能终岁不食，亦能一日九食，真可问也。

采女曰，敢问青精先生，是何仙人者也？

彭祖曰，得道者耳，非仙人也，仙人者，或竦身入云，无翅而飞。或驾龙乘云，上造天阶。或化为鸟兽，游浮青云。或潜行江海，翱翔名山。或食元气，或茹芝草，或出入人间，而人不识，或隐其身而莫之见。而生异骨，体有奇毛。率好深僻，不交俗流。然此等虽有不死之寿，去人情，远荣乐，有若雀化为蛤，雉化为蜃，失其本真，再守异气。余之愚，心未愿此。已入道，当食甘旨，服轻丽，通阴阳，处官佚耳。骨节坚强，颜色和泽，老而不衰，延年久视，长在世间，寒温风湿不能伤，鬼神众精莫敢犯，五兵百虫不可近，嗔喜毁誉不为累，乃可为贵耳。人受气，虽不知方术，但养之得常宜，常至百二十岁。不及此者，伤也。小复晓道，可得二百四十岁。能加之，可至四百八十岁，尽其理者，可以不死。但不成仙人耳。养寿之道，但莫伤之而已，去冬温夏凉，不失四时之和，所以这身也。美色淑姿，幽闲娱乐，不致思欲之惑，所以通神也。车服威仗，知足无求，所以一志也。八音五色，以悦视听，所以导心也。凡此皆以养寿，而不能斟酌之者，反以速患。古之至人，恐下才之子，不识事宜，流遁不还，故绝其源，故有上士别床，中士异被，服药百裹，不如独卧。音使人耳聋，五味使人口爽，苟能节宣其宜运，抑扬其通塞者，不以减年，得其益也。凡此之类，譬犹水火，用之过当，反为害也。不知其经脉损伤，血气不足，内理空疏，髓脑不实，体已先病，故为外物所犯，因风寒酒色以发之耳。若本充实，岂有病也，夫远思强记伤人，忧喜悲哀伤人，喜乐过差，忿怒不解伤人，汲汲所愿伤人，阴阳不顺伤人，有所伤者数种，而独戒于房中，岂不惑哉。男女相成，犹天地相生也。所以神气导养，使人不失其和。天地得交接之道，故无终竟之限。人失交接之道，故有伤残之期，能避众伤之事，得阴阳之术，则不死之道也。天地昼分而夜合，一岁三百六十交而精气和合，故能生产万物而不穷。人能则之，可以长存。次有服气，得其道，则邪气不得入，治身之本要。其余吐纳导引之术，及念体中万神，有含影守形之事，一千七百余条，及四时首向责己谢过，卧起早晏之法，皆非真道，可以教初学者，以正其身。人爱精养体，服气炼形，则万神自守其真。不然者，则荣卫枯悴，万神自逝，非思所留者也。人为道，不务其本而逐其末，告以至言而不能信。见约要之书，谓之轻浅，而昼夕服诵，观夫太清北神中经之属，以此自疲，至死无益，不亦悲哉。又人苦多事，少能弃世独住，山居穴处者，以道教之终不能行，是非仁人之意也。但知房中闭气，节思其虑，适饮食，则得道也。吾先师初著九都节解韬形隐遁无为开明四极九室诸经，万三千首，为以示始涉门庭者。

采女具受诸要以教王，王试之有验，殷王解彭祖之术，屡欲秘之，乃下令国中，有传祖之道者诛之。又欲害祖以绝之。祖知之，乃去，不知所之。其后七十余年，闻人于流沙之国西见之。王不常行彭祖之术，得寿三百岁，气力丁壮如五十时。得郑女妖淫，王失道而扭。俗间言传彭祖之道杀人者，由于王禁之故也。后有黄山君者，修彭祖之术，数百岁，犹有少容。彭祖即去，乃追论其言，以为彭祖经。
（龚学声校正《神仙传》《笔记小说大观》第四编收）

以上现行本《神仙传》中在关彭祖的这段文字记述详细而冗长，应给予充分注意。与《列仙传》比较；除由导引行气得的长寿的说法外，还加进其他的长生之术，即房中术（交接之道），尤应引起高度重视。它是彭祖之术的主干。

虽然，在房中术中也并用呼吸法（闭气），但呼吸法本身也是一种养生术，和房中术有区别。从而，行导引、行气而得长寿的彭祖形象和行房中术而得长寿的彭祖形象，有重大的区别，这个不同，是由于仙传的作者思想立场不同呢，还是他们所依据的彭祖故事属于不同的系统呢，或者从《列仙传》到《神仙传》的约三个世纪间，彭祖的形象，即彭祖故事发生了变化？这个问题，有必要深入探讨。

毋庸赘言，现行本的《列仙传》和《神仙传》，是否真属于原作者所撰，是值得怀疑的。先看《列仙传》。早在宋代，陈振孙就指出，《列仙传》非刘向原书，西汉时人的文章不应是这种风格。④又有明胡应麟论证其为六朝间人创作了刘向《列女传》，又有好神仙家言者托刘向之名伪撰《列仙传》。⑤这个推论，被姚际恒《古今伪书考》沿袭。此外，《四库全书提要》中进行过详细的考证：隋志著录，梁以前已存世。从葛洪的《神仙传》序中，称此书为刘向所著来看，晋代，已有本书，然而汉志在刘向著作六十七篇里，只有新序、说苑、世说、列女传图颂，无列仙传之名。汉志著录，均因于《七略》，其总赞虽引孝经援神契，但汉志未载，涓子传中，称琴心三篇很有道理，但与汉志涓子十三篇不合，老子传，称作道德经上下二篇，与汉志只称老子不合，从所有这些不同来推论，是魏晋间方士托名刘向撰列仙传。⑥

《四库提要》还说及晋葛洪《神仙传》序中，有"秦大夫阮仓所记（仙传）有数百人，刘向所记的却是七十余人"的记述。⑦更有，在《抱朴子》中有这样的记述："（刘向）至于撰列仙传，自删秦大夫阮仓书中出之，或所亲见，然后记之，非妄言也。"⑧因此，刘向著列仙传是晋代很流行的推测，但该书是否真为刘向所著呢，当然是大有疑问的，然而，葛洪见到过所谓刘向撰列仙传确是一件值得重视的事。

虽然《列仙传》一书是在后汉由谁之手写成并不清楚，但这本书确实是已存在的，《列仙传》被《汉书》注所引用，说明后汉末的应劭看到过该书，对此，余嘉锡已做了详细考证，近年来，福井康顺也做了进一步研究，使之成为不疑的事实。⑨

那么，现行本《列仙传》是什么时候写成的呢？余嘉锡举现行本钩翼夫人传为例，钩翼在后来避讳改为弋，这就是《汉书》外戚传见到的拳夫人（在钩弋官），因生昭帝号钩弋子，并非避讳。又，杨守敬指出，现行本中出现了后汉县名，还有王照元列仙传校正本序同样指出后汉所改县名（高邑）在书中出现，做出结论："综合诸说观之，此书盖汉明帝以后，顺帝以前之人所作。"

作为以上两个《列仙传》中之有不同之处是关于彭祖的传记，究竟是哪些呢？探讨这个问题有若干零星资料。首先，《抱朴子》内篇极言中说："又刘向所记列仙传亦言彭祖仙人也。"⑩这个记述太短，且相当暧昧，即使现行本中没有这样的记述，从彭祖传整体来看，也是将他视作仙人的，从这儿还不能断定现行本彭祖传和葛洪记述有何不同。

其次，《汉书·王褒传》中有彭祖偃仰诎伸，即行导引的记述，注引如淳之说曰：

如淳曰：五帝纪，彭祖，尧舜时人。列仙传，彭祖，殷大夫也，历夏至商末，寿年七百。⑪

如淳之名，《三国志》中未见，据《汉书·叙例》，如淳为三国时代魏国陈郡之丞，如淳引彭祖传，"殷"作"商"，"八百余岁"作"寿年七百岁"和现行本《列仙传》基本相同。可是，"姓籛，名铿，帝颛顼之孙，陆终氏之中子"十五字，以及"常食桂芝，善导引行气"以下的文字现行本无。

又，《文选》卷141，班孟坚《幽通赋》，同书卷20，孙子荆"征西官属送于陟阳侯作诗"，卷53，刘孝标《辨命论》均为李善注引《列仙传》关于彭祖的说明，都和如淳注引彭祖传基本相同⑫。由于李善注所引彭祖传时代较晚，且搁置不论，本处，从如淳注所引彭祖传做三点推测。

第一，"姓籛"以下十五字，渊源于后叙《国语·郑语》，《大戴礼·帝系》、附加《史记·楚世家》夏殷为侯伯的彭祖氏的传承。第二，"常食桂芝，善导引行气"以下的文字，尤其是"历阳有彭祖仙室"以下，其来源不清楚，但仍肯定是后代附加的。第三，"常食桂芝，善导引行气"为后世附加的，应劭和如淳所引《列仙传》和现行本同样，彭祖的长寿源于导引，行气之术本来也是推测，关于这一点，我们举汉代的彭祖故事资料，详加考察。

前汉宣帝时，命诗赋待诏王褒作的《圣主得贤臣颂》中有：

[圣主]遵游自然之势，恬淡无为之场，休徵自至，寿考无疆，雍容垂拱，永永万年，何必偃仰诎信若彭祖，呴呼吸如侨、松，眇然绝俗离世哉。⑬

这里明确将彭祖作为因"偃仰诎信"的导引而得以寿考者。后汉的王充《论衡》却又持养生术无用的说法。其"道虚篇"中说：

食气者，必谓吹呴呼吸，吐故纳新也，昔有彭祖尝行之矣，不能久寿，病而死矣。⑭

王充的彭祖病死一说，未见于他书，是应予注意的记载。这姑且不论。彭祖是用吹呴呼吸、吐故纳新的呼吸法求得长寿。

从以上前后汉的故事来看，彭祖都是因行导引和行气得以长寿，在《神仙传》《抱朴子》中以房中术为主的长寿故事并未出现，现行本《列仙传》里经过怎样加工而成立的呢？除去后世附加部分的彭祖的故事，汉代神仙思想的彭祖形象与房中术无关，反倒是由于导引行气得的长寿。

其次是葛著《神仙传》十卷事，《晋书》卷72的本传及《抱朴子》外篇自序所记应无疑问。⑮可是，关于现行本《神仙传》，早有余嘉锡考证，葛洪原本已佚，现行本为后人掇拾而成。⑯我国福井康顺论证现行本为唐代以后撰，基本是从《太平广记》中辑出的。⑰近年来，小南一郎从《三洞珠囊》《云笈七签》《说郛》等中辑出《神仙传》佚文，从某种程度上能复原葛洪的原本。⑱因此，现在据小南所说的原本《神仙传》的彭祖传进行探讨。由于《抱朴子》所引有关彭祖的记述问题，所以对《抱朴子》和《神仙传》的著作时期作有关说明。先看《神仙传》序的开头一段话：

予著内篇，论神仙之事，凡二十卷。（中略）予今复抄集古之仙者，见于仙经服食方，及百家之书，先师所说，耆儒所论，以为十卷。⑲

据此，葛洪是在写《内篇》之后著神仙传的。如果对这个序是

否为葛洪所著还有怀疑的话,那么,请看《抱朴子》外篇自序:

今遇兵乱,流离播越,有所亡失,连在道路,不复投笔十余年,至建武中乃定。凡著内篇二十卷,外篇五十卷,(中略)又撰俗所不列者为神仙传十卷。⑳

由此看来,《神仙传》序文是相当可信的。《神仙传》是在与《抱朴子》内篇相前后的时期内著成。

现行本《神仙传》的彭祖传,如前所录,关于彭祖的文字相当长,且有详细的记述,其宗旨,是以房中术作为彭祖延年益寿之法的中心。因此,如果将《抱朴子》所引彭祖的话与之比较来看,末尾部分,从"采女具受诸要以教王"以下到"闻(门之说)人于流沙之国西见之"。是《极言篇》所引《彭祖经》之文字,此外,这段文字的简化,在《释滞篇》可见到,文曰:"彭祖为大夫八百年,然后而适流沙。"在其前半部的"身不知交接之道,纵服药无益也"。和《释滞篇》的"虽服名药,而复不知此要(还精补脑),亦不得长生也",意思是相同的、完全一致的。实际上,从"彭祖曰"开始的佚文共有十二条,在《医心方》中可以见到。㉑其卷28,房内篇至理第一,有如下的一段文字:

彭祖曰,爱精养神,服食众药,可得长生。然不知交接之道,虽服药无益也。男女相成,犹天地相生也。天得交会之道,故无终竟之限,人失交接之道,故有夭折之惭。能避惭伤之事,而得阴阳之术,则不死之道也。

以上文字,《玉房秘诀》(冲和子,梁人,佚书)中已引用。㉒这里作为"彭祖曰"引用,实际上可能是《彭祖经》的佚文。《医心方》里,和彭祖传重复的文字,还有三处,而且还是相当长的文字:

〔张湛·养生要集〕又云:彭祖曰,养寿之法,但莫伤之而已。去冬温夏凉,不失四时之和,所以这身也。美色淑姿,幽闲娱乐,不思欲之感(惑之误),所以通神也。车马威仪,知足无求,所以一志也。八音五色,以玩视听之欢,所以导心也。凡此皆所以养寿,而不能斟酌之者,反以迷(速之误)患。故至人恐流遁不反,乃绝其源。故言,上士别床,中士别被,服药百裹,不如独卧。色使目盲,声使耳聋,味令口爽之。苟能节宣其适,折(抑之误)扬其通塞者,不以减耳(年之误),而得其益。(卷二七·养生·大体第一)

〔养生要集〕又云:彭祖云(中略)然此养生之具,譬犹水火,不可失,运反为害耳。(同前)

〔养生要集〕又云:彭祖云,人之爱(受之误)气,虽不知方术,但养之得,常寿百廿史。不得此者,皆伤之也。小复晓道,可

得二百三十，复能加之，可至四百八十岁。（卷27，养生·用气第四）

《养生要集》是比葛洪晚上百年之后的张湛所撰，仍是佚书㉓。从这里看到的"彭祖曰"以下文字，可以认为是从当时流布的《彭祖经》中引用的。还有，在《抱朴子》对俗篇作为"彭祖云"引用的如下文字，也可在《神仙传》彭祖传中见到，仍是从《彭祖经》中引用的。

〔彭祖〕：又云：古之得仙者，或身生羽翼，变化飞行，失人之本，更受异形，有似雀之为蛤，雉之为蜃，非人道也。人道当食甘旨，服轻暖，通阴阳，处官秩，耳目聪明，骨节坚强，颜色悦泽，老而不衰，延年久视，出处任意，寒温风湿不能伤，鬼神众精不能犯，五兵百毒不能中，忧喜毁誉不为寰，乃为贵耳。

彭祖传的约三分之一文字是从《彭祖经》中所引用，这一推测当是可以成立的。由于《彭祖经》在唐代以后失传，所以葛洪引《彭祖经》在多大程度上仰给自《彭祖经》，虽还不能确估，今天辑出的佚文，纵然达三分之一，我们推测，大约葛洪依据《彭祖经》，又加以或多或少的改变和增补，来写成《神仙传》中的彭祖传㉔。而且，所谓彭祖由于房中术而长寿的主旨，完全是由《彭祖经》想象出来的。

如果这个推测不错的话，现行本的彭祖传的内容和葛洪著作的主旨应基本是一致的。

以上的推测虽无直接的资料来佐证，但是近于葛洪原本，《太平广记》收录以前的《神仙传》彭祖传，虽是部分的，但有好几处残文。其一，唐初的释道世（？—683）编纂的《法苑珠林》卷31 潜遁篇引用的《神仙传》是指的彭祖传。它虽然有若干字句的异同和文字引用上的简略，但和现行本是大致相同的。

殷时，彭祖，讳铿，帝颛顼之玄孙。至殷末之世，年已七百六十七岁，而不衰老，少好恬静，不恤世务，不营名誉，不饰车服，惟以养生治身为事。王闻其寿，以为大夫。常称病，闲居不与政事，善于补导之术，并服水桂云母粉麋角。常有少容，闭气内息，从平旦至日中，乃俯坐拭目摩搦身体，舐唇咽哇。服气数十，乃以起行言笑。其体中或有疲倦不安，便导引闭气，以攻所患。心在存身，头面九窍五藏四支至毛发，皆令其在。觉其气运行体中，起于鼻口下达十指。王自诣问讯安不，告致遗珍玩前后数万。彭祖皆受以恤贫贱者，略无所留。又有采女者，亦少得道知养形方。年二百七岁，视之如十五六。王奉事之于旋庭，为立华屋紫阁，饰以金玉。乃令采女乘辎轩往问道于彭祖。采女具受诸要法以教王，王试为之有验，欲杀之。彭祖知之，乃去，不知所如。其后七十余年，门人于流沙之西见之。王不能常行彭祖之道，得寿三百岁，气力丁壮如五十时，后得郑女妖淫，王失道而殂落。俗间相传言：彭祖之道不教人者，由于王禁之故也。彭祖去殷时，年七百岁，非寿终也。（出自神仙传）

上文末尾从"采女具受诸要法"至"门人于流沙之西见之"，与《抱朴子》极言篇中所见内容相同。

其次，仍是唐初，武德七年（624年）完成。由欧阳询等编纂的《艺文类聚》卷78灵异部上·仙道，从《神仙传》引用了有关彭祖的记述，和现行本比较，有若干处文字上的区别，现节录其彭祖传的文字。

〔神仙传〕又曰：彭祖，讳铿，帝颛顼玄孙。至殷之末世，年已七百余岁而不衰，少好恬静，惟以养神治生为事。王闻之，以为大夫，称疾，不与政事。善于补导之术，并服水桂云母麋角，常有少容。采女乘辎軿，往问道于铿祖，采女具受诸要以教王，王试为之有验，欲秘之。乃去，不知所如。其后七十余年，门人于流沙西见之。

再次，是仅八个字的短文，脔初王悬河《三洞珠囊》卷8引《神仙传》的一段文字：

神仙传第二云，若士之相也，深目而玄准，鸢肩而长颈，丰上而杀下也。彭祖之相者，面生异骨，体有奇毛。

在原本《神仙传》中，若士、彭祖都配列于卷一，葛洪著作改为卷二。然而，记彭祖容貌的八个字，和现行本完全相同。㉕

以上，通过复原《神仙传》的彭祖传，推测出：第一，如前所述，葛洪利用过《彭祖经》。第二，现行本《神仙传》的彭祖传，即《太平广记》卷二所收的彭祖传，和现行本《神仙传》的彭祖传文字基本相同。

二、彭祖长寿传说的流布状况和马王堆汉墓出土竹简《养生方》

我认为，有关彭祖长寿的传说，到战国晚期（前3世纪），已基本形成。之所以这样说，是因为能看到的成立时期的确切文献是《荀子》的修身篇：

辨善之度以治气养生则后彭祖，以修身自名则配尧舜。㉖

彭祖是长寿之人，在荀子时代已是用不着特别说明的广为流布的传说。

此外，作为资料能推定为战国时代著作的有《庄子》逍遥游和齐物论：

楚之南冥灵者，以五百岁为春，五百岁为秋。上古有大椿者，

以八千岁为春八千岁为秋，而彭祖乃今以久特闻，众人正之，不亦悲乎。㉗

天下莫大于秋毫之末，而太山为小；莫寿乎殇子，而彭祖为夭。㉘

《楚辞》天问篇，是否屈原所作尚有怀疑，但其中保留有战国初以来古代神话的丰富传说，彭祖的长寿传说也是其中之一。

彭铿斟雉，帝何飨？受寿永多，夫何久长？㉙

这里认为，彭祖的长寿是由于进雉羹于尧而被赐的，这种说法不见于他处，甚为特异。㉚

一般说来，彭祖的养生术是什么呢？从秦到汉初的著作《庄子·刻意篇》㉛中列举的养生术是呼吸法和导引。

吹呴呼吸，吐故纳新，熊经鸟申，为寿而已矣。此导引之士，养形之人，彭祖寿考者之所好也。㉜

当时的人们深信彭祖因此术而得以长寿。⑧彭祖㉝因行气导引而得以长寿的观念，像已经在前节举例说明的那样，前后汉的人通常都是这样认为的。

近年来，从长沙马王堆汉墓出土竹简中，有论养生方法的竹简约二百支，其中有彭祖回答一个叫王子巧的人关于养生的具体方法的详细说明部分㉞，兹将全文转载如下：

王子巧父问彭祖曰："人气何是为精乎？"彭祖答曰："人气莫如竣精，竣气宛闭、百脉生疾，竣气不成，不能繁生，故寿尽在竣。竣之葆爱，兼与成敃，是故道者发叩唾乎循背，摩腹从阴从阳。必先吐陈，乃翕竣气，与竣通息，与竣饮食，饮食完竣，如养赤子。赤子祈悍数起，谈勿出入，以修美理，轵白内成，何病之有？彼生有殃，必其阴精漏泄，百脉菀废，喜怒不时，不明大道，生气去之。俗人芒生，乃恃巫医，行年七十，形火天理，颂事自杀，亦伤悲哉。死生安在？彻士制之，实下闭锖，气不搪泄。心制死生，孰为之败？慎守勿失，长生累世。累世安乐长寿，下播于地，能者必神，故能形解。明大通者，其行陵云。

有几处语义不明，还有个别字的通假也有疑问，所以我们只能讲其大意。据彭祖的回答，要保证竣气勿泄，才能长寿。为此，应进行导引和行气。先要确定所谓竣气是指什么，我认为它是指男阴之气（精液），虽强调不能泄漏，一定不是房中术的还精补脑说。如果这样来看，即使是称之为"养生方"的这批出土资料也是说彭祖是由于导引行气得以长寿。这批竹简是从前汉文帝十三年（前167年）下葬的第二号墓出土的资料，其字体篆隶并存。也有推测抄录的是春秋时代的书籍。总之，是先秦时代的文物㉟。如果那样的话，前引的《荀子》修身篇中关于彭祖"治气养生"的叙述的具体内容，也大致是可能想象得到的。对《庄子》刻意篇中彭祖一类希望长寿者的行气导引为养生术也容易理解了。

不过，比以上文献和出土资料时代晚，著成时代明确的《吕氏春秋》（前239年成书）中见到的彭祖形象，在养生这一点上与他书是共通的，但具体做法上则是无欲和治性，即是说，与养形相比，养神放在更重要的位置上，这又与迄今为止所引用的资料有所不同。关于此，应予注意。

因性任物，而莫不宜当，彭祖以寿，三代以昌，五帝以昭，神农以鸿。㊱

所谓"因性任物"，大约是庄子及庄子学派的思想的影响。《吕氏春秋》因其编纂上的缘故，常有前后互相矛盾的主张，关于彭祖也是一样，以下一段文字却又把因养形之术得以长寿作为彭祖故事的前提。

俗主亏情，故每动为亡败，耳不可赡，目不可厌，口不可满；身尽府种，筋骨沉滞，血脉壅塞，九窍寥寥，曲失其宜。虽有彭祖，犹不能为也。㊲

大约从战国末到秦和汉初间，由于庄子学派的活跃受其思想的影响，彭祖的形象发生了变化。后汉高诱的注，受老庄思想影响，更加强调以"无欲""清静"的老庄思想进行解释㊳。这又和此前所见的彭祖养生术迥然不同。

彭祖，殷之贤臣，治性清静，不欲于物，盖寿七百岁，论语里所谓述而不作，信而好古，窃比于我老彭是也。言虽彭祖之无欲，不能化治俗主，使之无欲，故曰虽有彭祖，犹不能为。

高诱据前引的"因性任物"的彭祖形象，在此将其扩展为"无欲""清静"的老庄的彭祖形象，以解释《吕氏春秋》本文。

大概，彭祖形象的这个变化，在当时还不是普遍的，经过其后的三国到西晋，彭祖被捧上了与老子并列的道的体现者的高位。

三、历史上实在的彭祖

彭祖其人，在《列仙传》中记述为帝颛顼之玄孙，陆终氏之中子，历夏王朝至殷末已八百余岁。此外，在《神仙传》中，记载较为简单：

说其为帝颛顼之玄孙，至殷末已活了七百六十七岁㊴。作为传说人物，生存时代和氏谱、年龄等都有详细的记载，而如同样是传说人物，例如赤松子、宁封子、容成公等的证述都不同，其记载好似历史上真有这个人物一样。因此，我认为应对这些记载所依据的古代文献进行探讨。

首先，在《国语》郑语里记载，郑桓公为司徒，甚得周众与东土之人，问于史伯曰，王室多故，余惧及焉，其何所可以逃死？对此，太史伯回答中，有如下记载，颇引人注意。

〔祝融后裔八姓〕于周未有侯伯，佐制物于前代者，昆吾为夏伯矣。大彭、豕韦为商伯矣。当周未有。己姓昆吾、苏、顾、温、董、董姓骏夷，荟龙则夏灭之矣。彭姓彭祖、豕韦、诸稽则商灭之矣。㊵

据以上这段话，彭姓是祝融后裔的八姓之一。前代，即仕夏、殷，其中大彭和豕韦在殷时曾为侯伯。当然，推测也仕于此前的夏王朝。而且，据三国吴的韦昭注，大彭是称作篯的彭姓，大彭（彭城—今徐州）被封称作彭祖，另外，豕韦也属彭姓，是为别封，因此，这个大彭（彭祖）和豕韦，原来都曾从夏仕至殷，盖乘殷王室的衰退，在诸侯中势力大增，成为殷王室的政治辅佐，到了子孙时代，由于势力减削，殷王室复兴后被灭掉。这样，彭祖远在夏殷时代的活动就已引人注意。

韦昭注也是有所据的，那就是在《大戴礼记》卷七帝系六十三所述古代传说的帝王系谱中，有关彭祖的如下一段话：

〔高莲氏〕产重黎及吴回，吴回氏产陆终，陆终氏娶于鬼方氏，鬼方氏之妹谓之女聩氏，产六子。孕而不粥，三年，启其左胁，六人出焉。其一曰樊，是谓昆吾，其二曰惠连，是为参胡，其三曰篯，是为彭祖，其四曰莱言，是为云郐人，其五曰安，是为曹姓，其六曰季莲，是为芈姓。㊶

看了这个系谱，对彭祖为何仕夏、殷为诸侯，仍不清楚。此外，关于彭祖的长寿也只字未提。

不过，《大戴礼记》在其他地方，记载有彭祖在帝尧时，受舜举治民的故事。

宰我曰：请问帝尧：孔子曰、高辛之子也，曰放勋。其仁如天，其知如神，（中略）伯夷主礼，龙夔教舞，举舜彭祖而任之四时，先民治之。㊷

即是说，比夏殷王朝更遥远的古代传说中理想的帝王时代已经有实实在在的关于彭祖的记载。司马迁并不认为这种记载虚诞。《史

记·五帝本纪》太史公赞语中,有这样的话:

孔子所传宰我问,五帝德及帝系姓,儒者或不传。(中略)予观春秋、国语,其发明五帝德,帝系姓章矣。顾弟弗深考,其所表见皆不虚。㊸

另外,《史记》楚世家中也引《大戴礼记》帝系中的陆终氏产六子的故事来说明楚国先祖的历史。如此看来,司马迁是相信他所看到的《大戴礼记》和《国语》的世系传承是历史事实的。

《逸周书》尝青解中,记有在夏王朝帝启时代因五子(武观)叛乱,命彭寿讨伐,夏的疆域得以安定的事。

其在启之五子,忘伯禹之部,假国无政,用胥兴作乱,遂凶厥国。皇天哀禹,赐以彭寿,思己夏略。(启本为殷,据朱右曾校释改)㊹

如果将《今本竹书纪年》以上记事作为帝启十五年的事,则不能赞成朱右曾之说。可是,将"殷五子"改为夏代的"启五子",五子为五观(武观)的推论应该说是卓见。后者,从《国语》楚语上,《左传》昭公元年,《墨子》非乐上篇等征引来看也是妥当的,这就是说,如果前引《逸周书》记载可以信赖的话,那么,在夏王朝帝启的时候,彭寿其人也是确实存在的。而且,这个人物是和《国语》郑语里见到的彭姓相关的某个人物,朱右曾把这个彭寿比定为大彭即彭祖,认为寿是其名,这是较为武断的解释,任何根据也没有出示。

在以上的论述中,我们是将彭祖作为人名来看待的。可是,能把这理解为世袭侯国的始祖的意思吗?韦昭注,在把彭祖作为殷代人的基础上,解释由于封于大彭之地而被称作彭祖,这与我的解释有某种相似之处。只是,彭姓在夏王朝已作为侯国而仕,或者,也许是在殷王朝被迁往"大彭"封地。总之,彭姓在夏殷二王朝一直维持着保有侯国的强大势力,不能将彭祖看成一个人,而应考虑为比之更大的,仕于夏殷王朝的彭姓以及侯国的代表名词。持这样立场的人,有清代的学者孔广森,严可均。孔广森云:

彭姓之祖也,彭姓诸国,大彭、豕韦、诸稽。(中略)大钐历事虞夏,于商为伯,武丁之世灭之。故曰彭祖八百岁,谓彭祖八百年而亡,非实籛不死也。

以上大彭仕虞的说法,大概是指前引《大戴礼记》五帝德中,彭祖受舜举仕尧事。

严可均在引用《国语》郑语和韦昭注、《史记》楚世家和其集解所引的虞翻说,同样《索隐》所引《世本》《周书》尝青解,《竹书纪年》（今本）等诸处文字之后，得出结论说：

  合而断之，知彭祖国名，即大彭，夏商为方伯，古五霸之一，唐虞封国，传数十世，八百女而灭于商。此其事实也，彭祖八百，犹言夏四百岁，商六百岁，周八百，岁亦。

  孔、严那样把彭祖作为封国的名称来解释，比朱古曾那样解释为人名要合理可信。还有，马叙伦所说，彭祖者，以始受封于彭言之，是据韦昭注《国语》郑语的"因受封于大彭故称彭祖"演绎而来，但对彭祖语义的说明，还是可取的。彭祖是什么时候受封的呢，解释者有不同说法，但彭祖作为封国名，存续八百年之久到殷末灭亡之说，通过《国语》《大戴礼记》《逸周书》等古文献可以粗知这个传承。这个传承说法，司马迁也认为包含着历史事实，是可信的。因此，现在将关于彭祖的这个传说作为彭祖长寿传说的原型来考虑，为方便起见，姑且称之为"原彭祖传说"。

  作为封国之名存续的彭祖（彭祖之国）是从何时、经过怎样的演进，变成一个人名的彭祖呢？换言之，关于彭祖长寿的故事是怎样成立的呢？在下节我们将试作推测。在这里，根据本节开头所述《列仙传》中说，彭祖为帝颛顼之子孙陆终氏之中子，历夏王朝至殷王朝末，已生存了八百岁。其资料的依据是前引《国语》《大戴礼记》，由以上的探讨已经可以明白。可是，这个记述还不是"原彭祖传说"，已经是作为彭祖长寿故事完成后的传承背景。这件事，由彭祖作为一个人物之名，以及其后加文字"常食桂芝，善导引行气"而知。

  如前述那样，彭祖长寿传说到战国末，已是家喻户晓的故事。另外，竹简《养生方》中，明确说彭祖由于行气、导引而获长寿，由此我们推测，殷末彭祖之国灭亡后，从西周到战国之间，发生了"原彭祖传说"到长寿彭祖传说的变化。

参考文献
  ① 本文原文为日本学者坂出祥伸论文集《道教与养生思想》一书中的一篇论文，原文题目为《彭祖的传说和＜彭祖经＞》。原文除序言和结语外，共分六节。本文只译了序言和前三节，未译内容的小节标题为："四、长寿传说的成立及其和神仙思想的交涉"；"五、两汉、三国时代的房中家"；"六、房中家彭祖的登场和《彭祖经》的成立"；"结语——《彭祖经》"。
  ② 日本学者。
  ③《抱朴子·内篇》卷 13.
  ④ 陈振孙．《直斋书录解题》卷 12，神仙类．

⑤ 胡应麟．四部正伪》卷下．
⑥《四库全书提要》子部·道家类．
⑦ 葛洪．《神仙传》序．
⑧《抱朴子·内篇》卷2，论仙篇．
⑨ 余嘉锡．《四库提要辨证》卷19，子部10。又，福井康顺《列仙传考》，收《福井康顺著作集》．
⑩《抱朴子·内篇·极言》篇．
⑪《汉书·王褒传》注．
⑫《文选》卷十四·班孟坚《幽通赋》李善注．
⑬ 王子渊．《圣主得贤臣颂》，《文选》卷47．又见《汉书王褒传》．
⑭《论衡》卷7，道虚篇．
⑮《晋书》卷72，葛洪传．
⑯ 余嘉锡．《四库提要辨证》卷19，子部10．
⑰《抱朴子·内篇》卷2，论仙篇．
⑱ 小南一郎．《神仙传》的复原．入矢教授、小川教授退休纪念中国文学论集．筑摩书房，1974．
⑲《神仙传》序．
⑳ 抱朴子·外篇·自叙．
㉑ 从丹波康顺《医心方》中引。
㉒ 关于《玉房秘诀》和其作者冲和子的考证，请参考前注2拙著。
㉓ 关于《养生要集》，请参照本书所收《张湛＜养生要集＞的复原和其思想》。
㉔《法苑珠林》的引文，根据《大正新修大藏经》第53卷。事汇部上所收百卷本。
㉕ 另外，关于若土也是玄改元，长改修。此外，完全相同。
㉖ 荀子·修身篇．
㉗ 庄子·逍遥游．
㉘ 庄子·齐物论．
㉙ 楚辞·天问．
㉚ 宋初洪兴祖补注《楚辞章句》引《神仙传》是据'天问'中的彭祖故事。然而，该故事不见现行本《神仙传》。
㉛《庄子·外篇·刻意》的成书年代，武冈义雄、罗根泽、关锋等的论著可参考。本稿不论作者，只泛泛将其成书年定在秦汉之间。
㉜ 庄子·外篇·刻意．
㉝ 关于从《庄子·外篇·刻意》篇引文的解释及导引、行气，拙稿《导引考——古代养生术和医学的关系》，以及前注2的拙稿《长生术》有详细论述。

㉞ 长沙马王堆医书研究会编《马王堆医书研究专刊》第二期所收《长沙马王堆三号汉墓竹简＜养生方＞》第一卷释文。

㉟ 易建纯.天下至道谈·七损八益注释.长沙马王堆医书专刊，1980年第一辑.

㊱《吕氏春秋》卷17，执一.

㊲《吕氏春秋》卷2，情欲.

㊳ 高诱的传记资料。据《淮南子》叙目末尾所述。

㊴ 作为异说，《淮南子》说林训高诱注："一说，彭祖盖黄帝时学仙者。"

㊵ 国语·郑语.

㊶《大戴礼记》卷7，帝系第63.

㊷《大戴礼记》卷7，五帝德第62.

㊸《史记》五帝本纪.

㊹《汲冢周书》（四部丛刊本）卷6，尝青解第56.

第二篇 彭祖传说研究

老子不是彭祖考证

李水海

[作者单位] 无锡教育学院，江苏无锡

[文章来源]《无锡教育学院学报》（2000 年第 03 期）

[内容摘要] 古今不少学者把老子与彭祖混为一人，本文对有关史料进行认真梳理，证实彭祖氏这个部族从尧舜到夏商一直活动于中原等地区，其首领被称为彭祖、彭寿、老彭等，批驳了"彭祖长年"论、"老聃称老彭"论，确证老聃与彭祖（或老彭）绝非一人。

一、彭祖其人其事考证

彭祖，亦称"篯铿""彭寿""老彭"等，是上古的一族养生大家。

据史籍和传说，彭祖寿命极长。有的说他活了三四百岁①，有的说他活了七百岁②，有的说他活了八百岁③，世间不可能有这么长寿的人。大诗人屈原就不相信彭祖会活那么久，便在《天问》中发问："彭铿斟雉，帝何飨？受寿永多，夫何久长？"

据考证，"彭祖"既是人的名称，又是一个部族的名称，还是一个方国的名称。这个彭祖氏的部族，或彭祖国（即大彭国），经历自尧舜到有夏、殷商中叶，约八百年，而这个部族的历代首领，都通称为"彭祖"。

按：彭祖氏或彭氏是一个古老的部族。根据《世本·帝系篇·五帝谱》载："黄帝娶于西陵氏之子，谓之累祖，产青阳及昌意……昌意生高阳，是为帝颛顼……颛顼娶于胜氏之子，谓女禄，是生老童……老童娶于根水氏，谓之骄福，产重及黎。老童生重、黎及吴回，生陆终。陆终娶于鬼方氏之妹，谓之女嬇，是生六子……其一曰樊，是为昆吾；其二曰惠连，是为参胡；其三曰篯铿，是为彭祖；其四曰求言，是为刽人；其五曰晏安，是为曹姓；其六曰季连，是为芈姓……昆吾者，卫是也；参胡者，韩是也；彭祖者，彭城是也；邹人者，郑是也；曹姓者，邾是也；季连者，楚是也。"

又《大戴礼记·帝系》和《史记·楚世家》皆有类似记载《楚世家》载云："楚之先祖，出自帝颛顼高阳。高阳者，黄帝之孙，昌意之子也。高阳生称，称生卷章（《索隐》'卷章名老童'），卷章生重黎。重黎为帝喾高辛居火正，甚有功，能光融天下，帝喾命曰祝融。共工氏作乱，帝喾使重黎诛之而不尽。帝乃以庚寅日诛重黎，而以其弟，吴回为重黎后，复居火正，为祝融。吴回生陆终。陆终生子六人，坼剖而产焉。其长一曰昆吾，二曰参胡，三曰彭祖（《索隐》引《系本》云铿是为彭祖），四曰会人，五曰曹姓，六曰季连，芈姓，楚其后也……彭祖氏，殷之时尝为侯、伯，殷之末世，灭彭祖氏……"

按《史记》的说法，彭祖是黄帝的后裔（八世孙），是颛顼的六世孙，是老童（卷章）的四世孙，是吴回（祝融）之孙、陆终之子。鉴于此，即可探求彭祖的本源之姓，姓起源于母系始祖社会，是同一远祖血缘集团的标志性称呼，是以它来"明血缘，别婚姻"的氏则是同姓的分支，以别贵贱彭祖为黄帝后裔《帝王世纪》云："黄帝有熊氏，少典之子，姬姓也，母曰附宝。"但《史记·五帝本纪》则云："黄帝者，少典之子，姓公孙，名曰轩辕。"《史记·索隐》

云:"案:皇甫谧云:'黄帝生于寿丘,长于姬水,因以为姓居轩辕之丘,因以为名,又以为号。'是本姓公孙,长于姬水,因改姓姬。"按《国语·晋语》云:"黄帝以姬水成,炎帝以姜水成,成而异德,故黄帝为姬,炎帝为姜。"据今人考证:"黄帝轩辕氏所居地为姬水,以姬为姓姬与岐同音,即今陕西岐山县南横水河。"④所谓"黄帝生于寿丘",其寿丘也即姬水附近的寿山⑤,古人有"因生以赐姓"之说,黄帝之母附宝因长期生活在姬水一带,故黄帝姓姬说为可靠之说。史记·五帝本纪》云:"自黄帝至舜、禹,皆同姓而异其国号,以章明德。故黄帝为有熊,帝颛顼为高阳,帝喾为高辛,帝尧为陶唐,帝舜为有虞。帝禹为夏后而别氏,姓姒氏。"按:《帝王世纪》云:"帝颛顼高阳氏,黄帝之孙,昌意之子,姬姓也。"可知帝颛顼为姬姓。又帝喾高辛氏是黄帝的曾孙,是颛顼高阳氏的族子。《帝王世纪》亦云:"帝喾高辛氏,姬姓也……年十五而佐颛顼,三十登帝位。"《史记·五帝本纪》正义引作:"帝俈高辛,姬姓也。"按《史记·五帝本纪》,从颛顼高阳氏的儿子称,一直到其远孙陆终,皆未得姓,当都袭用黄帝及颛顼之姓姬。彭祖当从上辈之姓而姓姬。其父陆终,称为陆终氏。而彭祖,则为彭祖氏(见上引《楚世家》),或为彭氏(见《大戴礼记·帝系》)。

彭祖氏或彭氏属于祝融集团的中坚部族。该部族在帝尧时代形成,到虞舜时代已发展成为一个人众势强的部族集团。在尧舜时代,彭族氏的首领推举篯铿为彭祖。按:彭,"鼓声也,从壴,彡声,……从彡会意,彡即三也,击鼓以三通为率。《左》庄十《传》:'一鼓作气,再而衰,三而竭。'《诗·灵台》:'鼍鼓逢逢。'以逢为之,逢彭声之转。"⑥此说"彭"为鼓声,从多会意,以逢彭为声转,颇有道理。但云"彡即三也,击鼓以三通为率",则不确。甲骨文中的"彭",有作"𢒉"⑦、"𢒉"⑧、"𢒉"⑨、"𢒉"⑩者,也有作"𢒉"⑪、"𢒉"⑫、"𢒉"⑬的,那么,其中作"𢒉"、"𢒉"者,就应是五通、四通了。击鼓三通只是春秋时代盛行的击鼓方法,商以前(包括商)或三通,或四通,或五通,当无"三通"的定法。所以,彡、三、等,当为鼓声音的传播之状,属会意⑭。据何光岳考证,篯铿因为能作大鼓,部族在作战时,用鼓统一指挥,鼓舞士气,易于战胜对方部族等,所以,这个部族就推崇篯铿为彭祖⑮。篯铿便成为彭祖氏或彭氏的第一代彭祖⑯。

尧舜时代,篯铿领导的彭祖氏颇为强大。据《国语·郑语》云:"大彭、豕韦为商伯。"注曰:"大彭,陆终第三子曰篯,为彭姓,封于大彭,谓之彭祖,后有大彭氏。"说篯被封于大彭,谓之彭,则是;但说他"为彭姓"则非。因为上古之时,姓、氏有分,篯这个彭祖氏的首领,其本姓为"姬",而"彭"是其氏也。《史记·五帝本纪》正义云:"彭祖自尧时举用,历夏殷,封于大彭。"《史记·楚世家》集解引虞翻云:"名翦,为彭姓(当为氏),封于大彭。"按"翦"(精·元 tslan)和"钱"(精·元 tsian),上古音同,钱铿确实为尧之臣⑰。《大戴礼记·五帝德》云:"高辛之子也,曰放励。其仁如天,其知如神,就之如日,望之如云富而骄,贵而不豫黄黼黻衣,丹车白马,伯夷主礼,龙夔教舞,举舜、彭祖而任之,四时失民治之。"《史记·五帝本纪》说:"禹、皋陶、契、后稷、伯夷、费、龙、垂、益、彭祖,自尧时皆举用,未有分职。"《索隐》云:"彭祖即陆终氏之第三子钱铿之后,后为大彭,亦称彭祖。"梁玉绳说:"彭祖,乃彭姓(应为氏)之祖。"⑱章太炎《检论》认为彭祖"始自钱铿,至于大彭,身更数氏,功存夏略"。因钱铿是彭部族的始祖,便称他为彭祖。无疑彭祖氏"始自钱铿"是对的。有人谓以钱铿为首领的彭祖氏是"大彭支孙"⑲,实误。又有人谓彭咸是彭祖氏(或彭氏)的最早首领,亦误。

据载:彭祖钱铿"善养性,能调鼎,进雉羹于尧,尧封于彭城"⑳。又"(钱铿)常食桂芝,善导引行气,㉑又载:"吹呴呼吸,吐故纳新,熊经鸟申,为寿而已矣。此导引之士,养形之人,彭祖寿考者之所为也。"㉒《荀子·修身》则载彭祖"以治气养生"为长寿术。总之,彭祖钱铿是一个长寿者,他长寿的经验是:运气、操练及食疗等养生健身运动。有鉴于此,似可以说钱铿"是世界上最早的禽兽操练和健身术的发明者"㉓。那么,他也当是饮食疗法的最早发明者。

到了夏代,彭祖氏的首领则是彭寿,当然他也称为"彭祖"。据《唐书·宰相世系表》谓:"颛顼孙大彭为夏诸侯。"《逸周书·尝麦解》云:"皇天哀禹,赐以彭寿,思正夏略。"《庄子·大宗师》云:"彭寿得之,上及有虞,下及五伯。"彭祖氏(或彭部族)的首领彭寿,忠心辅佐夏朝。《竹书纪年》记载:"(帝启)十一年时,放王季子武观于西河;十五年武观以西河叛;彭伯寿帅师征西河,武观来归。"可知彭寿在夏初已被封为"彭伯",彭部族或彭祖氏已发展成较强国家(其时为方伯,即方霸、方国),被称为大彭国。徐旭生《中国古史的传说时代》就指出:"(彭寿)在夏启时已经很有功绩;大彭在夏朝已经为东方强国。"何光岳经考证后也指出:"彭人族大势强,夏商时任伯主,故又称为大彭。"㉔

按彭祖彭寿,据其名,当也为长寿者。他当继续彭祖钱铿的养生长寿术,为钱铿养生术的传人。但因史籍或古籍通称彭祖氏或彭部族的各代首领为"彭祖",所载养生保健术无法考证何者是彭寿所作之法。但大体可以确定他也是我国上古时代一位养生而长寿的大家。

到了商代，彭祖氏或彭部族、大彭国的首领是老彭、彭伯，当然也通称之为"彭祖"。梁玉绳《史记志疑》说："案彭祖乃彭姓之祖，与老彭为二人，老者尊称，盖其裔也。故列表彭祖二等，老彭三等。"按：说"老彭"不同于彭祖篯铿，则是。但老彭是商代的彭祖氏首领，也可以称"彭祖"。故梁氏失考。据载彭祖氏或彭部族"为商伯"㉕。《史记·楚世家》也谓彭祖氏"殷之时尝为侯伯"。《风俗通义·五伯》云："按《春秋左氏传》：夏后太康，娱于耽乐，不脩民事，诸侯僭差。于是昆吾氏乃为盟主，诛不从命，以尊王室。及殷之衰也，大彭氏、豕韦氏复续其绪，所谓王道废而霸业兴也。"《左传·成公二年》"五伯之霸"杜预注亦谓："（五伯）夏伯昆吾，商伯大彭、豕韦，周伯齐桓、晋文。"彭部祖或大彭氏被称为商代的伯主，也见于《战国策·齐策》高诱注、《毛诗正义》引服虔语、《汉书·异姓诸侯王表序注》等书。当时的彭方国应邻近商中心区域。《诗·郑风·清人》云："清人在彭。"传注："彭，卫之河上，郑之郊也。"据何光岳考证，当在今河南原阳县，附近还有彭水㉖。李玄伯《中国古代社会新探》也指出："则彭在郑、卫之间，临河之地，似甚合理，此即彭国旧处之地。"

按彭伯在当时，军事上是很强盛的伯主。据《竹书纪年》载："（外壬）元年庚戌，王即位，居嚣，邳人、姺人叛。（河亶甲）三年，彭伯克邳。五年，姺人人于班方。彭伯、韦伯伐班方，姺人来宾。（祖乙）元年己巳，王即位，自相迁于耿，命彭伯、韦伯。"因为彭伯的强大，才由商王任命他去平定邳等部族的叛乱。据有关专家考证，邳在今山东微山县，姺在今山东曹县。彭由于平定了邳、铣的叛乱，便经今山东济宁的彭山，迁到今江苏徐州市，即彭城，以便就近监视邳、姺㉗。当然，殷商初期，外壬、河亶甲、祖乙等几代商王之时，彭部族的首领彭伯不可能指老彭一人。

彭伯军事上强盛，在政治文化上也有杰出的方面。《大戴礼记·虞戴德》谓："昔商老彭及仲傀（王聘珍说'读曰虺'），政之教大夫，官之教士，技之教庶人，扬则抑，抑则扬，缀以德行，不任以言。庶人以言，犹以夏后氏之拊怀袍褐也，行不越境。"北魏郦道元《水经注》"获水"云："（彭）城即殷大夫老彭之国也。……城之东北角起层楼于其上，号曰彭祖楼。"清王聘珍《大戴礼记解诂》云："《论语》：'窃比于我老彭。'包云：'殷贤大夫也。'"按老彭与仲傀为同时人。据《左传·定公元年》："仲虺居薛，以为汤左相。"可知彭伯老彭主要活动于商代初期。老彭在商初位居要职，且有丰富的治政经验，有一套比较完整的治政管理方法。到了商代中期的武丁时，祝融集团的微方、芈方对商有很大威胁，商王武丁害怕彭祖作为内应，便在"武丁四十三年（前1282年）灭（征服）大彭"㉘彭祖氏。甲骨卜辞也说："辛丑（日）卜，亘贞，乎取彭"㉙；"癸丑（日），王卜，在彭贞"㉚。可知殷商中期，殷王征服了彭祖氏大彭国，彭祖氏大彭国便成了殷商的属国或附庸。而到"殷之末世灭彭祖氏"㉛，彭祖氏大彭国被灭亡。

据《路史·后纪八》记载："老彭守官大夫，商王拼采女受术，籛始去之，终身不见。"按：此"籛"应是第一代彭祖籛铿的后裔，当为商初期的彭祖氏首领"老彭"，并不是"籛"本人。为什么老彭离开商朝，终身不见呢？《路史》没有说原因。而葛洪《神仙传》中的《彭祖》则说，采女在彭祖氏老彭㉜处学得了养生长寿之要道，回朝庭后教给了商王，"王试之有验，殷王传彭祖之术，屡欲秘之，乃下令国中：'有传（彭）祖之道者，诛之！'又欲害（彭）祖以绝之。（彭）祖知之乃去，不知所之"。当然这只是传说，不足为凭信。很有可能是商王以秘而不外传长寿术为借口，欲置力量日益强大、对商中央政权构成严重威胁的彭祖部族集团于死地，彭祖氏首领老彭才逃之夭夭而不知去向的。

殷商初期的彭祖氏首领老彭也是一个深通长寿之道的养生大家，是一个高寿者。《武夷山志》谓："商贤大夫，即所谓老彭……善养生术，寿……"《论语》皇侃义疏云："老彭年八百岁，故曰老彭。"如前所述，彭祖氏这个部族历经八百余年，而人活八百岁，则不可能。但活一百岁以上则是被史实和事实证明了的。上古人认为，活一百岁以上是"上寿"，所以，世人不少人巴望（盼望）着能长寿而活一百岁以上。《黄帝内经》就指出，上古之人有得道者，效法阴阳（天地自然），食饮有节制，起居有常规，不过度劳作，就能有精神，终其天年，"度百岁乃去"。据此记载，再根据民间心理——"巴望长命百岁"，可以推测：那个叫"老彭"的彭祖氏首领，因为有德于族人，对族人贡献很大，所以族人都巴望着他活到一百岁以上；故而后人据"巴""八"音近，就讹传为老彭（或彭祖）"八百岁"。这样推证如果不错的话，我们就可剔除"八百岁"的神化色彩，恢复彭祖老彭活了百岁以上的历史真实。

据汉代古医书《引书》记载："春产，夏长，秋收，冬臧（藏），此彭祖之道也。"㉝又：马王堆古医书《十问·六问》所载彭祖调养摄生之道云："王子巧父问彭祖曰：'人气何是为精乎？'彭祖答曰：'人气莫如朘精，精气郁闭，百脉生疾，精气不成，不能繁生，故寿尽在醒隐之保爱，兼予成佐，是故道者发明垂手、循臂、摩腹、从阴从阳，必先吐陈，乃吸朘气，与朘通息。与朘饮食，饮食完朘，如养赤子。赤子骄悍数起，慎勿出入，以修美理，固博内成，何病之有？彼生有殃，必其阴精漏泄，百脉郁废。喜怒不时，不明大道，生气去之。俗人茫茫，乃恃巫医，行年七十，形必夭理，庸事自杀，亦伤悲哉？死生安在，彻士制之，实下闭精，气不漏泄。心制死生，孰为之败？慎守勿失，长生累世。累世安乐长寿，长寿生于蓄积。彼生之多，上察于天，下播于地，能者必神，故能形解。明大道者，其行陵云，上自美瑶，水流能远，龙登能高，疾不力倦……务成昭××不死。务成昭以四时为辅，天地为经。务成昭与阴阳皆生，阴阳不死。务成昭与相视，有道之士亦如此。'"㉞《引书》和《十问》这两段"彭祖"之道，当然有后人伪托之处，但仍然保存有彭祖（可能老彭）有关养生的思想㉟。

综上所述，彭祖氏这个部族，在尧舜和夏商时代，其首领有不少精于养生保健术的，所以寿命较长，即被称为"彭祖""彭寿""老彭"等。这个部族所传的养生长寿思想及方法，则是道家养生学说的先河。

二、老子不是彭祖考证

上文已经考证了彭祖其人其事、其族其国及其养生长寿思想与方法。应该说彭祖的"面目"是清晰的。我国从先秦到唐宋，不少典籍在记载彭祖时，没有把彭祖与老子混淆成一人。但也有一些典籍或者是某些学者文人把彭祖和老子混称为一人。比如《世本》称彭祖"在商为守藏史，在周为柱下史，年八百岁"。似认为彭祖即柱下史老子。有的干脆称老子和彭祖为"彭聃"，如晋人孙楚《征西官属送于陟阳侯作诗一首》云："莫大于殇子，彭聃犹为夭。"嵇绍《赠石季伦》诗亦谓："远希彭聃寿，虚心处冲默。"陆德明《庄子·逍遥游·释文》云："彭祖，……《世本》云：'姓籛名铿，在商为守藏史，在周为柱下史，年八百岁。'籛，音翦，一云'即老子也'。"（见《庄子集释》）陆氏也怀疑彭祖即老子。江琈《读子卮言》卷二《论老子之姓氏名字》云："老子者，世为楚人，姓李名耳，字曰聃，自号老子，因称曰老聃，又曰老耽，曰老儋，出古大彭国，为尧时彭祖之后，在殷时之祖父曰籛铿，亦曰彭祖，故老聃亦称老彭，由尧时以迄于东周，皆世为史官，亦皆沿袭彭祖之名，故有尧时进雉羹之彭祖，有商时为守藏史之彭祖，有周时柱下史之彭祖，至老聃而隐身不仕，改姓李，其后子孙皆以李为氏。"则认为老子也叫彭祖。王夫之《四书稗疏一》云："……而子曰'我老彭'，亲之之词，必觌面相授受者矣。按老聃亦曰太史儋，聃、儋、彭，音盖相近，老彭即问礼之老子也。"宋翔凤《论语说义》云："《庄子·释文》引《世本》云：'彭祖在商为守藏史，在周为柱下史。'

详《世本》语谓商之守藏，如周柱下，老子继彭祖为此官。《史记》云：'老子，周守藏室之史也。'《汉书·张汤传》：'老子为柱下史。'则守藏、柱下可互称。殷《易》为《归藏》，《归藏》黄帝《易》，老子之学出黄帝，故曰黄老。孔子赞《易》多取于《归藏》，《易》《春秋》为微言所存，故皆从'窃取'之义。'窃比'犹言'窃取'也。《周易》、鲁《春秋》皆史官所藏，《春秋》去文从质，殷礼也，宋不足徵，求于柱下，得之老彭，问礼老聃。《春秋》之礼，皆殷礼也。小戴所录，七十子之记，皆为殷礼，合乎《春秋》。盖问乎老聃而折其中，不曰彭老而曰老彭者，以老子有亲炙之义，且尊周史也。"即认为老彭即老子。郑献甫《四书翼注论文》云："老彭即老聃，一字是姓，一字是国，本一人，非二人也。"坚信老子即彭祖的学者，莫过于俞正燮，其《癸巳类稿·彭祖长年论》云："《世本》云：'在商为守藏史，在周为柱下史，年八百岁。'……盖《世本》合彭祖、老聃为一人……。合《世本》《神仙传》两说，《论语·述而篇》'老彭'，《初学记》引郑注作'老聃''彭咸'，释文引郑云：'老聃，彭祖也。'郑注'曾子问老聃'云：'古寿考者之号，与孔子同时，经师亦言老即彭祖'……彭祖自舜至盘庚时，八百五十余年。其事见《大戴礼》《国语》《汉志》，显然尽在。人周则为老子，为伯阳父，为柱下史，随东迁，阅五霸，下至敬王四十二年，上溯尧举，千八百年，再适流沙。《开元占经》《乾象通鉴》并引《风俗通》云：太白星精，黄帝时为风后，尧时为务成子，周时为老聃，《论语》称老彭述而不作，神明变化，自可置之。其自舜至盘庚，长年之说，（则）典籍可徵，非奇异也。"今人李嘉言以《史记·楚世家》所叙彭祖为楚宗族屈原之嫡系祖先，并认为彭祖即老子"伯阳"，伯阳（老子）又即《离骚》诗人"朕皇考曰伯庸"的伯庸㊱。孙以楷在其著《老子外传》中说："老聃是宋国老氏的后代，往上追寻，老聃又是殷商的诸侯国——彭祖国——的后裔，所以又被称为老彭。"

关于彭祖、老子非一人，前贤已有论定。今人朱浩熙先生在其所著《彭祖》中，专有一节《彭祖、老子非一人考》。朱先生从"彭祖与老子所处时代不同""彭祖与老子身世不同""彭祖与老子姓氏不同""彭祖与老子出生地不同""彭祖与老子任职年代职务不同""彭祖与老子学说有不同""彭祖与老子寿龄不同""彭祖与老子对后人影响不同"八个方面，论证了彭祖、老子不是同一个人，很有说服力，这里不再重述。下面，仅从两个方面批驳"老子、彭祖一人"说。

第一方面，驳"彭祖长年论"，破"彭祖、老子一人"说俞正燮认为彭祖、老子为一人，一个荒唐的根据就是"彭祖长年论"，说彭祖活了八百多年，在商为守藏史，在周为柱下史，理当彭祖、老子为一人。我在上文已经考证，彭祖篯铿、彭寿、老彭，确实都是养生长寿者，但他们一个人比如篯铿，不可能活八百岁。彭祖八百岁，实际是彭祖氏（或彭氏）这个部族从尧舜时兴起，立大彭国到殷商时被灭，经历了八百年左右。孔广森《大戴礼记补注》云："彭祖者，彭姓之祖也。彭姓诸国，大彭、豕韦、诸稽。大彭历事虞夏，于商为伯，武丁之世灭之。故曰彭祖八百岁。谓彭国八百年而亡，非实篯不死也。"严可均在校辑《全上古三代文》而注《彭祖》条时云："合而断之，知彭祖国名，即大彭，夏商为方伯，古五霸之一。唐虞封国，传数十世，八百岁而灭于商，此其实事也。彭祖八百，犹言夏四百、商六百、周八百矣。"（《铁樵漫稿》）彭祖国由创立到灭亡凡八百余年，其国之主，世袭称为彭祖，彭祖国灭，其首领彭祖也不复存在。按：根据现代科学研究和科学调查，人的寿命可以到一百岁至二百岁。据王维亮编著的《长寿之道》㊲第三十四节《世界寿星录》所载，确实有活一百多岁或二百岁的，比如英国的弗姆·卡恩活了209岁，南美洲的玛卡兰珠活了203岁，日本的万部活了194岁，匈牙利的约翰罗文活了172岁，苏联的希拉利·巴巴莫斯林莫夫活了168岁，巴基斯坦的比布尔活了147岁，奥塞丁的台布塞·阿布齐维活了180岁，泰国的娘颂活了152岁，唐朝的孙思邈活了102岁，陕西的吴云青活了142岁，等等。上古人认为，养生有方，即效法阴阳（天地自然），食饮有节，起居有常，作息得当，就能"尽终其天年，度百岁乃去"（《黄帝内经·素问》）。孙思邈在《千金翼方》中亦谓："（老人）极须知调身按摩，摇动肢节，导引行气，能知此者，可得一二百年。"《三国志·魏书》记载："计其道里，当在会稽东治之东，其人寿考或百岁。"这是有关长寿人聚居地的记载。《旧五代史·外国传》云："党项尚武，其人多寿，至百五六十岁。"人活一二百年当然是不足为奇的，但是说彭祖（如铿）活了八百多岁，就像传说亚当活了930岁（《创世纪》记载）、玛士撒活到969岁（《圣经》旧约全书）一样，都是一种神化或传奇式的说法，在现实生活中是不可能的。

上文已经考明，彭祖是彭祖氏或彭祖国首领的通称。篯铿、彭寿、老彭，他们都是不同时代的彭祖氏（或彭祖国）的首领，他们各自的寿命在100岁左右是完全可能的。那么主要活动在尧舜时代的彭祖篯铿，绝对不可能与春秋时代的老子有任何生命上的瓜葛，篯铿根本不可能与老子是一人。同理，主要活动于夏初的彭祖彭寿和主要活动于殷初的彭祖老彭，都绝对不可能与老子是同一个人。

第二方面，驳"老聃亦称老彭"论，破"彭祖、老子一人"说。

"老聃亦称老彭"论者，认为老子是彭祖之后裔，后世皆袭彭祖之名，故老聃亦称彭祖、亦称老彭。我在上文已经考明，彭祖篯铿是颛顼远孙、祝融吴回之孙、陆终之子，而老彭则是篯铿后裔，他是殷商初期的彭祖氏（或彭祖国）的首领。然而老子则是尧舜时的大理官皋陶（被帝舜赐为偃姓）后裔（见拙文《老子姓氏名字考证》），皋陶和彭祖篯铿在尧时同时皆被举用。皋陶后代的世系，是沿着"偃姓—理氏—利氏—李氏"的轨迹而形成了李氏（详见《老子姓氏名字考证》）。篯铿后代的世系，则是沿着"姬姓—彭祖氏—彭氏（或篯氏、钱氏）"的轨迹而形成了彭氏、篯氏（或钱氏）的。篯铿的后代是篯氏和彭氏；皋陶的后代是理氏和李氏。李氏和彭氏是从尧舜时代到春秋时代世系根本无涉的两大家族。老子（老聃）的先辈先祖，根本不是彭祖篯铿一系，所以老聃不可能称为"老彭"，更不可能称为"彭祖"。至于俞正燮说《论语·述而》孔子谓"述而不作，信而好古，窃比于我老彭"的"老彭"，郑云"老聃，彭祖也"，这是俞氏误引误解。而查其原文，郑注为："老，老聃；彭，彭祖。"其实，孔子所谓"老彭"，是指"殷大夫"或"商贤大夫"老彭，即商初的彭祖老彭。"夫子亦殷人，故加'我'以亲之。"㊳

"老聃亦称老彭"说者，还认为"聃、儋、彭音盖相近"，"老聃是老彭的音转"㊴，所以老彭即老子或老子即老聃。按："聃"和"儋"在上古音近。"聃"（上古拟音 t'am），其声纽属透母；"儋"（上古拟音 tam），其声纽属端母；两字皆为谈部字。而"彭"（上古拟音 bean），其声纽属并母，阳部字，它和"聃""儋"异音，非近音字。因此，在上古"老聃"（或"老儋"）不可能音转为"老彭"（从上古文献上，也找不出"聃"音转为"彭"的证据），所以"老聃亦称老彭"说是不能成立的。事实上老聃是老聃，老彭是老彭，二人绝非同一人。

三、结论

自从战国时《世本》拟称彭祖即"柱下史"老子之后，就有不少学者把彭祖和老子混称为一人，甚至把老子老聃伪称为"彭聃""老彭"，掩盖了彭祖自是彭祖、老子自是老子的本来面目。拙文通过对彭祖这一部族的考证和对老子先世的考研，得出结论：老子不是彭祖。

参考文献

① 路史·后纪八.

② 《荀子·修身》杨注.

③ 陆德明.经典释文·庄子.

④⑤ 出自可光岳《炎黄源流史》中《黄帝的起源》。

⑥ 朱骏声.《说文通训定声》壮部第十八.

⑦ 《殷虚文字甲编》一五一二、二六四二；《战后京津新获甲骨集》二七二五；《殷契卜辞》四五三.

⑧ 《殷墟文字甲编》二三七一、二六四三、二六九八；《殷契佚存》二七七.

⑨ 《殷契佚存》三三八.

⑩ 《戬寿堂所藏殷墟文字》四三、一.

⑪ 《殷墟书契前编》五、三四、一.

⑫ 《殷墟文字甲编》二六四.

⑬ 《殷契佚存》二七八.

⑭⑮㉓㉔㉗ 参看何光岳《楚源流史》中《彭部族的形成和发展》。

⑯ 我在《长寿星——彭祖的养生术》一文中就曾提出铿"这个彭祖氏的首领是第一代彭祖"（载《天然保健品》杂志1998年第4期）的观点。而何光岳先生认为彭咸是彭部族的最早首领（见《楚源流史》第四章第一节《彭部族的形成和发展》）。

⑰ 《荀子·修身》云："扁善之度，以治气养生则后彭祖，以修身治命则配尧舜。"杨注："彭祖，尧臣，名铿，封于彭城，经虞，夏至商。"王先谦《庄子集解》引李颐云："彭祖名铿，尧封臣。"

⑱ 史记志疑.

⑲ 世本.

⑳ 王逸注.楚辞·天问.

㉑ 刘向.列仙传.

㉒ 庄子·刻意篇.

㉕ 国语·郑语.

㉖ 山海经·北山经.

㉘ 竹书纪年.

㉙《殷墟书契前编》五、三四.

㉚ 同上书五、一。从《前编》的两则卜辞来看，把"取彭"和"在彭"联系起来，"取"相当于征伐。征讨"在"相当于占据，占领从"辛丑""癸辛"的纪日看，其时间差为十二三天这十二三天，从"取"到"在"恰好是一场战役的主要过程。

㉛《史记·楚世家》。《国语·郑语》记有："彭姓彭祖，豕韦、诸稽，则商灭之矣。"但没有记录是殷商中期还是殷商末期彭祖氏被"灭"。

㉜《神仙传》开头说："彭祖者，姓讳铿，帝颛顼之玄孙也。殷末已七百六十七岁，而不衰老。少好恬静，不恤世务，不营名誉，不饰车服，唯以养生治身为事。王闻之，以为大先。"显而易见，这里的"铿"也不可能是专指彭祖氏的第一代首领，而应是指铿的后人在商代，这彭祖氏铿的后人应当是指"老彭"据《大戴礼记》载商初与仲虺同时代有"老彭"而殷末，据《神仙传》《论语义疏》等书的说法，殷末"彭祖""老彭"还存在于世上，可推知殷代的彭祖氏首领不仅通称"彭祖"也通称为"老彭"。

㉝ 文物.1990(10).

㉞ 马继兴.马王堆古医书考释.

㉟ 朱浩熙.《彭祖》上编.彭祖研究·彭祖养生术浅说.

㊱ 李嘉言.离骚丛说.河南师范大学学报，1982(5).

㊲ 长寿之道.湖北人民出版社，1981(1).

㊳ 参看刘宝楠《论语正义》。考《汉书·古今人表》有老彭。《论语》何晏《集解》引包咸曰："老彭，殷大夫。"《大戴礼记·虞戴德》载，孔子称老彭"政之教大夫，官之教士，技之教庶人，扬则抑，抑则扬，缀以德行，不任以言"；而《论语·述而》孔子称"述而不作，信而好古，窃比于我老彭"正说明两处的"老彭"指一人。

㊴ 谭戒甫.二老研究//古史辨(第六册).上海古籍出版社，1982(1).

◎ 第二篇　彭祖传说研究

彭祖不是神话人物

彭善俊　尚恒元

[作者简介] 彭善俊，运城市地方志办公室；尚恒元，运城学院

[文章来源]《运城学院学报》（2006年第1期）

[内容摘要] 上古时代的彭祖，长期以来被视为神话人物。但时至今天，国内外彭氏宗族仍一致视彭祖为本姓之先祖。作者通过世系传承的研究与先秦古籍的考证，以及为何成为神话人物的分析，确认彭祖为有史可据的历史人物。

关于彭祖其人，有人说纯系神话，不可信；也有人认为是传说中人物。笔者认为：剔除某些荒诞不经的成分外，他是个有史可稽、文献丰富的历史人物，理由有三，分述如下。

一、世系传承，于史可稽

我国古代典籍之丰富，举世罕见，其间虽遭焚书，秦火的人祸，与天灾、岁月的耗损，至今我们仍能从残存的古籍中揭示出彭祖的世系。

我国最早的国别史《国语》，相传为春秋时期鲁国史官左丘明所撰。全书记述了西周末年至春秋时期周、鲁、齐、晋、郑、楚、吴、越八国的历史。书中关于彭祖，有这么一段话：

夫成天地之大者，其子孙未尝不章，祝融亦能昭显天地之光明，以生柔嘉材者也。其后八姓于周未有侯伯，佐制物于前代者，昆吾为夏伯矣，大彭、豕韦为商伯矣，当周未有。已姓昆吾、苏、顾、温、董、董姓，鬷夷、豢龙，则夏灭之矣。彭姓彭祖、豕韦、诸稽、则商灭之矣。①

——《国语·郑语》

这里提到的八姓，据韦昭注，为己、董、彭、秃、妘、曹、斟、芈八姓，他们都是祝融的后裔。大彭即陆终的第三子，名铿，为彭姓，帝尧封之于大彭（今江苏徐州市），后人认为"其道可祖"，故称"彭祖"。

那么，祝融是谁？

昔者黄帝得祝融而辨于南方。②

——《管子·五行》

其帝炎帝，其神祝融。注：祝融颛顼氏后，老童之子吴回也，为高辛氏火正，死为火官之神。③（187）

——《吕氏春秋·孟夏纪》

颛顼氏有子曰犁，为祝融。④

——《左传·昭公二十九年》

由此可知，祝融乃帝喾时的火官，死后被人视为火神。

《史记》的作者司马迁，生于汉代中叶，又是太史公司马谈之子，自然会看到大量的文献资料，根据他的整理、研究，彭祖的世系，渐渐显示出来：

黄帝居轩辕之丘，而娶西陵之女，是为嫘祖。嫘祖为黄帝正妃，生二子，其后皆有天下；一曰玄嚣其二曰昌意，降居若水。昌意娶蜀山氏女，曰昌仆，生高阳……，黄帝崩，葬桥山，其孙昌意之子高阳立，是为帝颛顼也。⑤（P10）

颛顼高阳者，黄帝之孙而昌意之子也。帝颛顼生子曰穷蝉。颛顼崩，而玄嚣之孙高辛立，是为帝喾。⑤（P11）

帝喾高辛者，黄帝曾孙也。高辛父曰蟜极，蟜极父曰玄嚣，玄嚣父曰黄帝。高辛于颛顼为族子。帝喾娶陈锋氏女生放勋；娶娵訾氏女生挚。帝喾崩而挚代立，帝挚立不善崩，而弟放勋立，是为帝尧。……尧知子丹朱不肖，不足授天下而卒授舜以天下。⑤（P13）

帝舜者、名重华、重华父曰瞽叟，瞽叟父曰桥牛，桥牛父曰句望，句望父曰敬康，敬康父曰穷蝉，穷蝉父曰颛顼，颛顼父曰昌意，以至舜七世矣。⑤（P31）

以上是从黄帝至颛顼的传承顺序，而彭祖又是颛顼后裔，且看他的传承关系：

楚之先祖，出自帝颛顼高阳。高阳者，黄帝之孙，昌意之子也。高阳生称，称生卷章，卷章生重黎。……共工氏作乱，帝喾使重黎诛之而不尽，帝乃以庚寅日诛重黎，而以其弟，吴回为重黎后，复居火正，为祝融。吴回生陆终。陆终生子六人，……一曰昆吾，二曰参胡，三曰彭祖，四曰会人，五曰曹姓，六曰季连，芈姓，楚其后也。……彭祖氏，殷之时尝为侯、伯，殷之末世灭彭祖氏。⑤（P1689）

关于彭祖，《史记》三家注还提供以下一些资料：

《集解》："虞翻曰：'名翦：为彭姓，封于彭城。'《世本》：'曰彭祖者，彭城是也。'"

《索隐》："《系本》云：'三曰籛铿，是为彭祖。彭祖者，彭城是。'"

《正义》："《括地志》云：'彭城，古彭祖国也。'《神仙传》云：'彭祖讳铿，帝颛顼之玄孙，至殷末，年已七百六十七岁而不衰老，遂往流沙之西，非寿终也。'"

综上可知，彭祖乃颛顼后裔，上溯可追至黄帝。若以世系推演，其可与舜父瞽叟同世。今图表分解，其传承实关系便一目了然。

二、先秦诸子，多有记述

由于年代久远，载籍残缺，许多记录人物言行事迹的书，大量佚失。例如《太古以来年纪》一书，《又书·艺文志》还著录其书目，到了《隋书·经籍志》便不见记载。又如《世本》一书，为古代史官记录黄帝以来至春秋时诸侯大夫的史书，现在也看不到全本，只能有清代学者从各种书籍中的辑佚。因此关于彭祖的史实，已难辑考。好在从先秦的古籍中的记载，还可以勾画出他的身影。

我国古代杰出的教育家孔子（前551—前479）曾对他的学生说：述而不作，信而好古，窃比于我老彭。⑥（P71）

——《论语·述而》

意思是说，只是讲述而不去著作；相信古代文化而且持热爱的态度，在这方面，我大概很像彭祖吧。由此看来，彭祖应该是个重视传道而且爱好古代文化的人。

战国时期，我国另一位哲学家荀况（约前313—前238）也说：

扁善之度以治气养生，则身后彭祖；以修身自强，则名配尧禹。⑦（P15）

——《荀子·修身》

意思说，如果追求做什么事都要尽善尽美，那么，想通过导引养生获得高寿，人们很难比得上彭祖。但是若论修身自强，则人人可以与唐尧和大禹匹配。由此可见彭祖又是个善于以气功和静动（按：这是道家的一种用来修炼精、气、神的法术，即内丹）而得到长生的人。

由于彭祖是个善于治气养生的人，所以深受道家的崇敬。因此，具有道家思想的庄周（约前369—前286）在他的著作中屡屡提及彭祖。

楚之南有冥灵者，以五百岁为春，五百岁为秋；上古有大椿者，以八千岁为春，八千岁为秋，而彭祖乃今以久持闻，众人匹之，不亦悲乎？⑧（P3）

——《庄子·逍遥游》

天下莫大于秋毫之末，而太山为小；莫寿于殇子，而彭祖为夭。⑧（P23）

——《庄子·齐物论》

夫道，有情有信，无为无形，可传而不可受，可得而不可见"。……彭祖得之，上及有虞，下及五伯。⑧（P63）

——《住子·大宗师》

◎ 第二篇 彭祖传说研究

95

这些话，运用对比，正反论述等手法，从不同的角度来突出彭祖的高寿。

我们还可以从伟大的爱国诗人屈原（前339—前278）的作品中看到彭祖，屈原写道：

彭铿斟雉，帝何飨？受寿永多，夫何久长？⑨（P116）

——《楚辞·天问》

意思是说，彭祖善养性，能调鼎，他进雉羹于尧，使尧食后获得长寿，（但他自己已经活了七八百岁，还嫌不寿）那怎么才算活得长久呢？由此可知：彭祖高寿。

我们还可以引述一些，恕不赘。

综上所述，我们可以这样说，彭祖是一位有学识，善养生，享高寿而备受人们崇敬的人。

三、彭祖为何成为神话人物？

我们从古文献中考察，许多有影响的人物往往被神化，以示不同于常人。至于彭祖，他在哪些方面被人神化了呢？

其一，说他出生便与常人不同。

楚之先，出自帝颛顼，其裔孙曰陆终，娶于鬼方氏，是谓女溃，盖孕三年不育，启其左肋，三人出焉；启其右肋，三人又出焉。⑩

——汉·应劭《风俗通义·六国》

这是说彭祖的母亲怀孕三年才生下他们兄弟六人，而且是从两肋先后出生的。

其实，以此种手法神化一个人在古籍中并不鲜见。

尧母庆都，盖大帝女，生于斗维之野，常在三河东南，天大雷电，有血流润大石之中，生庆都。长大，形象大帝，常有黄云覆盖之，蔑食不饥。年二十，寄伊长孺家，无夫，出现三河，奄然阴风赤龙与庆都合，有娠而生尧。

——魏·宋均注《春秋合诚图》

殷契，母曰简狄，有娀氏之女，为帝喾次妃。三人行浴，见玄鸟坠其卵，简狄取吞之，因孕生契。④（P91）——《史记·殷本纪》

老子者，名重耳。楚国苦县曲仁里人也。其母感大流星而有娠。⑪（P1）

——晋·葛洪《神仙传》

上述三人，一个是其母与赤龙交配，一个是其母吞鸟卵，一个是感大流星而生下他们，这与彭祖的出生何其相似啊！这全是"晚学之徒，好奇尚异"编造出来骗人的话。

其二，说他的寿命竟然长达七八百岁，甚至没有极限。

彭祖者，殷时大夫也。姓篯名铿帝颛顼之孙，陆终氏之中子，历夏而至商末，号七百岁。⑫（P3）

——晋·干宝《搜神记》卷一

彭祖讳铿，帝颛顼之玄孙，至殷末年已七百六十七岁而不衰老，遂往流沙之西，非寿终也。⑪（P1）

——晋·葛洪《神仙传》

据现代科学的研究，证明人的自然寿命超不过二百年，由于天灾，人祸，疾病，生活条件的优劣等内外因素，造成人们生命年限的不等，但是若相差数倍乃至数十倍，甚至长生不老那是绝不可能的事。

参考文献

① 国语 [M]. 上海：上海古籍出版社，1978.

② 管子 [A]. 百子全书：第 3 册 [M]. 杭州：浙江人民出版社，1984.

③ 陈奇猷. 吕氏春秋校释（上）[M]. 上海：上海学林出版社，1984.

④ 十三经注疏 [M]. 北京：中华书局，1980.

⑤ 史记 [M]. 北京：中华书局，1982.

⑥ 论语 [M]. 北京：中华书局，1980.

⑦ 梁启雄. 荀子简释 [M]. 北京：中华书局，1983.

⑧ [清] 王夫之. 庄子解 [M]. 北京：中华书局，1964.

⑨ [宋] 洪兴祖. 楚辞补注 [M]. 北京：中华书局，1983.

⑩ [汉] 应劭. 风俗通义 // 百子全书：第 6 册 [M]. 杭州：浙江人民出版社，1984.

⑪ 太平广记 [M]. 北京：中华书局，1961.

⑫ [晋] 干宝. 搜神记 [M]. 北京：中华书局，1979.

第二篇　彭祖传说研究

彭祖故里话彭祖

赵志存　赵杰

[作者单位] 江苏地方志办公室

[文章来源]《江苏地方志》（2010年第4期）

[内容摘要]

彭祖其人

历史上的大彭国

彭祖与徐州美食

彭祖遗迹

徐州铜山一带是彭祖的受封之地，是彭祖的受姓之地，也是彭祖文化的发祥之地。

一、彭祖其人

远古时期，这里山清水秀，风光旖旎，土地肥沃，资源富饶。一支东夷族部落，在这里采集、渔猎、放牧、农耕，繁衍生息，发展壮大，并建立了原始村落，开始定居，其他部族称之为彭人。何以为"彭"？一说为族人善做大鼓，击之嘭嘭，声音洪亮。鼓声不仅用来召集部族，亦作为礼乐的工具，并发展到用于部族间的战争，指挥队伍的进退。其二，因"彭"的本意是声势浩大，既寓战鼓之声，又寓人体高大，威武健壮，也寓意洪水汹涌澎湃，惊天动地，族人自谓为"彭"。氏族部落首领为彭祖。

彭祖，姓篯（音 jiān）名铿，又称彭铿。据司马迁《史记·五帝本纪》引《索隐》称："彭祖即陆终氏第三子，后为大彭，亦称彭祖。彭祖自尧时举用，历夏、殷，封于大彭。"司马迁又在《史记·楚世家》中说彭祖是黄帝的后裔，颛顼的玄孙，祝融吴回之孙，陆终氏第三子。与楚国芈（音 mi）姓同宗，是楚国祖先季连的哥哥。《五帝本纪》中把彭祖同治水有功的禹、教民稼穑的后稷、"作士以理民"的皋陶、掌管教化的契等传说中对人类社会发展有重大贡献的上古英雄人物并列，说他们在尧之时虽"未有分职"但"皆举用"。

篯铿，其母名女嬇（音 kuì）氏，为鬼方人，陆终氏游历时与之结合。鬼方是华夏民族西部、北部的强梁外族，经常入侵中原。传说女嬇氏三年未育，陆终氏便撒手人寰。女嬇氏分娩时又值难产，便打开两肋，生下六子。三年后，女嬇氏因巨大的创伤也不幸去世。不久，鬼方发生了犬戎之乱，篯铿流离西域，受尽磨难，在困苦穷极之际，刻苦学习养生之道。若干年后，他游历到大彭山下，传授养生之道，救民众于水深火热之中，被推举为部落首领。传说，尧在位时，偶感身体有恙，八方进贡良药也难以痊愈，而彭祖的一碗味道鲜美的野鸡汤便使得尧身体恢复如初，尧便将"彭"这个地方封给彭祖管理。

二、历史上的大彭国

关于大彭国的位置，明万历五年《徐州志》记载："本大彭氏所封，是为彭城，有谓大彭山下，故名者，然不知山因封得名，非以山而名其封也。"《乾隆·徐州府志》记载："古大彭氏封于此山左右，今犹称大彭村。"《同治·徐州府志》沿袭此说："唐尧封（彭祖）于此山左右，其城在大彭山下，距城三十里。"大彭山，即今之大彭镇大彭山，山下有大彭村，村北是古代获水流经的地方（现为黄河故道）。这里群山环绕，土地肥沃，是大彭国创建时的理想之地。当然，关于古代大彭国的位置，还有许多说法，如《读史方舆纪要·江南》记载："徐州之城，古大彭氏国也。"《读史方舆纪要》又载："城东北八十里，有彭城故县，或以为汉县。"其实，冈岭四合的徐州，可能是大彭氏国逐渐壮大起来后的国都，而利国的彭城废县，则可能是大彭氏国的活动范围。

大彭氏国在历史上的存在，从河南安阳殷墟发现的甲骨文中可得到证实。甲骨文中有几十处关于"彭"的记载，罗振玉《殷墟书契·前编》收录有一片甲骨文，卜辞曰："辛丑卜，亘，贞乎取彭？"是说商王武丁在辛丑这一天占卜，问一名叫"亘"的贞人，夺取大彭国是否能成功。这不仅证实了大彭国的存在，还将彭地即今之徐州有文字记载的历史上溯到3200多年前。

大彭氏国是同夏王朝同时代的封国。据《逸周书》、《竹书纪年》等古籍记载：夏启十一年，诸子争权，夏启将小儿子武观放逐到西河（今之河南安阳）。十五年，武观叛乱。夏王启命令彭伯寿率军讨伐。彭伯寿大获全胜，活捉武观。彭伯，即为当时大彭氏国的国君，并且是夏代的一个伯主。

商朝建立后，大彭氏国成为商王朝的一个方国，与奄、侁、邳互为盟国。约公元前1549年，邳人、侁人叛乱，商王命大彭氏国平定邳、侁叛乱。商朝传至第二十三代国王武丁时，势力最为强盛，连年征讨周围的方国。约公元前1158年（商武丁四十三年）"王师灭大彭"（《竹书纪年》）。《史记》也记载：彭祖氏在"殷之世尝为侯伯，殷之末世灭彭祖氏"。从此，大彭氏国灭亡，彭城成为商的附庸或城邑。

三、彭祖与徐州美食

大彭氏国从篯铿受封到灭国，大体经历了800至1000年。传说彭祖长寿八百岁也是因此而附会。彭祖性恬静，善于治气养生，比一般人长寿是可能的，但要活七八百岁，这是不可能的。恩格斯认为："氏族有一定名称或一套名称，在全部落内只有该氏族才能使用这些名称，因此，氏族个别成员的名字，也就表明了他属于哪一个氏族。"由此可见，彭祖所在的氏族也就称为"彭祖氏"。司马迁在《史记》中就是用"彭祖氏"来称呼彭祖所属部落的氏族和方国的。所谓寿七百、寿八百者，实际上是彭祖氏族存在的时间，而不是彭祖个人的寿数。

彭祖长寿与饮水和美食密不可分。相传他开挖了天下第一井——彭祖井。唐朝诗人皇甫冉有《咏彭祖井》一诗云："上公旌节在徐方，旧井莓苔近寝堂。访古因知彭祖宅，得仙何必葛洪乡。清虚不共春池竟，盥洗偏宜夏日长。闻道延年如玉液，欲将调鼎献明光。"这首诗，道出彭祖长寿的奥秘所在，原来是徐州的水，似琼浆玉液，使得彭祖寿比南山。

彭祖是我国烹饪界公认的鼻祖，是徐州美食的源头。民国初年，徐州北门的彭祖庙尚存，庙内大殿上抱柱有楹联为"烹饪高墙难易进，还需青鸟引路前"。徐州的厨师每年的旧历六月十五日与年终两度举行灶君会，尊奉祖师彭祖。

彭祖因进奉雉羹而被封疆列土。其雉羹的主要原料为野鸡和稷糁，二者同放锅中，熬至雉酥脱骨，稷熟出汁，再以盐调味。《大彭烹事录》说"雉羹为历代皇帝视为珍品"，被誉为"天下第一羹"。雉羹传至今日，已演变为徐州独有的早餐名点—饣它（sha）汤。其制作也演进成今天的母鸡配麦仁、着八大味等熬制而成。现徐州仍有一道名菜"鱼羊藏方"，亦传始于彭祖。相传彭祖的小儿子夕丁喜好捕鱼捉虾。一天，他捕到一条鱼让他母亲烹制，其母将鱼藏入割开的羊肉中同烹。彭祖回来后吃羊肉时，觉得有异香，极为惊异，经妻子说明，以后如法炮制，果然鱼香非凡。"鲜"字即取鱼、羊同烹之意。有异族血统的彭祖喜食羊肉，这也为今天的徐州人喜食伏羊的传统增添了佐证。

《楚辞·天问》篇记有："彭铿斟雉，帝何飨？受寿永多，夫何久长？"彭祖的雉羹开古彭风味饮食之肇端，一时间古彭饮食声名鹊起。齐桓公的御厨易牙曾三次赴彭城学艺，后齐桓公九会诸侯时曾制作"八盘五簋"席宴请各路王侯。技艺有成的易牙还取五味子同母鸡一起清炖，自创了"易牙五味鸡"。至今徐州厨行还流传着"燧人取火熟食兴，篯铿执鼎起烹精。三材五味有调理，曩法技艺源彭城"的古谚。从易牙起不时地有名人为徐州的饮食文化添砖加瓦：吕雉的"牝鸡抱蛋"，虞姬的"龙凤宴"，项羽的"霸王别姬"，樊哙的"鼋汁狗肉"，刘裕的"龙门鱼"，白居易的"乐天鸭子"，关盼盼的"葱烧孤雁"，苏轼的"东坡肉"……

四、彭祖遗迹

传说彭祖飘然而去渺无踪迹，其寿体葬于大彭故土。北魏郦道元《水经注》说彭祖"葬于彭城下"。《铜山县志》载有元朝杨少愚《过彭祖墓》一诗："七七弯弦续未休，韶光八百若如流。当时若解神仙术，更许耆龄亿万秋。"后由于兵灾、水患，彭祖冢堙没于元、明之间。

彭祖是徐州人的始祖，曾有彭祖宅、彭祖井、彭祖楼、彭祖庙、彭祖墓等遗迹。如彭祖楼，《水经注》记载："彭城东北角起层楼于其上,号曰彭祖楼……。耸望川原斯为佳处矣。"徐州诗人陈师道有《登彭祖楼》诗作:"城上危楼江上城,风流千载擅佳名。水兼汴泗浮天阔,山入青齐焕眼明。乔木下泉余故国,黄鹂白鸟解人情,须知壮士多秋思,不露文章世已惊。"今彭祖楼已不复存在。1985 年,徐州南郊风景区辟建彭园,并在园内用花岗岩雕塑一尊彭祖像,以示永恒纪念。今天的彭祖园深入挖掘和丰富彭祖的文化内涵,在彭祖石牌坊、东大门、彭祖祠、大彭阁等处撰刻了大量的反映彭祖文化的楹联。在彭园东门的牌坊上刻着"八百春秋古今人瑞一彭城,四轮晦朔华夏金城冠徐州";侧面、后面则刻着"尧舜禹同时已齐日月悬千古,天地人共敬堪与云泉作四邻""述而不作圣人兴叹,寿兮无匹屈子问天"等。彭园东大门楹联为"彭祖爱身益寿延年垂佳话,徐王厌占行仁慕义留美名";彭祖祠楹联为"彭寿无疆万古千秋永膺祀典,祖恩广育黎民百姓同上春台","寿星不落重千古,风范长存播九州";大彭阁楹联为"寿逾三代雄霸一殷道贯华夏四千,德厚五方泽被万世神游环宇八极"等。诸楹联歌颂了彭祖的伟绩以及他在治国、福寿、养生、饮食等方面的突出贡献,全面反映了彭祖文化的内涵。

在东汉时期,铜山县大彭村即建立了彭祖庙,唐、明、清曾三次修复。据当地村民说,原彭祖庙有大殿和东西配殿。大殿内立有彭祖像,光头、赤足,高约四米。"破四旧"期间,该像被砸,当地老百姓发现它原是一尊外附一层泥的铁像,于是惊恐万状纷纷跪拜。在彭祖像的左右两边有一男一女桃花和周伍站班。该殿的东西墙有瘟、刘、马、赵(均为同朝人物)四尊神像。东配殿立有观音像。彭祖庙因"文革"和其后的采煤而毁之。彭祖庙不远处即有彭祖亲手所挖的天下第一井——彭祖井。明代马蕙曾为之作《彭祖井》一诗:"古井城边不记年,名留彭祖世相传。玉绳汲虎人何在?金鼎蟠龙客已仙。瓷石苔侵秋雨积,梧桐叶落晚风旋。谁能更把寒泉浚?一饮须教寿八千。"庙的东北角有彭祖墓和残碑一块。从庙门通往大彭山还有一神道。

近年来,彭祖遗迹得到修复和重建。1993 年,彭祖庙易址得以重建。庙为仿汉建筑院落,紫墙红瓦,古朴典雅。三开殿,高 10 余米。内建彭祖祠,匾额为"彭祖祠",两边楹联为:"大彭山下垦土拓荒第一人,获水河边养生创道导先河。"彭祖像仿彭祖铁像镏金所制,高高耸立,慈眉善目。四周的壁面展示了彭祖身世和建立的辉煌业绩。整个庙院 300 平方米。彭祖不仅是彭的始祖,而且也是徐州人的人文祖先。今人重修彭祖庙也表现了人们对这位始祖的无限景仰之情。

彭祖井也得到整理。地处一池塘边的彭祖井用不规则的石块砌成，口有井台，泉清水旺，上覆以四角凉亭，凉亭朝南向上悬一青石板，横书"天下第一井"大字。亭侧立石碑，上镌"彭祖井"。

　　1994年，坍废已久的彭祖墓易址重修，由彭祖井东行不远处即为重建彭祖之陵。陵墓面南背北，大门立有巨石牌坊，牌坊纹云雕龙，气势恢宏。牌坊正中上镌"大彭始祖之陵"。牌坊两侧石柱刻有楹联，内联为"遐哉硕仙时唯彭祖，道与化新绵绵历古"；外联为"隐伦去室灵著风雨，二虎啸时莫我猜悔"。在牌坊下抬首即可看到彭祖墓，墓前有碑，上刻"大彭氏国故彭祖碑"，碑后刻有潘岳先生撰写的碑文。

第三篇

彭祖文化初探

第三篇　彭祖文化初探

初识彭祖文化

梁白泉

[作者简介] 南京博物院研究员

[文章来源]《艺术学界 Art study》（2013 年第 02 期）

[内容摘要] 彭祖作为中国古代神话传说中长生不老的代表人物，承载着诸多文化因素。彭祖文化和道教以及古代中国人追求长生的思想密不可分。作者以彭祖考古发现、彭祖文化遗存、有关彭祖的文献记载以及历史地理学为研究基点，从神话、方术、道家、仙家、科学等方面分析了彭祖在一定历史阶段出现于江苏徐州地区的可能性。

读彭祖，好像读神话一样。神话是初民社会的历史。马克思认为："任何神话都是用想象和借助想象以征服自然力、支配自然力，把自然力加以形象化。"神话是"通过人民的幻想用一种不自觉的艺术方式加工过的自然和社会形式本身"。从神话发展到历史，恩格斯曾说："历史就是我们的一切。"

在我国，梁启超说："中国于各种学问中，唯史学为最发达；史学在世界各国中，唯中国为最发达。"于是有学者说："历史是中国人的宗教！"

恩格斯又曾经说："历史事件似乎总的说来是由偶然性支配着的。但是，在表面上是偶然性在起作用的地方，这种偶然性始终是受内部的隐蔽着的规律支配的。而问题是在于发现这些规律。"恩格斯很重视规律。他说："恰巧某个伟大人物在一定时间出现于某一国家，这当然纯粹是一种偶然现象。但是，如果我们把这个人除掉，那时就会需要有另外一个人代替他，并且这个代替者是会出现的——或好或坏，但随着时间的推移总是会出现的。""这点可以由下面的事实来证明，即每当需要有这样一个人的时候，他就会出现……"

彭祖这个人物在一定历史阶段在徐州这个地区的出现，我们也可以作如是观。我们试一试，来做一些可能的解析。

彭祖形成于道家、仙家，这个文化现象和后来的道教的关系密不可分。徐州学人戚云龙先生有幸收藏到一枚战国楚简《彭祖》。简文为："耈老曰：'三去其二，岂若己？'彭祖曰：'吁，汝孳孳布问，余告汝人伦。'……耈老曰：'眊眊余朕孳，未则于天，敢问为人？'彭祖曰：'既只于天，或椎于闲……父子兄弟，五祀必周……'"

《尚书·商书·微子》载："咈其耈长。"《诗·小雅·南山有台》："遐不黄耈。"《传》：老也。《释文》：寿也。《左传·僖二十二年》（公元前638年）："虽及胡耈，获则取之。"此年春，"公伐邾，取须句，反其君焉，礼也。"《说文》："耈，老人面冻黎若垢。"《释诂》曰："耈老，寿也。"《小雅》毛传曰："耈，寿也。"孙炎曰："耈，面冻黎色如浮垢，老人寿征也。"

彭祖一族或曾南迁，江南无锡有彭祖墩遗址。2000到2002年，经过三次考古发掘，确认有三期文化遗存：第一期马家浜时期，出土房址1座，灰坑12座，墓葬33座；第二期距今有6300年出土商周时期灰坑37座，彭祖墩位于锡山市鸿声镇伯渎港畔，东、南、西一面环水，是长江三角洲最早新石器时代遗址，为马家浜文化和商周文化遗存。郦道元（约467—527）《水经注》，亦记录了徐州彭祖城，彭祖楼和彭祖冢的所在。

"彭祖"，文献中可征者有《论语·述而》："述而不作，信而好古，窃比于我老彭。"而庄子可能是最早把"彭祖"引进历史的智者。《庄子·逍遥游》载："楚之南，有冥灵者，以五百岁为春，五百岁为秋；上古有大椿者，以八千岁为春，八千岁为秋。而彭祖乃今以久特闻。众人匹之，不亦悲乎！"其他典籍亦可见关于彭祖记载，如《齐物论》："天下莫大于秋毫之末，而泰山为小；莫寿于殇子，而彭祖为夭。天地与我并生，而万物与我为一"；《大宗师》："夫道彭祖得之，上及有虞，下及五伯"；《刻意》："吹呴呼吸，吐故纳新，熊经鸟申，为寿而已矣。此导引之士，养形之人，彭祖寿考者之所好也"；《列子·力命》："彭祖之智不出尧、舜之上，而寿八百"；《荀子·修身》："扁善之度：以治气养生，则后彭祖；以修身自名，则配尧、禹"；《吕氏春秋·贵生》："俗主亏情，故每动为亡败。耳不可赡，目不可厌，口不可满；身尽府种，筋骨沉滞，血脉壅塞，九窍寥寥，曲失其宜。虽有彭祖，犹不能为也。"

此外在《史记·五帝纪》也有关于彭祖的描述："尧使摄政。摄政八年而尧崩。三年丧毕，让丹朱，天下归舜。而禹、皋陶、契、后稷、伯夷、夔、龙、倕、益、彭祖自尧时而皆举用，未有分职。"《索隐》："彭祖即陆终氏之弟三子籛铿之后，后为大彭，亦称彭祖。"大彭简称彭，也称彭城。彭祖经历夏、商两朝，至商末年已经376岁，善气功，修身养性，故不衰老，还担任过商朝藏书室的官员守藏史。

江苏社会科学学者王文清关于彭祖研究归纳几点可供参考：

在古代，彭祖是人名，也是氏族部落名，所以彭祖也称彭祖氏，又是国名，所以也称为彭祖国。"彭祖八百岁"的传说，可能反映了彭祖国大概经历了八百年。彭祖在尧时受封，成为夏王朝的属国。夏王太康时，武观叛乱，太康叫彭伯寿率军征伐，武观归顺了夏王。此彭伯寿，当是大彭国叫作"寿"的国君。

商时，大彭国为商王朝的方国。商末，大彭国力量强大，史载"大彭，已韦商伯"两国成为商诸侯国之长。因大彭国强大，遭到商王的妒嫉和武力征伐。商王武丁四十三年（前1282年）灭大彭，从尧时至此年，大体上经历了八百年。

商王朝治下的大彭国，当是奴隶制的侯国。铜山县丘湾商代遗址，遗存了75平方米人祭遗存，围绕四块石头，有20具男女青壮年人骨架，两个人头，12具狗骨架，"殷人之礼，其社用石"，此种"石社""石主"，以战俘当作牲畜来祭祀鬼神，称"人祭"。用战俘或奴隶来祭祀社神，是当时东夷族的祭祀制度。

西周时，作为方国的徐国逐步强大，与奄国共同反周。穆王时，徐偃王成为东方首先称王的王国。夏时助禹治水有功的伯夷，即徐国先祖，起源于"玄鸟"，以鸟名官，有凤鸟氏、玄鸟氏、伯赵（伯劳）氏、青鸟氏、丹鸟氏以及五鸠、五雉、九扈等官职。这种"玄鸟"就是燕子。玄鸟氏有少暤氏部落，后来建闾的郯，即少暤之后，皋陶后代的英、六、蓼和群舒等国，都是偃姓。嬴、盈、偃等称，都起源于燕子。徐偃王开挖了中国历史上最早的运河，"好行仁义"，开河时出土了"朱弓朱矢"视为天瑞，是徐国第一个称王的国君。

王文清的推断不无道理。

《礼记·王制》说："中国夷戎，五方之民，皆有性也，不可推移。东方曰夷，被发文身，有不火食者矣；南方曰蛮……西方曰戎……北方曰狄……"考古学上的大汶口文化、龙山文化和岳石文化，反映广齐、鲁地区的古文化；城市的兴起（包括连云港地区藤花落遗址的城市兴起）、文字的萌芽、铜石并用和占卜之风的流行。这个地区即东夷人的分布所在，包括自然生态的面貌。《吕氏春秋·古乐》："商人服象，为虐于东夷。"象、兕之外，有獐、鹿、狸、扬子鳄等野兽，有牛、猪、狗等家畜的豢养。周公因师逐大象至于江南，做音乐《三象》嘉美之。

东夷在淮河流域分布着，史称淮夷。《诗经》中有《江汉》《常武》《泮水》和《閟宫》诸篇，青铜器有《兮甲盘》《过伯簋》《曾伯𪘏簠》等铭文记其事。

东夷与鸟夷、岛夷一致，奉鸟为图腾。凤鸟也出在东夷地区。《说文》："凤，神鸟也……出于东方君子之国，翱翔于四海之外……见则天下安宁。"东夷崇鸟也可从其他史料中得到论证。前秦时王嘉《拾遗记》，记少昊之母"泛于海上以桂枝为表，结煎茅为旌，刻玉为鸠，置于表端，言鸠知四时之候，故《春秋传》曰'司至'是也"。有学者认为这"桂枝表"即"图腾柱"（TotemPole）。出土文物有大汶口文化早期的长岛大黑山遗址夹砂红陶鸟图腾柱、绍兴战国墓铜屋顶立鸠鸟图腾柱可以证明。

又《诗经·商颂·玄鸟》："天命玄鸟，降而生商。""玄鸟"即燕子。虽然历代气候多有变化，仍可知道淮河中下游生物的多样性。竺可桢（1890—1974）研究近5000年的气候变迁，指出滨海的古郯国，每年观测家燕（Hirundorusticaguttaralis）最初来到的时间以测定"春分"的到来，以此作为农业开始的先兆。鸟类学家做了专门的观察。到近代，家燕已飞不到淮河下游，在每年"3月22日来到长江下游、上海一带，每年如此"了。

需要说明的是,商部族出于东夷,为鸟夷之一部。王国维(1877-1927)认为商居亳,其地在今山东曹县。徐中舒(1898-1991)认为"古代环渤海而居之民族即为中国文化之创始者,而商民族即起于此"。傅斯年(1896-1950)认为"商代发迹于东北渤海""大兖周是其建业之地"。徐旭生(1888-1976)认为"洪水发生及大禹所施工的地域,主要的是兖州";"禹妃或出于东夷集团,禹与该集团有婚姻的关系"。

此外,古代还有"扶桑"之说,指日出之地有太阳神树,学者认为是与太阳和太阳神鸟三位一体,即大地崇拜、太阳崇拜与鸟图腾祖先崇拜,三者结合的产物即"社树"。这与东夷太昊、少昊集团活动地望密切相关。

关于东夷,我们还可以从甲骨文中"人""夷""大"的字形窥知一二。甲骨文中"人"作" ",像人侧立之形。"夷"作" ",与"人"字相似,下肢稍作弯状。徐中舒的解释是:"夷人多为蹲踞,与中原之跪坐启处不同,故称之为尸人,尸人假夷为之,故蹲踞之夷或作銕踞而尸则借为屍。"甲骨文又有"大"字,作" "" "像人正立之形,是带了弓箭的氏族或初民。

《说文》对于"夷"的解释也印证了这一点:"夷,平也,从大从弓,东方之人也。"而段玉裁(1735-1815)注《说文》说"平"字为浅人所改。近人有认为"从大从弓"是误读者,应改作"从矢从弓"。东夷与西夏是对称的。周起于西,入主中原后,对商人与东夷存在敌视政治心理,"夏"为雅言、"夷"为方言。"夷"逐渐降格为含有贬义的名词。《说文》:"夏,中国之人也。从夂,从页,从白。白,两手;夂,两足。"《方言》:"自关而西,秦晋之间,凡物之壮大者而爱伟之,谓之夏。""夏"也含"大"的意思。

人类进入阶级社会以后,占统治地位的人,无论中外,都有两方面的强烈愿望:一方面企图自身健康(goodhealth)、长寿(longevity)和不死(immortality),另一方面追求拥有财富(wealth),享受黄金与白银,由此产生了遍及东、西方(中国及印度、古希腊、阿拉伯)的炼丹术和炼金术(alchemy)。

《史记·封禅书》便有古人求长生梦记载:"自齐威、宣之时,论著终始五德之运。及秦帝而齐人奏之,故始皇采用之。而宋毋忌、正伯侨、充尚、羡门高最后皆燕人。为方仙道形解销化,依于鬼神之事。驺衍以阴阳主运显于诸侯,而燕、齐海上之方士传其术不能通,然则怪迂阿谀苟合之徒自此兴,不可胜数也。自威、宣、燕昭使人入海求蓬莱、方丈、瀛洲。此三神山者,其传在渤海中,去人不远患且至则船风引而去。盖尝有至者，诸仙人及不死之药皆在焉。其物禽淳尽白而黄金银为宫阙，未至望之如云；及到，三神山反居水下，临之风辄引去，终莫能至云。世主莫不心焉。及至秦始皇并天下至海上，则方士言之不可胜数。始皇自以为至海上而恐不及矣。使人乃赍童男女，人海求之。船交海中，皆以风为解曰，未能至望见之焉。其明年，始皇复游海上，至琅琊，过炬山，从上党归。后三年，游碣石，考人海方士，从上郡归。后五年，始皇南至湘山，遂登会稽并海上，典遇海中三神山之奇药不得，还至沙丘崩。"

方士到汉代多成为仙人。从道家、仙家到道家，燕、齐沿海一带是渊源之地。而东夷地处滨海之地。《山海经》中的《东山经》《海内经》《海外经》和《大荒经》记这一地区，对次读到"不死之草""不死之树""不死之山""不死之国"和"不死之民"。此外，《庄子》中《大宗师》《刻意》《田子方》《徐无鬼》诸篇，也多次提到"真人"。在《天下》篇中也提到："天下之治方术者多矣，皆以其有为不可加矣。古之所谓道术者，果恶乎在。"《说文》也载："真，仙人变形而登天也。""仙，长生仙去。"刘熙《释名·释长幼》："老而不死曰仙。"王充（27-97）《论衡》："仙人之形，体生毛，臂变为翼，行于云，则年增矣。"

学者蒙文通（1894-1968）论说战国神仙之术约有三派："'行气'派以南方楚国为代表，祖称王乔、赤松；'服食'派以燕、齐为盛，称羡门、安期；'房中'派以秦国显著，称荣成、彭祖。"后一派到东汉才列入。

李约瑟（I）（Dr. Joseph Needham, 1900-1995）认为："在早期方术和科学之间有着密切的关系。"的确如此。

道家所说神仙所居"十大洞天"中，委羽山、天台山、括苍山、罗浮山、句曲山和林屋山，都分布在沿海的苏、浙、闽地区，占60%。这一带道教活动频繁。东汉张道陵，沛国丰人，学长生之道，得黄帝九鼎丹法，会行气，导引，房中术，服食草木数百岁之方。将《九鼎大要》付弟子王长（一作王良），预言赵昇将来聚会，至期果然。七试赵昇，授以《丹经》。顾恺之（346-407）有《画云台山记》七试赵昇图。傅抱石（1904-1965）细考云台山，不类长江景物，称此阁"实是画史上空前的奇迹"。个人颇疑就是今连云港一带海陆景色。张道陵人蜀，创道教中的正一道，俗称"五斗米道"，与获得神书《太平经》的琅琊人于吉，在徐土一带深有影响。《晋书·王羲之传》说"王氏世事张氏五斗米道"，羲之（321-379）之外"凝之弥笃"。

東汉名医华佗（约145-208），谯（今安徽亳县）人，游学于徐土。"佗"即"它"，指蛇、蚰，亦即虫，非他本名，善治虫病。他的导引、服食属衍生延寿派。创虎、鹿、熊、猿、鸟"五禽"之戏。发明麻沸散。尝语弟子吴普："人体欲得劳动，但不当使极尔。体常动摇，谷气得消，血脉流通，疾则不生。卿见户枢，虽用易腐之木，朝暮开闭动摇，遂最晚朽，是以古之仙者，赤松、彭祖之为导引，盖取于此也。"

汉代成书的药物学著作《神农本草经》，书中屡言"长生不老""不老神仙"，收药物365种，其中植物药最多，占252种，次动物药67种，矿物药46种，主药、辅药有"君、臣、佐、史"的关系，性有"酸、咸、甘、苦、辛"五味，"寒、热、温、凉"四气。由此奠定了药物学的基础。

东汉末，吴人魏伯阳所著世界炼丹史上最古老的医著《周易参同契》，而《内丹歌》是现存最早炼丹工具"丹鼎"的记载。

可见求长生不老人皆趋之。汉宣帝（前70 - 前49）时待诏、谏大夫王褒《圣主得贤臣颂》言及彭祖："遵游自然之艺，恬淡无为之场。休徵自至，寿考无疆。雍容垂拱，永永万年。何必偃仰诎信若彭祖，呴嘘呼吸如侨、松，眇然绝俗离世哉！"刘向《说苑》："介子推行年十五而相荆，仲尼闻之，使人往视，还曰：'廊下有二十五俊士，堂上有二十五老人。'仲尼曰：'令二十五人之智，智于汤武；并二十五人之力，力于彭祖。以治天下，其固免矣乎？'"又班固（32-92）《弈旨》："纰专知柔，阴阳代王，施之养性，彭祖气也。"魏文帝曹丕（187-226）亦言：《与钟繇九日送菊书》："谨奉一束以助彭祖之术。"

嵇康（223-262）答向秀《难养生论》："欲验之以年，则朝菌无以知晦朔，蟪蛄无以识灵龟。然则千岁虽在市朝，固非小年之所辨也。彭祖七百，安期千年，则狭见者谓书籍妄记。"在《宅无吉凶摄生论》中又指出："然则寿夭果可求耶？不可求也？既曰彭祖七百，殇子之夭，皆性命自然；而复曰不知防疾，致寿去夭。求实于虚，故性命不遂。""百年之官，不能令殇子寿，孤逆魁罡，不能令彭祖夭。"

晋惠帝时，牵秀作《彭祖颂》："于休彭公，应运特生，穷神知化，妙物通灵，挹之不冲，满之不盈，韬光隐曜，混沌玄清，确乎其操，邈乎其度，含真荡秽，离俗遗务，托神玄妙，游心泰素，享年七百，宝降其祚，惠我无疆，伦道作故。"

旧题刘向（前77-前6）撰《列仙传》，《四库全书》总其成的纪昀（1721-1805）认为《汉志》载刘向著作67篇，无此书，疑《列仙传》为魏晋间方士所依托，当是《隋志》所载晋时郭元祖撰的《列仙赞序》。郭元祖《列仙传赞·彭祖》："遐哉硕仙，时惟彭祖。道与化新，绵绵历古。隐伦玄室，灵著风雨，二虎啸伺，莫我猜侮。"

晋道士葛洪（约281-341）著《抱朴子》70卷，内篇论神仙、炼丹、符箓，外篇论政治人事。其论神仙，除彭祖外，列另一人黄山君。黄山君修彭祖之术，年数百岁，尤有少容。亦治地仙，不取飞升。彭祖既去，乃追论其言，为《彭祖经》。得彭祖经者便为木中之松柏也。

道教说无神通力之仙为地仙。唐代司马承祯著《天隐子》说："在天曰天仙，在地曰地仙。"又有《仙经》说："中士游于名山，谓之地仙。"有神仙之才，无神仙之分，得长生不死，而做陆地游闲之神仙，为仙乘中之中乘者也。

《抱朴子》书中对天花（smallpox）恙虫病做了世界最早的论述。在《抱朴子·杂应》篇中，述说"乘跷"之法："或用枣心木为飞车，以牛革结环剑以引其机""上升四十里，名为太清。太清之中，其气甚罡，能胜人也。师言鸢飞转高，则但直舒两翅了不复扇摇之而自进者，渐乘罡气故也。"当代历史学者王明（1911-1992）认为，"这里道出了直升飞机螺旋桨的原理，以及提到有关大气压的问题。值得注意的是，它是距今1600多年前世界上远没有发明直升飞机如螺旋桨的时候提出来的，奇就奇在这里有大胆变革、创新的思想。这不是一般宗教家的幻想，而是杰出的古代科学家的巧思，一切因循守旧的腐儒们是没法进入古代科学技术的殿堂的"（1988年为胡孚琛著《魏晋神仙道教》所作的序言）。葛洪《神仙传》继续郭元祖的《神仙传赞》列入彭祖。

和西方点金术寻求黄金不同，我国古代哲人中的炼丹家是寻求长生不死之药。对于葛洪的"金丹"成就，当代化学家袁翰青（1905-1994）认为他已经具备这样的知识：由硫化汞制水银，铅能变成红色的四氧化三铅（Pb_3O_4），从它分解出铅、雌黄（As_2S_3）和雄黄（As_2S_2）两种化合物加热后升华，铁与铜盐有取代作用，能制成外表像黄金如白银的几种合金。"后来传到阿拉伯，成为近现代化学的根源。"

炼丹药物，因含汞等物质是有毒性的。汉代《古诗十九首》其一就曾告诫："人生忽如寄，寿无金石固。万岁更相送，贤圣莫能度。服食求神仙，多为药所误。不如饮美酒，被服纨与素。"唐代宪宗李纯（778-820）、穆宗李恒（792-824）、敬宗李湛（810-827）、武宗李瀍（814-846）和宣宗李忱（810-859）都是服药致死的。据韩愈（768-824）依《故太学博士李君墓志铭》，当时工部尚书归登，殿中御史李虚中，刑部尚书李逊，逊弟刑部侍郎建，襄阳节度使工部尚书孟简，东川节度御史大夫卢坦，金吾将军李道古等，皆死于服丹。但道家、道士都说这是"羽化""仙去"，所以还是有人继续服用丹药。

日本丹波康赖在日本永观二年（公元984年，宋太宗雍熙元年）集我国唐代及唐代以前药方30卷出版。该书卷26为延年、断谷诸术，卷27为养生导引，卷28为房中术，抄存了大量药方。在卷27中，有"彭祖曰，养寿之法"，"彭祖曰，重衣厚褥"；"彭祖曰，人之爱气"；卷28"采女问彭祖延年益寿之法"；"彭祖曰，皇帝御下二百女而登仙"；"彭祖曰，男子欲得大益者"及若干药方。

唐宋以来修彭祖风气不绝。唐高宗（628-683）年间，初唐王勃、杨炯、卢照邻、骆宾王"初唐四杰"之一的杨炯（650-约693）所作《庭菊赋》："降文屋之命，修彭祖之术。"贾岛（778-843）有《送玄岩上人归西蜀》诗："玉垒山中寺，幽深胜概多。药成彭祖捣，顶受七轮摩。去腊催今夏，流光等逝波。会当依粪扫，五岳遍头陀。"

苏东坡（1037-1101）是文人中入迷养生的一个典型。元丰元年（1078）知徐州，元祐元年为登州太守，作有两首诗咏海市蜃楼。"养成丹灶无烟火，点尽人间有晕铜"；"东方云海空复空，群仙出没空明中"。元祐六年（1091）为颖州（今安徽阜阳）知州。曾去濠州（今安徽凤阳），因云母山，云彭祖所采服也，作《彭祖庙》七绝诗："跨历商周看盛衰，欲将齿发斗蛇龟。空餐云母连山尽，不见蟠桃著子时"。

东坡喜佛家瑜伽，更嗜道家炼丹。"内丹"炼肚脐以下的部位，"外丹"炼长生不死之药。求长寿术，在黄州时入一道士观，闭关七七四十九天，练习打坐、绝食和气功。他给一位做过参知政事，知陈州的朋友张方平（1007-1091）写过一封推荐修炼方法的信说："每夜以子后披衣起，面东或南，盘足叩齿三十六通，握固闭息，内观五脏，肺白肝青脾黄心赤肾黑。次想心为赤火，光明洞澈，下入丹田中。待腹满气极，即徐出气，唯出入均调，即以舌接唇齿，内外漱练精液，未得咽。复前法闭息内观。纳心丹田，调息漱津，皆依前法。如此者三。津液满口，即低头咽下，以气送入丹田。须用意精猛，令津与气谷谷然有声。径入丹田，又依前法为之。凡九闭息三咽津而止。然后以左右手热摩两脚心，及脐下腰脊间，皆令热彻。次以两手摩熨眼面耳须，皆令极热。仍案捉鼻梁左右五七下。梳头百余梳而卧，熟寝至明。"

他写过一篇《续养生论》，对各种硫化汞药剂，特别感兴趣。

写过《阳丹》《阴丹》两篇杂记。直到辞世前，一直想要求得"道士丹"。有朋友求长寿良方，他回复四句要言："一、无事以当贵；二、早寝以当富；三、安步以当车；四、晚食以当肉。"此外还写过一些小品：《安期生》《读道藏》《药诵》《问养生》《黄庭经赞》《和读山海经》《养生偈》《龙虎铅汞论》等。又和好友沈括（1031-1095）合编过一本医方的书，名《苏沈良方》。

到明代，曾官陕西行太仆卿陈耀文作《天中记》，还说："武夷山，《列仙传》篯铿炼丹之所也。篯铿进雉羹于尧，尧封于彭城。故谓之彭祖，年七百七十七岁而卒。铿有子二人，其一曰武，其二曰夷，因以名山。"

中医史上另一个创举，是"针"灸疗法的发明。"针"法与"东方之人"有关。黄帝《素问》24卷，《四库全书》编者认为周、秦间人所作。《素问·异法方宜论》说："故东方之域，天地之所始生也，鱼盐之地，海滨傍水，其民食鱼而嗜咸，皆安其处，美其食，鱼者使人热中，盐者胜血，故其民皆黑色疏理，其病皆为痈疡，其治宜砭石。故砭石者，亦从东方来。"《素问·宝命全形论》又说："故针悬布天下者五，黔首共余食，莫知之也。一曰治神，二曰知养身，三曰知毒药为真，四曰制砭石大小，五曰知腑脏血气之诊。"

隋代名医全元起注曰："砭石者，是古外治之法，有三名，一针石，二砭石，三镵石。其实一也，古来未能铸铁，故用石为针，故名之针石。言工必砥砺锋利，制其大小之形，与病相当。黄帝造九针以代镵石。上古之治者，各随方所宜，东方之人多痈肿聚结，故砭石生于东方。"砭，《说文》解释为："砭，以石刺病也。"经络是人体运行气血的道路，其干线名经，分支名络。它把人体结成一个表里上下、脏腑器官相沟通联系的统一整体。

长沙马王堆三号汉墓出土帛书中有《足臂十一脉灸经》《阴阳十一脉灸经》《五十二病方》和《导引图》。前两者是已知我国最早经脉学专著，也是最早灸疗学专著。分别论述了十一条经脉的循行路线及相应的病症与疗法。晋初皇甫谧（215-282）著《针灸甲乙经》12卷，记述穴位349个，明确进针深度、时间、留针时间和艾灸时间，是针灸史上里程碑式的专著。砭石还用于按摩和热熨。1964年湖南长沙下麻战国墓曾出土按摩热熨的石器，同年湖南益阳桃博战国墓也出土了用于按摩的凹形圆石。

英国生化学家，著名科学技术史研究专家李约瑟（1900-1995），博士，1979年在香港曾作《中国古代科学》的讲演，与上述各节有关的观点有以下一些：

"火药与火器的壮丽史诗由炼丹开始";"中国文化以经验主义为主导";"伟大的根本性概念——即化学反应可以创造奇迹,赐予人生命,延年益寿";"中国炼丹术的基本思想,即那些自创始以来就企图探求长生奥秘的思想,是途经阿拉伯和拜占庭,然后来到拉丁语占领的西方世界的";"古希腊文化致力于点金术的研究,坚信从其他物质中可以炼制出黄金;而中国文化则沉迷于长寿秘诀的探索,即相信灵丹妙药可以使人长生不老";"针刺疗法与灼烙疗法是中医领域中两种最古老、最具民族特色的医疗技法";"气在人体内通过网络贯通游走称作循环。这一网络即所谓经络,由经脉与络脉构成,共有十二主脉,八条支脉,合为众所周知的奇经八脉";"每条经脉上均有十至五十个腧位,即我们所谓的针刺部分";"经脉与内脏有联系,堪称中世纪中国在生理学方面一大发现,因为它已经涉及了今天称作内脏——皮肤反射作用的问题";"很久以前就了解这一知识真是一大卓越成就";"在针刺之下神经系统产生了生理和生物化学反应";"在中国兽医医学中占有一席之地"。所以李约瑟认定道家具有一套复杂而微妙的概念,认为"它是中国后来一切科学的基础"。

葛洪在《神仙传》中记述了彭祖其人:"虽多有成功,终不自言有道,亦不作诡惑变化鬼怪之事;殷王问询不告之,致遗珍玩,前后数万,皆受之以恤贫贱,略无所留;认为不知交接之道,虽服铒至药无益也;自幼至老,数逍忧患,故深察人情;对自己所知认为浅薄,不是宣传;恋好深僻,不交流俗,皆去人情,离荣乐,有若雀之化蛤,雉之为蜃,失其本真,更守异器;爱精养神,延年益寿,因而能寒温风湿不能伤,鬼神众精莫敢犯,五兵百虫不能近,忧喜毁誉不为累;车服威仪,知足无求;人苦多事,能弃世独住。"

在以上试行解说中,笔者主观上想表达的是在徐州土地上何以会产生彭祖和彭祖文化。

凡此种种,对于我们当世之人,仍然深具价值、意义。

第三篇　彭祖文化初探

彭祖故里彭山说铜山说争议贯古今

彭　胡

[文章来源]《中国地名 China place name》（2013 年第 12 期）

[内容摘要]彭祖，即篯铿，是我国上古时代轩辕黄帝的七世孙，享年八百高寿。是一位为民造福、功盖千秋、名震华夏、众口皆碑的寿星，是中华长寿文化当之无愧的始祖。然而，由于年代久远，记载不全，对彭祖的故籍，究竟是今之江苏徐州，还是今之四川彭山，人们众口不一。

彭祖，即籛铿，是我国上古时代轩辕黄帝的七世孙，享年八百高寿。是一位为民造福、功盖千秋、名震华夏、众口皆碑的寿星，是中华长寿文化当之无愧的始祖。然而，由于年代久远，记载不全，对彭祖的故籍，究竟是今之江苏徐州，还是今之四川彭山，人们众口不一。现据作者所掌握资料略作以下梳理。

一、四川彭山说

（一）彭城是彭祖的封地，不是故里

彭祖的故乡在哪里？目前有两说：一说是江苏彭城，今徐州市铜山县；一说是四川武阳县，今乐山市彭山县。中国古代第一部编年史《竹书纪年》有关"彭"的记载有五条，现选两条便能考证。

第一，"（夏）启十五年，武观以西河叛，彭伯寿帅师征西河，武观来归。"夏代，彭祖仍为方伯，书称"彭伯"。彭寿，即彭祖，因为祖与寿考相通。夏启都山西安邑（今山西夏县），儿子们争夺继承权，启将小儿子逐放黄河以西。武观叛，彭祖率兵平息。由此看出两点：一是彭祖在夏代时方伯地位不变；二是彭祖还能带兵打仗。

第二，"（商）河亶甲三年（商十三年），彭伯克邳。""邳"在今江苏徐州地区，彭祖克之而有其地，故该地名曰"大彭"。关于彭祖受封得大彭的时间，史有几说：一说尧时封于大彭；二说舜时受封；三说夏时受封。从《竹书纪年》看来，司马迁的说法较为准确："尧时举用，未有分职。"受封时间应在商代中叶"彭伯克邳"以后。如果彭祖受封在商代中叶以前，《竹书纪年》绝不会称"彭伯"，"大彭"绝不会记作"邳"。再说，大彭早封，彭祖绝不会率师去攻打自己的封地——大彭。《国语·郑语》补证："封于彭城，请之彭祖。"殷墟甲骨文中，确有"彭城"二字。无论大彭还是彭城，总说是彭祖的封地。"封地"，也叫采地，为古代士大夫世禄用邑，很明确，封地为采食土地，不是家乡。由此可见，彭祖绝不是江苏彭城人，彭城只是受封地。《竹书纪年》记载，商"武丁四十三年"破大彭氏国，大彭被武丁兼并。

（二）彭祖的故籍在彭山

彭祖的故籍究竟在哪里？笔者认为，在四川之武阳，即现今彭山县。何以为据？请看如下记载。

第一，《竹书纪年》记载："（商）帝辛（纣）五十二年冬十有二月，周师有事于上帝，庸、蜀、羌、微、卢、彭、濮从周师伐殷。"这条记载，又见于《尚书·牧誓》："逖矣，西土之人……我友邦冢君，御事……及庸、蜀、羌、微、卢、彭、濮人。"从两条记载看，

参加周武王伐纣的八个部族在牧野之西，不是东方。八个部族中"蜀、彭、濮"在四川。其时，蜀族的活动以成都附近的"三都"（成都、新都、广都）之地为中心。彭族在武阳（今彭山）岷江中游一段。濮人的活动范围在四川长江沿岸。《尚书》孔颖达《疏》说："彭在东蜀之西北。"记载与地理位置相符。《山海经·海内西经》说："开明东有巫彭。"当开明族沿岷江上溯至乐山后，沿青衣江北进，然后在郫邑见杜宇。所说开明东，正是武阳的位置。我国最早一部河渠书《水经》，郦道元注解说："（武阳）县故夜郎大国。汉武开道，置以为县，大初四年（前101年），盖州刺使任安城武阳。"所说"巫彭"，据《郭沫若全集·考古篇》解释，甲骨文出现有"巫彭"说明彭祖兼有神职。上古时期，人们都很迷信，每逢战争或国家大事，都先由巫师跳神祭记问卜。

第二，《史记·三代世表》引《谱记》说："黄帝与于昌意娶蜀山氏女，生帝喾，封其支庶于蜀，历虞、夏、商。"1600多年前，晋常璩著的我国第一部最权威的地方志《华阳国志·序·蜀志》对彭祖出生地做了明确的界定："彭祖本生蜀"、"彭祖家其彭蒙"（彭蒙即彭蒙山，今彭山县仙女山）、"武阳县郡治有王乔祠、彭祖祠"。

（三）叶落归根，彭祖逝后葬彭蒙山

晋《水经注·江水》载："江水自武阳东入彭亡聚（今彭山江口镇），此地有彭祖冢（该字左边还有'土'）。"晋代以后的很多史志，有关于彭祖葬于彭山彭亡（蒙）山的记载。唐李吉甫《元和郡县志》记："周末彭祖家于此而亡，故名，其地有彭祖冢。"之后，宋《潞史》《环宇记》、明《蜀中广记》、清《四川通志》等史志，均有类似记载，可见流传有绪。明上南按察史李勃《游彭山县记》写道："予泛舟渚江口，东岸山列如眉，询之则彭山也。商大夫铿墓于峰下，予有吊古癣（该字'病盖'内为'辟'），登岸数步，渐入吞口……中峰石碣题商大夫贤墓……彭祖生于皇虞，仕于有商，工引导术，龄延八百。"清同治间知县王燕琼重修《彭山县志·疆域》记："彭祖墓在治东十里彭亡山麓。清乾隆二十一年（1756）邑令张凤翥修复。同治间知县王燕琼修复。"王题墓碑一块，高2米，宽0.9米，阴刻楷书"商贤大夫老彭之墓"。墓前，立一木构牌坊，竖双斗桅杆，坊额题"高山仰止"。

彭祖祠、彭祖墓至今尚在彭山县江口镇仙女山上，彭山人世世代代为有德高望重、奇功盖世的寿星彭祖而自豪。据1990年人口普查，全县有百岁老人17名，高于全国百岁老人平均比例17倍。县境方圆数十里，至今还传颂着彭祖和女儿彭三娥在彭山为民解除病疾，传授养生之道的脍炙人口的动人故事，每年农历三月三日（彭三娥诞生日），都有数十万民众不约而同地涌上仙女山，朝拜和祭奠彭祖和三娥。为保护彭祖故居、彭祖陵墓，彭山县人民政府于 1984 年行文公布彭祖祠、彭祖墓为重要文物保护单位。1992 年初，彭山县政府决定，在省级风景名胜区彭山仙女山，以彭祖祠、彭祖墓、5000 多座汉代岩墓为依托，兴建含十大景区、99 个景点、占地 5000 亩，总投资额为 5 亿元人民币的集观光、瞻仰、祭奠、养生、健身、娱乐于一体的"中国长寿城"。目前，此工程已初具规模。

综上所述，笔者认为，彭祖生在彭山，叶落归根，葬在彭山，确系彭山人氏。

二、徐州铜山说

在中国浩如烟海的史籍之中，纯以长寿成名的老人当属彭祖无疑，彭祖确有其人，是颛顼帝的第八世孙。他的封地在徐州的铜山，有《史记》为证，徐州古称彭城，也盖缘于此。

彭祖庙、彭祖井、彭祖墓现于铜山的大彭镇。进入大彭镇，在汉王山西坡首先映入眼帘的是一棵老槐树，一见便知是极为古老之物。据古生物学家考证，这是一株唐代的植物，距今已有近 1400 年的历史。树的主干已空，根系错结并露出地面，而古树空洞的主干中却生出一株小槐树，令人想起韩愈"老树春深更著花"的名句。大树的附近有几户村民，一位 60 岁左右的老人给我们介绍说，此树在 20 世纪 60 年代初还很旺盛，树冠所及之处方圆可达十多米，不知怎的有马蜂看中了此地，在树冠上筑了一个大蜂巢，常有人被蜇。1964 年秋，有村民用火烧蜂房，不小心点着了树枝，一阵大火，蜂房毁了，大树也受重创，烧得只剩下些大概，原以为它已死了，谁知第二年春天，却又长出了新绿。

这就是彭祖故里的生命，连草木都有着长寿基因。这棵老槐树也导引我们走向了著名的彭祖庙。彭祖庙始建于东汉，此后历代都有修复。据当地老人回忆，此庙原有大殿和东、西配殿。大殿立有彭祖像，高 4 米，两边有善男信女的立像作为陪衬。东西山墙有周朝时的名人温、刘、马、赵四尊神像。不过这些在 20 世纪 70 年代被毁，现在我们看到的是 1993 年重建的，只见到彭祖像——一位慈眉善目的老人形象，并不见有仙风道骨，这大约也是新时代人性回归打下的烙印吧！院中有彭祖亲自主持开挖的彭祖井。有自来水之前，曾一直是大彭村民的饮水用井，现已加上井盖，并立上一块"彭祖井"的石碑。

在庙的不远处是彭祖墓。墓虽简陋，但彭祖死在大彭村也是有史料可证的。我没有想到这位几近于神话传说中的人物，却能在这里找到如此多的痕迹。然而问题也就来了，彭祖既已成仙理应不死才是，怎么会有 800 岁而逝之说呢？我们来看看民间传说是如何圆这个说法的。原来彭祖是跟着陈抟老祖在天庭主事，陈抟老祖掌着生死簿，陈有嗜睡的毛病，一日就与他的同门师弟睡着了。彭祖一看机会来了，就拿出生死簿将写有自己名字的一页撕下来，捻成纸绳重新订在簿上，这样上面便找不到彭祖的名字，他才放心下凡。到了彭祖 800 岁那年，有天晚上，即将病逝的妻子问他："你怎么一直不会衰老呢？"彭祖笑道："我永远不会死的！生死簿上有我的名字，但他们找不到。"彭祖一时得意说出了自己变的那个戏法。妻子死后，向天帝揭发了此事，天帝派二位差神下凡去找彭祖。

由于年代久远，差神并不认得彭祖，找寻许久毫无音信，他们想到了一个妙招。一天，二位差神来到大彭村，到打麦场上使劲地锯一个碌碡，招来很多乡民围着看稀奇。这时，彭祖也前来观看。人们七嘴八舌，议论纷纷，彭祖虽阅人无数，这回却没看出那两人的真面目，他大笑着说："真是两个活宝，我彭祖活了 800 岁，从没见过有人能锯断碌碡。话音刚落，差神把锯一扔，当场锁住了彭祖。这天夜里，彭祖就去世了，享年 800 岁。这就是民间文学的智慧。

古人因生活条件和医疗条件差，平均寿命短，百岁老人极为罕见，因而附会出了彭祖的 800 岁，只是言其长寿，表达人们的一个愿望而已，彭祖也因此成名。徐州铜山彭祖故里之说亦成为人们争论的焦点。

第三篇　彭祖文化初探

彭祖故里四川彭山说江苏徐州说之争逐浪高

邓 庆

[作者单位] 沈阳故宫博物院

[文章来源]《四川师范大学学报》（1988年第04期）

[内容摘要]

一、寿星老彭祖何以卷入名人故里之争？

二、四川彭山与彭祖是什么关系？

三、江苏徐州为何被称为"彭祖故里"？

在中国古代的历史上，一提起生于远古时代的彭祖，人们第一印象就是其为"长寿"的象征，是历代古人一致称颂的高寿典范。毛泽东曾誉其为"中国历史上第一位长寿之人"。彭祖是中国道教的先驱者，中国道教渊源于彭祖和彭祖文化。英国科技史专家李约瑟教授认为，藏密的"全部东西都是道教的"，藏密"是由中国传入印度后再返传入藏的"。还有学者通过语音考证认为：藏密原始文化是由彭祖的族人在西藏创立彭教，是其本人到印度传播，开创了瑜伽术。释迦牟尼受其影响，修炼瑜伽。彭祖发明了瑜伽术，即导引术，以修性养生为根本，导引养生为关键。释迦牟尼沿袭为坐禅法，也以修性养生、明心见性为根本，也以导引养生为关键，并有发展，提出了"六妙法门"。但就是这样一位道教的文化名人，为何却卷入了"名人故里"之争？

一、寿星老彭祖何以卷入名人故里之争？

彭祖生性恬淡，不关心世俗名利，不追求虚名荣耀，只是专心致志地讲求养生长寿之道。他的师傅撰写了《九都》等养生的经书。他对之潜心研究，融会贯通，学以致用。他还经常服用水桂云母粉、麋角散，使得颜面长葆青春。他经常盘腿危坐，凝神屏气地练功。从早晨坐到中午，调理气息，揉拭双目，摩挲身体，周身舒适后才起来行功。他脸无怒容，笑口常开。当生病或疲劳时，他就运用气功祛病，消除疲劳。他以内气潜转，从他生有九窍的特殊头面，直到五脏六腑，最后达到四肢毛发，那气流像轻云一样在体内流转，既驱除疲劳又治愈疾病。据王先谦《庄子集解》载，"李颐云，彭祖名铿，尧封臣彭城，历虞、夏至商，年七百岁，故以长寿特闻""成（玄英）云，上自有虞，下及殷周，凡八百岁"。《吕氏春秋》也记有"彭祖至寿也"。高诱注："彭祖，殷大夫，盖寿七百余岁。"而彭祖长寿八百岁的传说更符合其养生长寿思想，也更符合人类对长寿的共同愿景。中国道教教义的基本点是重视人的养生长寿，把人的幸福和快乐寄托在"今生"。仅此而言，中国道教更符合人类共有的养生长寿的价值取向。只有民族的才是世界的，彭祖长寿养生文化是中华民族数千年的文化结晶，是土生土长的中国传统文化，代表了人类进步的养生长寿观。因此说，称彭祖为寿星老还是比较恰当的。江苏徐州为此曾建立了徐州彭祖文化传播中心、彭祖故里网站。彭祖文化国际发展协会还主办彭氏宗亲纪念彭祖诞辰，祭拜彭祖仪式活动。在彭祖"故里"大彭氏国故土，开展了一年一度的祭拜彭祖活动。

"故里"主要是指家乡。但"彭祖故里"究竟是在今天的江苏徐州，还是今之四川彭山，曾引出学者的不同看法。为了辨别两地哪家更接近"故里",有的学者,甚至对"故里"这一概念进行了多面分析,并对故里、故乡、故籍进行对比,认为故里、故乡、出生地、父辈的居住生活地、长期固定生活的地方、今天的户籍所在地。还有第一故乡,即出生地或第二故乡、祖籍、祖先的居住地等等。讨论很有意义,但无论所指为何,其所论证的目的,都是为了让其所论之地,与彭祖关系更为紧密一些。出生地、父辈居住地、第一故乡也好,长期居住生活地、第二故乡也罢,其讨论的结果,都有一个双赢的效应,那就是借助"彭祖故里"这一文化名人为四川彭山和江苏徐州扩大影响。因此说,寿星老彭祖被卷入名人故里之争,离不开两地借文化来扩大影响这一重要目的。至于其后为发展区域经济也是无可厚非,尤其是这种争论还促进了两地学者对其所相关的地名文化进行研究,何乐而不为?

二、四川彭山与彭祖是什么关系?

提起彭祖,一般都认为是四川省彭山县人,是上古五帝中颛顼的玄孙。他经历了尧舜、夏商诸朝,到殷商末纣王时,已七百六十七岁。相传,他活了八百多岁,是世上最懂养生之道、活得最长的人。商纣王听说彭祖是个异人,想获得长寿的秘诀,多次亲自前去询问,可是彭祖每次都支吾不说。纣王便托另一位得道的采女去向彭祖请教。这个采女也精于修身养性,已二百五十岁,看上去依然如二八妙龄。采女受纣王之托,便虔诚地向彭祖请教延年益寿的仙方。彭祖见采女有一定的根基,便答道:"要想升天,进入仙界,能驱遣鬼神,凌空飞行,就得服用金丹。"据《史记·三代世表》引《谱记》说:"黄帝之子昌意娶蜀山氏女,生帝喾,封其支庶于蜀,历虞、夏、商。"晋常璩著《华阳国志·蜀志》便认定"彭祖本生蜀"。但有学者认为:昌意娶蜀山氏女,他不一定居于蜀,就像彭祖之父娶鬼方女,他不居于鬼方。封其支庶于蜀,是封而不是生。昌意生昌濮,昌濮生颛顼,颛顼生老童,老童生重黎、吴回,吴回生陆终,陆终生彭祖。中间相隔多代,不一定后代还在蜀。重黎任火神,叫祝融。"祝融,居郑,故郑为祝融之墟,葬衡山下,舜庙南。"祝融始见《左传·昭公二十九年》《国语·郑语》(清梁玉绳《二十五史补编》)。重黎死后,弟弟吴回继任祝融。所以,有学者借此认为彭祖的祖父辈不在蜀,而在郑(今陕西华县)。彭祖也"始见《国语·郑语》《帝系》《世本》。彭姓,封于大彭(《国语·郑语》)",并认为彭祖也可能生于郑地。即使以祖籍为故里,那么昌意由黄帝所生,黄帝却不在蜀。据《竹书纪年》载,"(商)帝辛五十二年冬十有二月,周师有事于上帝,庸、蜀、羌、徽、卢、彭、濮从周师伐殷",又引《尚书》类似记载及《尚书》孔颖达《疏》:"彭在东蜀之西北。"

但有学者则以此证明"彭祖故里"在四川。但另有学者认为：彭祖篯铿始封于尧时，而彭人参与伐殷是在殷末，其间相隔约一千五百年。参与伐殷的彭人，不是彭祖篯铿，而是篯铿千年之后的后人。今彭山古称"彭亡山""彭蒙山"，彭山江口镇古称"彭亡聚"，有"彭祖冢"。其还引唐李吉甫《天和郡县志》之言"周末彭祖家于此而亡"及李渤《游彭山县论》之说"商大夫铿墓于峰下"。持此观点的学者以此来证明彭祖本人"叶落归根"回归故里而亡而葬，所以彭山是彭祖故里。但持不同意见者认为，"铿"不是商大夫，而是尧时始彭祖。商大夫是末代彭祖老彭。有彭祖墓不能证明彭铿葬于此地，也不能证明其为彭祖"落叶归根"的故里。因为殷末商王为独占彭祖长寿之术要消灭彭祖家族，彭祖便组织族人四散流亡，于是好多地方有了"彭祖"遗迹与墓地。周末有彭祖后人。尧代的彭祖怎么会在两千年后的周末"叶落归根"亡于葬于"故里"，商末的彭祖也不能在千年后的周末死在彭山，葬在彭山。并认为"亡"字理解错了，"彭亡"不是彭祖死了。"彭亡聚"而是流亡；是彭人流亡聚居之处。"彭蒙山""彭亡山"是彭人蒙难流亡所到之山。商末彭氏第一次流亡，其一支先流亡到陕西白水彭衙堡，甘肃庆阳彭原一带，是这些彭人参与了周王伐纣。后来，彭人又受到周人威胁，不得已而再次流亡，其中一支到达四川忠县彭溪、彭水县，庆阳一支经陕西石泉县彭溪，翻越大巴山迁到四川彭县。这一支后来才迁到武阳（彭山县），聚于，"彭亡聚"在彭亡山建彭祖墓纪念其祖，而不是彭祖"叶落归根"葬于此地。而周末到达四川的彭人也不可能参与周王伐纣的。

三、江苏徐州为何被称为"彭祖故里"

后人多认为彭祖系黄帝之第八代孙，陆终之第三子，母亲是鬼方首领之妹女嬇。传说，陆终娶鬼方国女嬇为妻，女嬇只有一乳，怀孕三年，孩子总生不下来。陆终只好剖开其左胁下，取出三个儿子，又剖开右胁取出三个儿子。其中第三个子篯铿封于大彭国——彭城。徐州古称彭城，乃渊源于古大彭氏国，在这里，有关彭祖的事迹、遗迹甚多，城中四米六高的彭祖塑像，白发银须、神采奕奕。还有彭园、彭祖祠、彭祖庙、彭婆墓和彭祖井等遗迹。徐州作为历史文化名城，历代都是中原地区政治、经济、文化中心，与彭祖的经营功不可没。历史上对于彭祖事迹的传说甚多，其中众所周知的是长寿，传说彭祖曾到油山采药，并在此石上练功，汲取日月之精华，领悟长寿之秘诀，以八百岁高龄成为世界上最长寿之人，而此石从北面观之，状如一位老人，其形酷似彭祖，正拱手西拜，虔诚而慈祥，稳健而精神，故以"彭祖寿石"命名之；而从南面细看，则沟壑蜿蜒，如巨龙长啸。

　　4300多年前，彭祖创始武术气功导引术，追求"导气令和，引体令柔"的境界，是中国最早的古代健身术。庄子的《刻意篇》是迄今发现得最早、最完整地记载彭祖以导引行气开中国气功之始的文字资料。他以形象的语言描述了彭祖气功健身法。许多出土的浮雕、壁画、画像、石刻等历史遗存也都记载了彭祖时代先民习练气功导引术的图像。

　　彭，本为击鼓而发出的声音。《说文解字》曰："彭，鼓声也，从乡声。"文字学家认为，"壴"为鼓之象形。彭祖以彭为姓或国，可见彭祖是以鼓为族徽形象的，这是一个善于击鼓而舞的方国。击鼓而舞有两大功能：一为以舞而通神，增加方国的战斗性，鼓舞士气；二为以舞来锻炼身体，在鼓声"彭彭"的节奏中，熊经鸟申，以御疾病。大彭国的此种风俗，一直到汉时还存在，这从汉画像中就能看到击鼓而舞的图像，反映的正是大彭国古老的风俗。云南滇文化中的铜鼓文化，当是东夷文化影响的结果。而从铜鼓上的鸟纹、羽人、太阳纹可以找到据先秦古籍《世本》的记载："涿鹿在彭城，黄帝都之。"《舆地志》云："涿鹿本名彭城，黄帝初都，迁有熊也。"吕思勉先生在其著作《先秦史》中也力主"涿鹿在徐州"的观点。黄帝造夔牛鼓在徐州附近（即涿鹿之野）打败蚩尤后，都彭城而天下号之黄帝。《初学记》卷九引《归藏·启筮》云：黄帝杀之（蚩尤）于青丘，作《鼓之曲》十章：一曰"惊雷震"；二曰"猛虎骇"；三曰"鸷鸟击"；四曰"龙媒蹀"；五曰"灵夔吼"；六曰"雕鹗争"；七曰"壮士奋怒"；八曰"熊罴哮吼"；九曰"石坠岸"；十曰"波汤壑"。此外，徐州鼓乐文化可谓源远流长，据《黄石公记》云："彭祖去（离开徐州）后七十余年，门人于流沙国西见之。"（《抱朴子》）所以，有学者依此认为，商末离开徐州的彭祖是去了"流沙国之西"，而不是"叶落归根"去了四川。他们认为，去"流沙国之西"可能是到了北印度，成为"婆罗门"，"婆罗门"是"彭流氓"的音译，从大彭氏国流亡来的流氓，"氓"古读"门"，即民。四川彭山是商末彭祖族人经多次流亡、迁徙于周末到达之地，而不是彭祖的出生地——第一故乡，也不是彭祖的长期居住地——第二故乡。至于江苏徐州，也不是彭祖出生地——第一故乡，但却是彭祖的受封之地、得姓之地、发祥之地、长期居住之地，是彭祖的第二故乡。彭祖原名篯铿，因为献上雉羹，医好了尧帝的综合疲劳症，救了尧帝的命，尧帝便把他封到彭城——今徐州。徐州不是彭祖的故里，而是彭祖的受封之地。古人指地为姓，于是他改篯为彭。先有彭城，后有彭祖，彭城是彭祖的得姓之地，因而是彭氏的祖籍之地。无彭城，便无彭姓。

彭祖后来以彭城为中心建立了大彭氏国，不仅因为能修性、善调鼎、创导引、发明养生道术而成为"祖"可效法的榜样、创始人，而且因为出谋划策、治国安邦、平定叛乱而被封为伯爵，称为彭伯，至商末改任守藏史（国家档案馆馆长），成为商王智囊团的首领，参与发明古文字，开创彭祖文化。因此，有学者认为，"徐州为彭祖的发祥地，彭祖受封伯爵的时间应在商代中叶彭伯克邳以后"，夏"启十五年，武观以西河叛，彭伯寿帅师征西河，武观来归"。故认为，"彭祖在夏代时方伯地位不变"，彭祖封伯还在夏前，至少在夏时，甚至在商代中叶以后。故而，认定四川彭山绝不是彭祖的出生之地，即第一故乡，也不是彭祖长期居住之地，即第二故乡。称彭祖没有到过四川，更不要说彭山。彭祖的出生地可能在郑，但这只是推论其可能性，并无确切依据，不能确定郑是第一故乡。而古彭徐州是无可争议的彭祖长期居住之地，几彭祖的几代后人在此居住约1200年，其中封伯建大彭氏国约八百年。故而，把彭祖的第二故乡徐州称为彭祖故里，还认为徐州是彭氏的得姓之地，所以说，彭氏之根在徐州。

综上，荷兰汉学家高佩罗也认为藏密的房中术，就是道家的，是由中国传入印度，"再以密宗形式回传入西藏的"。释迦牟尼在长期探索之后，后来在菩提树下，用瑜伽——彭祖静式导引盘坐之法静坐四十九天，入静入定，终于"定而生慧"产生灵感，恍然大悟，悟出了"性空缘起"之道。而静式导引关键在于诱导入静入定，入静入定时人体进入最佳自然调控状态，自动调整内分泌，改善机体功能。彭祖长寿八百只是个约数，是人们追求长寿价值观的反映。彭祖故里之争，其意在通过文化名人的史地研究，不仅促进了道教史学和养生学的研究，同时也促进了地方历史文化和地名学研究的发展，这也是一举多得的好事。

第三篇 彭祖文化初探

彭祖长年新论

李大明

[作者简介] 教授、博士生导师

[文章来源]《四川师范大学学报》（社会科学版1988年第04期）

[内容摘要] 彭祖是古代典籍中屡被提及的长寿之人，然而古书中记其寿考却众说纷纭。有的说他活了七百多岁；有的又说他活了八百多岁；还有的说他历虞、夏、商，则其寿何止千岁！

彭祖是古代典籍中屡被提及的长寿之人，然而古书中记其寿考却众说纷纭。有的说他活了七百多岁，有的又说他活了八百多岁，还有的说他历虞、夏、商，则其寿何止千岁！本来，作为自然的人，即使在科学技术很发达的今天，也没有人能够活那么大年纪。而作为古书中记载的养性长寿之人，彭祖的寿考之所以今天还能引起人们的注意，是因为人们在阅读和征引古籍时将经常遇到彭祖究竟有多大年龄这一问题，清代学者就很注意这一问题，曾发表了一些意见。其中比较有代表性的，如梁玉绳在《汉书人表考》里主彭祖七百岁之说，而俞正燮的《彭祖长年论》（《癸巳类稿》卷十五）则主其八百岁之说。梁氏持论谨慎，但是论证稍显简略，读者或以为憾；俞氏旁征博引，但是颇信方书杂记，难逃学者讥诮，而我们在阅读古籍时发现，关于彭祖寿考，虽然表面上看来异说分歧，难得其真相，但实际上是有规律可循的，即古人言彭祖寿考，先秦典籍但言其长寿，而未记其究竟活了多少岁；汉代文人则均言其活了七百岁；而魏晋以后才出现彭祖活了八百多岁的说法。据我们所知，前人论彭祖寿考尚未从这一角度进行探讨，而理清这一线索对我们引用古籍、探索有关问题是有帮助的，故仿理初之题作此"新论"。非敢标新立异，但求录一得之见。

　　先秦典籍言彭祖者，《论语·述而》有"老彭"之"彭"，《释文》引郑玄、邢疏引王弼都说"老"是老聃，"彭"是彭祖，但未言其寿考。《国语·郑语》明确记载了"彭祖"其人，但仍未言其寿考。而说彭祖长寿者，当以屈原《天问》为早。《天问》云："彭铿斟雉，帝何飨？受寿永多，夫何久长？"王逸注云："彭铿，彭祖也。"对于王注，历来《楚辞》注家无异辞。而彭祖名姓，古书中有一些不同提法，梁玉绳《汉书人表考》裁合诸家，谓彭祖名篯字铿，可从。《天问》此处是说彭祖向帝献食，而帝使之长寿。《庄子》也屡言彭祖长寿，《逍遥游》云："朝菌不知晦朔，蟪蛄不知春秋：此小年也。楚之南有冥灵者，以五百岁为春，五百岁为秋；上古有大椿者，以八千岁为春，八千岁为秋：此大年也（四字据刘文典《庄子补正》引碧虚子校补）。而彭祖乃今以久特闻，众人匹之，不亦悲乎？"案此庄子论小年不及大年，而未云彭祖"其年长寿，所以声独闻于世。而世人比匹彭祖，深可悲伤"（成玄英疏）。《齐物论》又云："天下莫大于秋毫之末，而大山为小；莫寿于殇子，而彭祖为夭。"这是用短命的殇子和长寿的彭祖相对比，以证"无寿无夭"（郭象注语）之理。《大宗师》又云："彭祖得之（案指'道'），上及有虞，下及五伯。"这也是说的彭祖长寿。而彭祖为什么能够长寿呢？《刻意》云："吹呴呼吸，吐故纳新，熊经鸟申，为寿而已矣。此导引之士，养形之人，彭祖寿考者之所好也。"《荀子》亦言及彭祖之寿，《修身》

云："扁善之度，以治气养生，则身后彭祖；以修身自强，则名配尧禹（原文'后'前无'身'字、'强'作'名'、'配'前无'名'字，此据王引之引《韩诗外传》校改）。"荀卿亦以彭祖为长寿之人。《吕氏春秋》亦屡言彭祖之寿，《仲春纪·情欲》云："俗主亏情，故每动为亡败，耳不可赡，目不可厌，口不可满，身尽府种（卢文弨校当作'疛肿'），筋骨沉滞，血脉壅塞，九窍寥寥，曲失其宜，虽有彭祖，犹不能为也。"这是说虽无欲养性而长寿之彭祖犹"不能化治俗主，使之无欲"（高诱注）。《审分览·执一》又记田骈与齐王言政，曰："变化应求而皆衣章，因性化物而莫不宜当，彭祖以寿，三代以昌，五帝以昭，神农以鸿。"这是说彭祖治性而长寿。《离俗览·为欲》又云："使民无欲，上虽贤犹不能用。夫无欲者，其视天子也与为舆隶同，其视有天下也与无立锥之地同，其视为彭祖也与为殇子同。天子至贵也，天下至富也，彭祖至寿也，诚无欲，则是三者不足以劝；……"这是用彭祖长寿的例子来论"使民无欲"的道理；而以彭祖与殇子对举，用的是前引《庄子·齐物论》的典故（《淮南子·说林》亦用《齐物论》之语）。

以上是笔者对先秦典籍中关于彭祖寿考记载的检讨。总之，先秦典籍言彭祖，都是只说他长寿，而没有具体说出他究竟活了多少岁。

洎至汉代，人们确切地指出彭祖活了七百岁。托名刘向、成于东汉明帝之后顺帝之前的《列仙传》，东汉安帝、顺帝时王逸所著的《楚辞章句》里对前引《天问》四句的注释，东汉末年的高诱对前引《吕氏春秋》的三处注释，均言彭祖寿"七百岁"。但是，除高诱注尚未被后人窜改以外，《列仙传》和《楚辞章句》均被窜改；而高诱《吕览》注虽不误，但《淮南》注亦遭窜改；应劭《风俗通》也有类似情况。故我们不得不在下面做一些考辨工作。

先谈一谈《列仙传》。

涵芬楼影明正统《道藏》海下《洞真部·记传类》之《列仙传》记载："彭祖者，殷大夫也，姓篯名铿，帝颛顼之孙，陆终氏之中子，历夏至殷末，八百余岁，常食桂芝，善导引气。历阳有彭祖仙室。"明刊《古今逸史》本同。另宛委山堂本《说郛》和涵芬楼排印明刊本《说郛》所录《列仙传》，文字简略而不及彭祖寿考。案：《列仙传》本作"七百岁"，明以后刊本被改误而失其真。考《汉书·王褒传》如淳注引《列仙传》作"彭祖，殷大夫也，历夏至商末，寿年七百"，如淳，三国时魏人。又，《艺文类聚》卷64引《列仙传》作"彭祖，殷大夫也，历夏至商末，号七百岁。历阳有彭祖仙室"。《太平御览》卷174引同，又《文选·幽通赋》李善注引《列仙传》

云:"彭祖,殷贤大夫,历夏至商末,号年七百。"《文选·征西官属送于陟阳侯作诗》李注、《文选·辩命论》李注引同,以上材料说明,唐宋以前的文人所见《列仙传》记载的是彭祖寿"七百",而不是"八百"。关于《列仙传》说彭祖是殷大夫的说法是否可靠,今存而不论;但是说他活了"七百岁"则说明六朝至宋以前历代文人所见《列仙传》均不误,而明以后典籍称其八百余岁,则是依据晋以后的道家言而妄改。(参后)

下面再来谈谈《楚辞章句》。

王逸著《楚辞章句》,对《天问》前引四句的注释,比较详细地提供了关于彭祖寿考的一些资料。王逸注云:"彭铿,彭祖也。好和滋味,善斟雉羹,能事帝尧,尧美而享食之。""彭祖进雉羹于尧,尧享食之以寿考。彭祖至七百岁犹自悔不寿,恨枕高而唾远也。"按王逸这段佚文,古佚类书所引有一些异文;《楚辞章句》明翻诸宋本如黄省曾刻本、夫容馆刻本、冯绍祖刻本,《楚辞补注》明翻宋本如《四部丛刊·初编》影江南图书馆藏本、汲古阁刻本,也存在某几处异文,兹不论。而《章句》《补注》各本均作"彭祖至八百岁"云云。宋端平本《楚辞集注》引"旧说"(即王逸注)亦作"至八百岁",是宋代《章句》刻本已作"八百",非明代刻书人所改。但这个"八百岁"是被改误,王逸本作"七百岁"。检《庄子·逍遥游·释文》引"王逸注《楚辞·天问》云:彭铿即彭祖,事帝尧。彭祖至七百岁犹曰悔不寿,恨杖晚而唾远云。"陆德明所引王逸《天问》注文字虽有省异,而作"七百岁"一语则可断宋、明时《章句》《补注》诸刻本之误。而细细玩味陆氏所引,意在对《逍遥游》所云"彭祖乃今以久特闻"一语"搜访异同","训义兼辩"(《经典释文·序录》),故罗列了李颐、崔譔的说法(二人均主七百岁之说,参后),亦引及《世本》的"年八百岁"的说法,最后引了王逸的《天问》注。而且,陆德明是同意关于彭祖年七百岁的说法的,因此,《大宗师·释文》云:彭祖,"解见逍遥篇。崔云:寿七百岁"。总之,陆德明所见《楚辞章句》必作"七百岁"而不作"八百岁"。也就是说,六朝时《楚辞章句·天问》王注一语尚未被窜改。而后人改《天问》王注的原因,又当与后人改《列仙传》同,况且,王逸本博学多闻之士,其注《楚辞》,不但吸取和利用了前辈《楚辞》注家的成果,而且引了许多先贤书籍。他还看到了《列仙传》,在《天问》"鳌戴山抃","何以安之"注中就直引此书(而余嘉锡先生《四库提要辨证》谓王逸对《天问》中的崔文子事之注,与应劭《汉书·郊祀志》注所引《列仙传》字句并合而文加详,盖亦据《列仙传》而不著书名。余先生正是据以论定《汉书·艺文志》未著录的《列仙传》作于东汉明帝之后、顺帝之前。余先生的推论可从；但他未言王逸是看到了《列仙传》的，盖又失之检矣）。所以，王逸说彭祖寿七百岁，是有根据的，而决非臆度之辞。至于王逸说"彭祖至七百岁犹自悔不寿"，又说明时人开始为彭祖添寿了。

至于高诱注《吕氏春秋》，《情欲》注云："彭祖，殷之贤臣，治性清静，不欲于物，盖寿七百岁。"《执一》注云："彭祖，殷贤大夫，治性，寿益七百。"《为欲》注云："彭祖，殷贤大夫也，盖寿七百余岁。"高诱三言彭祖寿"七百"（《为欲》注所谓"七百余岁"，与王逸所谓"至七百岁犹自悔不寿"同），亦为其时之通说。但是，《淮南子·说林》云"莫寿于殇子，而彭祖为夭"，今见《淮南子》各本高诱注云："彭祖盖楚先，寿八百岁，不早归，故以为夭。《论语》曰'窃比于我老彭'，盖谓是也。一说彭祖盖黄帝时学仙者。言不如殇子早归神明矣。"这段注文不仅在彭祖的年龄问题上与《吕氏春秋》注文的提法不同，而且关于彭祖其他事迹亦与《吕氏春秋》注多有乖异，疑有伪误。也就是说，我们不能用《淮南》高注去怀疑《吕览》高注，反倒应该用《吕览》高注去是正今见《淮南》高注之误。

又，《太平御览》卷387引《风俗通》云："彭祖寿年八百岁，犹恨唾远。"此《风俗通》佚文。案应劭亦东汉末年之人，又得见《列仙传》，不该说彭祖"寿年八百岁"。而"犹恨唾远"之语又与王逸《天问》注"犹恨枕高而唾远"之语同，以王逸言彭祖寿至七百岁例之，应劭亦不得言彭祖"寿年八百岁"。总之，《御览》所引《风俗通》文字当有误。

以上，我们讨论了汉代关于彭祖寿考传说的记载。由于汉代几部记载彭祖寿考的典籍被后人窜改，我们就不得不费不少笔墨对《列仙传》《楚辞章句》以及《淮南子》高诱注、《风俗通》等典籍做了一番考辨工作。考辨的结果说明：汉代言彭祖寿考，都只说他活了七百岁。但是，后来有人将彭祖寿考说成是八百岁（详后），于是有人据以妄改汉人的说法，才使这一问题长期以来众说纷纭，莫衷一是。现在，这一混乱应该得到澄清了。（附：《水经·获水注》《庄子·逍遥游·释文》引《世本》言彭祖"年八百岁"，不知"八百岁"一词是否有误；而《世本》谓彭祖在商为守藏史、在周为柱下史，则合彭祖、老聃为一人，非传说所谓养性长年之彭祖也。姑附于此，以俟博闻。）

事实上，不仅汉代典籍记载彭祖寿考"七百岁"，汉以后不少典籍也记载彭祖寿七百；或者说，即使关于彭祖寿八百岁的说法流行以后，不少文人仍旧相信"七百岁"之说。《宋书·乐志三》记魏文帝曹丕《折杨柳行》诗云："彭祖称七百,悠悠安可原。"各本"七百"无异文,《乐府诗集》卷37引亦同。前引《庄子·逍遥游·释文》引晋李颐《庄子集解》云：彭祖，"名铿，尧臣，封于彭城，历虞夏至商，年七百岁，故以久寿见闻"。又引崔课《庄子注》云：彭祖，"尧臣，仕殷世，其人甫寿七百年"。《大宗师·释文》又引"崔云：寿七百岁"。又，东晋人干宝所撰《搜神记》亦记彭祖寿"七百岁"。《法·苑珠林》卷78用《搜神记》云："彭祖，殷时大夫也，历夏而至商末，号七百岁，常食桂芝。历阳有彭祖仙室。"这段文字与前引《列仙传》颇合，疑即抄至《列仙传》。又唐人杨京注《荀子·修身》亦作"七百岁"，杨氏云："彭祖，尧臣，名铿，封于彭城，经虞夏至商，寿七百岁也。"

但是，魏晋之际也开始出现了彭祖寿考"八百岁"的说法。《列子·力命》云："命曰：彭祖之智，不出尧舜之上，而寿八百；……"这大概是最早的"八百岁"之说。而东晋人葛洪在其所著《抱朴子》和《神仙传》里言彭祖寿"八百岁"之处甚多。

《抱朴子内篇·对俗》云："彭祖言天下多尊官大神，新仲考位卑，所奉事者非一，但更劳苦，故不足役役于登天，而止人间八百余年也。"这儿不但明确指出彭祖活了八百多岁，而且解释了彭祖做地仙而不做神仙的原因。内篇《释滞》又云："彭祖为大夫八百年，然后西适流沙。"内篇《极言》又云："或问曰：彭祖八百，安期三千，斯寿之过人矣。若果有不死之道，彼何不仙乎？岂非禀命受气，有修短，而彼偶得其多，理不可延，故不免于彫陨哉？抱朴子答曰：按彭祖经云。其自帝喾佐尧，历夏至殷为大夫。殷王遣采女从受房中之术，行之有效，欲杀彭祖以绝其道。彭祖觉焉而逃去，去时年七八百余。非为死也。黄山公记（道藏本'黄'后有'帝'字，非；各本'山'作'石'，此据原注改。据《列仙传》，黄山君修彭祖之术，又追论其言为经）云：彭祖去后七十余年，门人于流沙之西见之。非死明矣。"《抱朴子》此三段文字很有趣，在对彭祖事迹越说越神、越说越玄的同时，也给彭祖添寿了。特别是《极言》一篇，意在说明彭祖长寿不死，则其寿又何止八百！

《抱朴子》内篇既成之后，因弟子滕升问仙人之有无，葛洪又撰有《神仙传》之书（参葛氏《序》）。《神仙传》所记彭祖事非常详细，据汉魏丛书本《神仙传》卷一云："彭祖者，姓篯讳铿，帝颛顼之玄孙也，殷末已七百六十七岁而不衰老。少好恬静，不卹世务，不营名誉，不饰车服，唯以养生治身为事，王闻之，以为大夫。"接着又述彭祖养性之事，记与采女言养性之方；后采女教之于殷王，王传其术，又欲秘之，故欲害彭祖。而"祖知之，乃去，不知所之。

其后七十余年，闻人于流沙之国西见之"。以上所引，别本《神仙传》或有异文。如"殷末已七百六十七岁而不衰老"一语，《说郛》（宛委山堂本、涵芬楼排印明刊本）作"七百六十岁"，文渊阁四库全书本（用毛晋刊本）亦作"七百六十岁"；案《史记·楚世家·正义》及《法苑珠林》卷40引《神仙传》皆作"七百六十七岁"，则汉魏丛书本不误：又"不知所之"一语，四库全书本作"不知所在"；案《艺文类聚》卷78引《神仙传》作"不知所如"。又"其后七十余年，闻人于流沙之国西见之"一语，四库全书本"闻人"二字同；但二字于义不通，当据《抱朴子·极言》《艺文类聚》《法苑珠林》等作"门人"。又四库全书本文末还有"彭祖去殷时年七百七十岁，非寿终也"十五字：案《史记·楚世家·正义》引《神仙传》有"遂往流沙之西，非寿终也"之句，《法苑珠林》所引更有"彭祖去殷时年七百岁，非寿终也"之句，则汉魏丛书本脱误。

　　以上考证了《神仙传》传本文句上的若干问题。葛氏在《抱朴子》里言彭祖寿"八百岁"，而在《神仙传》里又有"七百六十七岁而不衰老"之说，这两种说法并不矛盾。《神仙传》所言，先说彭祖到殷末已经七百六十七岁了，但不衰老。因为殷王欲加害于他，他逃跑了，其后七十余年，他的门人还在流沙之西看见他。这仍是说他活了八百多岁。

　　葛氏《神仙传·序》认为刘向所述《列仙传》"殊甚简要"，所以继而作《神仙传》。书中所述古代传说中的仙人，唯容成公、彭祖二条重出。我们将两书中有关彭祖事迹的记载加以比较可以看出，《神仙传》充实了许多内容；和《抱朴子》（特别是《极言》篇）相比，也详尽了一些，不仅补充了彭祖本来就神乎其神、玄而又玄的传说，也给彭祖添寿长年。而葛洪之后，有人就相信所谓的八百岁之说了。唐代的成玄英对《庄子·逍遥游》的疏就说：彭祖"历夏经殷至周，年八百岁矣"。"至周"一语盖由《神仙传》言彭祖逃殷后七十余年还活着这一记载而生，有趣的是，《楚辞补注·天问》引《神仙传》言彭祖"历夏经殷至周，年七百六十七岁而不衰"，"至周"一语则直出《神仙传》。本书前面讨论汉代典籍所记彭祖寿考时已指出，后人用"八百岁"之说改汉人通说，大概也是受了这一影响。至于后来的方书杂记多记彭祖寿八百余岁，俞氏正燮《彭祖长年论》一文中广有征引，这里就不繁抄了。

　　以上论彭祖长年。作为传说中的仙人，彭祖究竟活了多少岁这一问题也许并不重要。综上笔者所做的梳理工作如果对阅读和引用古书多少有所帮助，本文的目的也就达到了。如此而已，岂有他哉。

第三篇 彭祖文化初探

彭祖与中国古代崇寿文化

张树国

[作者简介] 青岛大学文学院副教授,北京大学文学博士

[文章来源] 中国知网

[内容摘要]

一、彭祖神话的原意

二、彭祖与中国古代崇寿文化

一、彭祖神话的原意

"彭祖寿八百岁"是流行于古代的口头禅,彭祖也成了古代寿星的代称。这种传说在战国初年就开始流传于南楚之地,《庄子·遥游》中论证大椿、冥灵之类"大年"时,说:"彭祖乃今以久特闻,众人匹之,不亦悲乎?"《齐物论》中说:"莫寿于殇子,而彭祖为夭。"同样的看法见于《楚辞·天问》篇,屈原怀疑这一民间故事的真实性,并试图将其改造为政治神话:

彭铿斟雉,帝何飨?受寿永多,夫何久长?

据朱熹说:"彭铿,彭祖也。旧说铿好和滋味进雉羹于尧,尧享之而锡以寿考至八百岁。"这"八百岁"的生命周期据刘向的《列仙转》说"彭祖历夏至殷末八百岁",神仙家言不足据信。但长寿的彭祖在汉代却未有人怀疑过,而且一直保持着某种新鲜感,《汉书》记载的西汉人物中以"彭祖"命名者不下四五人,如赵王彭祖、严彭祖等,与大量的延年、延寿之类名字一样,都是从"长寿"这一点上取义的,反映了汉代对长生不老的追求。在魏晋神仙方术兴起之后,彭祖更成了尘世人们摆脱物累、敝屣人世的象征。《列仙传》《神仙传》中记载彭祖有"善导引、善养生、善房中术"等原始神秘性的养生方式,但是八百岁的高寿对于生命所附着的微躯来说,其本身就是一个荒谬的讽刺。

从彭祖传说的厚势和流传的广泛性来看,其本身的意义绝不是简单地能够一语概括的。人们习惯上认同这样一个命题,即神话历史化似乎是神话本身应有的宿命,是其固有的方向和归宿。但本书试图提出一个反命题,即原来的历史事实本身如何走向神话、历史人物如何成为神仙的历程。关于彭祖的最早记载体现在春秋时期的史书《国语·郑语》史伯与郑桓公的对话中,其中提到南方古老的部族"祝融氏","祝融亦能昭显天地之光明,以生柔嘉材者也"。后人祠为火神。而祝融"八姓于周未有侯伯"。"八姓"为己、董、彭、秃、妘、曹、斟、芈,其历史命运据史伯介绍说:

佐制物于前代者,昆吾为夏伯矣,大彭、豕韦为商伯矣。当周未有。己姓昆吾、苏、顾、温、董,董姓鬷夷、豢龙,则夏灭之矣。彭姓彭祖、豕韦、诸稽,则商灭之矣。秃姓舟人,则周灭之矣。妘姓邬、郐、路、偪阳,曹姓邹、莒,皆为采卫,或在王室,或在夷、狄,莫之数也。而又无令闻,必不兴矣。

据此可知,"彭祖"是古代祝融氏的后裔,可以说"祝融氏"是"本原的"氏族,而"祝融八姓"则是"派生的"氏族,这"八姓"的命运在上文已经明确交代了。韦昭注曰:"大彭,陆终第三子曰篯,为彭姓,封于大彭,谓之彭祖,彭城是也。豕韦,彭姓之别封于豕韦者也,殷衰,二国相继为商伯。"《史记·楚世家》叙述颛顼帝系与此不同,彭祖为颛顼、祝融之后,"殷之时尝为侯伯,殷之末世灭彭祖氏。"据《汉书·地理志》"楚国"条下记"彭城,古彭祖国"。《汉书·韦贤传》记韦孟《讽谏诗》说:"肃肃我祖,国自豕韦……总齐群邦,以翼大商,迭彼大彭,勋绩维光。"最后是"王赧听潛,实绝我邦"。与彭祖国为商灭的传说殊自不同,故班固评价说:"或曰其子孙好事,述先人之志而作是诗也。"

孙作云认为:"彭祖或彭铿不是一个人名,而是一个氏族名。又是以氏族成为国家时的一个国家名。因此它在历史上所占的时间很长,约有一两千年之久。传说他活了八百岁,'犹自悔不寿'(见王逸注)是有根据的。"(《天问研究》,中华书局,1989年,第310页)彭祖是一个与古老的颛顼、祝融部族有亲体关系的氏族国家的始祖,并代表着这一国家的名称。但说在"历史上所占的时间很长,约有一两千年之久"则属臆测。一方面,这一氏族国家在历史上根本就没有任何地位,未扮演任何角色,否则对其起讫年代的确定就不会有如此多的困难,它与众多的风姓、任姓、偃姓小国一样,过着属于自然状态的无历史的生活。据《左传·哀公七年》子叔景伯说:"禹会诸侯于涂山,执玉帛者万国。今其存者,无数十焉。"在上古时代长江中下游地区分属于不同部落氏族的小国林立,据《汉书·地理志》记载,在"古彭祖国"周围"六安国"条下"六、蓼,故国,皋陶后,偃姓,为楚所灭"。"荆州会稽郡"下有"吴,周太伯所邑。山阳(会稽山在南)上有禹冢、禹井,越王勾践本国"。"临淮郡"下有"徐,故国,盈姓,至春秋时徐子章禹为楚所灭"。另外在东海郡、豫州郡、沛郡下有许多盈、禹、曾姓小国,皆是在春秋中后期的灭国进程中被吞并的。至于"彭祖之国"则早已在周初就被归于商之遗胤宋国的版图之内。"《地理志》说'故今之楚彭城,本宋也。'《春秋经》说'围宋彭城'"可证。但另一方面,这一"彭祖国"创造了一个社会有机体长达八百年的最长纪录。古人向来对氏族有机体的命运有理智的认识,认为凡是有机体都要经过生长、发育、衰落、死亡的过程。如《左传·宣公三年》王孙满对楚王"问鼎"的答复就很说明问题:"昔夏之方有德也,远方图物,贡金九牧,铸鼎象物……桀有昏德,鼎迁于商,载祀六百。商纣暴虐,鼎迁于周……成王定鼎于郏鄏,卜世三十,卜年七百,天所命也。周德虽衰,天命未改。"与创造高度文明的夏商周三代相比,作为"蠢尔小邦"的彭祖国的"国祚"多少显得长了一些,同时因为其生存状态的原始性,在经过漫长的沦亡以后,其历史的血肉渐渐风化湮灭,而历史的骨骼却成了化石,转化为故事类型,体现为神话、仙话相杂糅的状态而流传下来，在宋、楚两地富有幻想力的头脑——如庄周（宋之蒙人）、屈原——中保留并增添新的解说。

　　从一个社会有机体的命运被借代为个人的命运，并由此产生了神话和仙话以及对原始养生术的迷恋和信仰，将历史原型演变为人类心理问题，这是人类学领域的一个奇怪现象。但恰巧有一种"古怪的理论"（卡西尔《人论》，第140页）可资借鉴来说明这一现象。麦克斯·米勒（F. MaxMuler）在其《宗教科学讲演集》中把神话看作是人类心理和语言的某种"病态"语言就其本质而言是隐喻性的，对事物的描述方式借助于含混而多歧义的语词。根据米勒的看法，神话正是起源于这种语言固有的含混性并总是从中汲取精神的养料。（麦克斯·米勒：《宗教学导论》第一讲，上海人民出版社1989年版）

　　与彭祖传说相关联的问题是屡见于屈赋中的"彭咸水居"问题。在屈赋中共有七次说到"彭咸水居"，所以王逸注说"彭咸为殷世贤大夫，谏君不听，故投水而死"，但未注明典故出处，故后人多不长此说。据金开诚《屈原赋校注》说："屈赋中七次提及彭咸，均无水死之意。"明代汪瑗，清代戴震、俞樾考证彭咸即彭祖，又名彭铿、彭翦、老彭等。刘向《九叹》"九年之中不吾反兮，思彭咸之水游"，"水游"与"水居"有所不同，但同样反映了神话思维的神秘性，同时也隐含了历史的影子。在春秋时代，以颛顼为远祖的国家有秦、楚、陈、卫等国。《史记·秦本纪》："秦之先，帝颛顼之苗裔。"《左传·昭公十七年》："卫，颛顼之虚也，故为帝丘。"《昭公八年》："陈，颛顼之族也。"《楚世家》："楚之先祖，出自帝颛顼。"这些"颛顼之族"都保持着水星记年的方式，水星成为他们的祭祀主星。如《昭公九年》曰："陈，水属也。火，水妃也。""卫……其星为大水。水，火之牡也。"而颛顼则是这些"水族"的始祖，在"成神"以后在阴阳五行中代表北方、"水位"、玄冥之神。《礼记·月令》："孟冬之月……其帝颛顼，其神玄冥。"蔡邕《独断》："冬为太阴，盛寒为水。"《楚辞》中说"从颛顼兮层冰"。可以想见，与陈、卫、楚同为颛顼后的彭祖氏一定也属于"水族"，由"水族"到"水居""水游"，一方面，体现了历史传说的变异形态和语言的"毛病"；另一方面，"彭咸水居"反映了古代关于地域守护神的神话理解，在《山海经》中就记载了一些"地域守护神"，如《西次三经》中记载，发源于崒山之"丹水""西流注于稷泽"，郭璞注："后稷神所凭，因名。"郝懿行疏："泽即后稷所葬都广之野也，其地山水环之。"同书记"槐江之山"有"南望昆仑，其光熊熊，其气魂魂，西望大泽，后稷所潜也。"另如冯夷之为河伯、宓妃之为洛神等等。按照汤因比的说法，"地域守护神"是"当初以某一特殊部族、城市、山林或河川的保护者姿态出现的神"，"是地方酋长在天国的偶像"（《历史研究》第二卷，第325页）。古代民间多用立祠的方式祭祀守护神，借以保留和延续对神话和历史传说人物的缅怀和回忆，满足世俗功利和超验的心理欲求。

二、彭祖与中国古代崇寿文化

在口传社会阶段，传说人物通常出奇的长寿，如尧、舜、禹等部族先王。据皇甫谧《帝王世纪》记载，太昊伏羲氏在位一百一十年，子孙五十九姓，传世五万余岁。神农氏在位百二十年而崩。黄帝寿三百岁，或传以为仙。少昊金天氏，在位百年而崩。颛顼在位七十八年，九十八岁而崩等等。另如周初史诗所记载的周部族始祖后稷、古公亶父、文王等也是古代高寿者的典型。在古代典籍中也多次流露出当时人们对长寿的渴望，如《尚书·洪范》中记载周代初年武王访问殷遗民箕子，箕子为其陈述"洪范九畴"。"洪范"者，据《释诂》云"大也""法也"，意思是说，"洪范"是经纶天地、社会和人生的大法。其中第九畴论"五福一曰寿，二曰富，三曰康宁，四曰攸好德，五曰考终命"。"寿""富""康宁"比较容易理解，"攸好德"据郑玄解释，"人皆好有德也"，"考终命"中"考"为成义，"谓皆生佼好以至老也"。与"五福"相对为"六极"，"一曰凶短折，二曰疾，三曰忧，四曰贫，五曰恶，六曰弱"。这些都属于人生之不幸。《洪范》作者是否为箕子，学术界多有争论。但据周原甲骨文中有"唯衣鸡子来降"之语，衣释为殷，"鸡子"即箕子。（徐中舒：《周原甲骨初论》，《四川大学学报丛刊》第十辑，1982年版，第9页）全句意为殷箕子来举行降神仪式。（张光直：《中国青铜时代》二集，三联书店1990年版）《周易·明夷》有"箕子之明夷"的记载，注家解说纷纭，未知孰是。

在《诗经》中的《大雅·卷阿》篇中也有与《洪范》"五福"相似的诗句，据《毛诗序》说此诗为"召康公戒成王"的诗。诗中言："伴奂尔游矣，优游尔休矣。岂弟君子，俾尔弥尔性，似先公酋矣。尔土宇昄章，亦孔之厚矣。岂弟君子，俾尔弥尔性，百神尔主矣。尔受命长矣，茀禄尔康矣。岂弟君子，俾尔弥尔性，纯嘏尔常矣。""俾尔弥尔性"反复出现，"性"即"生"，"弥"为终、尽，即和气平易的君子能善终之意。文中的"君子"指的是周天子，占有无尽的疆土版图，是天地山川等"百神"的主祭者，自然享受着天地大神赐予的"大福"。"茀禄"即福禄，"康"即上文所说的"康宁"，"纯嘏"也即"大福"。在金文嘏辞中有大量相同的语句，如齐叔夷镈"用祈眉寿，灵命，难老"之类。此"难老"又见于《鲁颂·泮水》"永锡难老"。从上古青铜器铭文和《诗》《书》等经典中来看,古人对生死有着非常理性的认识,就是在此岸内追求长寿和善终。个体只是祖先与后代联系链条中的一个环节,宗族与家族的存在通过子孙世代绵延不绝而得以实现。所以将长寿的彭祖比作神仙的彭祖更为符合中国古人的心境。孔子说:"述而不作,信而好古,窃比于我老彭。"(《论语·述而》)刘宝楠《正义》认为,"老彭"即老聃与彭祖,是孔子所心仪的两位古代圣贤。

《庄子·大宗师》曾谈到彭祖长寿的原因,是由于他得到了那个难以名状、非常神秘的"道"。从这角度来说,也可以看作他的长寿秘诀。他说:"夫道,有情有信,无为无形;可传而不可受,可得而不可见;自本自根,未有天地,自古以固存,……彭祖得之,上及有虞,下及五伯。"但这个"道"究竟是什么,庄子却没有明确说出。《庄子·刻意》说到彭祖养生之法,"吹呴呼吸,吐故纳新,熊经鸟申,为寿而已矣。此导引之士,养形之人,彭祖寿考者之所好也。"从上文记载可知,彭祖所得之"道"大概相当于宇宙精气,即《庄子·逍遥游》中"乘天地之正,而御六气之辩,以游无穷"的意思。此文中的"彭祖"为导引养生之士所推崇,并奉以为鼻祖。在《庄子》学说中有很多养生学的理论,如导引、养气之术现在还有人修习。在新出土的上海博物馆藏战国楚竹书中有《彭祖》一篇,内容尚未发表,是否与此相关不得而知。除了呼吸吐纳之术外,据干宝《搜神记》、张华《博物志》和托名刘向的《列仙传》中都记载了彭祖长寿之方,即"常食桂芝"。据笔者统计,《列仙传》之书所记神仙七十一人,《神仙传》所记神仙八十四人,而据其序称秦大夫阮仓所撰《仙图》称六代,汉成仙者共七百余人。其成仙之途归纳起来大致有下列几种:采药。一为自然植物,如松子、桂芝、菊花、地肤、菖蒲之类;一为矿物质,如饵术、煮石髓(石钟乳)、五石脂之类,据古书记载,这种服食法较为危险,古诗中说:"服食求神仙,多为药所误。不如饮美酒,被服纨与素。"以这两种方法成仙者如渥绻、涓子、彭祖、文宾等。养性交接之术成仙者,如补导、房中术等,如容成公、女丸等人。以艺术成仙者,如务光好琴、王子乔善吹笙做凤凰鸣、萧史弄玉善吹萧引凤等,这是诸成仙之途中较为高雅的一种。在葛洪《神仙传》中,记载了彭祖故事,说他为"颛顼之玄孙,至殷末七百六十岁而不衰老,少好恬静,不恤世务,不营名誉,不饰车马,唯以养生治身为事"。所以殷王使"采女"问道于彭祖,彭祖发表了有关长寿的大段议论,其要点不过是服用金丹、爱精养神、不为物累等,反映了魏晋时代士人的生活趣味。

长寿是人的心理追求,但在心理的企望之上还有更高的人生境界。在个体价值之上，还有群体价值和社会价值。人毕竟是社会的存在，如果终生隐居于岩穴之中，侣鱼虾而友麋鹿，追求长生不老，忘记人世与苍生的呼唤，对个体人生来说，在道德上是否太自私了些？所以古代圣贤总是力图在有限的人生之内从事千古流芳的事业，他们的长寿对下民来说是苍天的莫大恩惠。《尚书·无逸》是最为可靠的周初文献，周公引用古代圣贤的事迹对成王进行传统教育，如殷王中宗祖乙敬畏天命，谨慎治民，所以享国七十五年。高宗武丁不敢贪图安逸，牢记小民的苦难，所以享国五十九年。文王亲自勤民稼穑，所以从中身受命开始，享国五十年。这些圣贤的个体生命是有限的，但对民族的影响来说，他们的功业是不朽的。所以对后世影响最大的学说并非单纯的长寿学说，而是超越存在有限性的不朽观念，即《左传》中的"立德、立功、立言"这一"三不朽"。从宗教意义上来说，古代圣贤的功德是通过祭祀制度加以保存的，如《礼记·祭法》中所说："夫圣王之制祭祀也，法施于民则祀之，以死勤事则祀之，以劳定国则祀之，能御大灾则祀之，能捍大患则祀之。是故厉山氏之有天下也，其子曰农，能殖百谷；夏之衰也，周弃继之，故祀以为稷。共工氏之霸九州也，其子曰后土，能平九州，故祀以为社。帝喾能序星辰以著众；尧能赏均刑法以义终；舜勤众事而野死。鲧鄣洪水而殛死，禹能修鲧之功。黄帝正名百物以明民共财，颛顼能修之。契为司徒而民成；冥勤其官而水死。汤以宽治民而除其虐；文王以文治，武王以武功，去民之灾。此皆有功烈于民者也。及夫日月星辰，民所瞻仰也；山林川谷丘陵，民所取材用也。非此族也，不在祀典。"从社会意义来说，圣贤往往是古代部族国家的始祖，对整饬社会的道德礼俗、团结族众起着重大作用，而炎黄（即厉山氏）更成为中华民族的人文祖先。从道德与人生境界的意义来说"三不朽"的理论是对存在有限性的自我超越。而在"三不朽"中，"立言"具有最为突出的意义。因为见于传说与《祭法》中圣贤的文德与武功无法企及，那么在有限的人生之中所能做的不朽之业唯有"立言"了。在春秋时代，"立言"就已经成为流行风尚。"言"既具有经典崇拜的传统意义，同时也包括贤哲们的名言隽语、人生智慧。可以说圣贤崇拜实际上也就是人类自身的偶像崇拜。所以古人追求长寿与人生价值的实现是同步的，只有那些有德者、仁者、立大功、捍大患的人才能"永言配命"、享受天命的眷顾，使寿命长久。

第四篇

彭祖长寿文化论

第四篇　彭祖长寿文化论

论彭祖文化的形成、发展与历史地位

赵明奇　韩秋红

[作者简介] 赵明奇,男,江苏淮安人,徐州师范大学博物馆研究员,主要从事中国文化史研究;韩秋红,女,江苏徐州人,徐州师范大学历史文化与旅游学院中国文化史在读硕士研究生,主要从事中国文化史研究。

[文章来源]《扬州大学烹饪学报》(2008年第01期)

[内容摘要] 彭祖文化是包涵物态、行为、心理三个层面的立体文化系统,是彭祖开创、后人完善、以追求养生长寿为目的,以烹饪、导引等技艺为手段的生命科学单元,起源于以徐州为中心的江苏北部。从彭祖形象的神仙化演变、彭祖传说的民俗化普及、彭祖养生理论的不断丰富三个方面分析,彭祖文化在新时期生命科学研究和传统文化继承领域仍然具有学术价值和应用价值。

彭祖是我国古代著名的长寿之星，其人其事自来史不绝书，以至于在历史上形成了独特的"彭祖文化"现象。作为淮海地区的初始文化，其丰富的内涵一向为世人瞩目，但对其本身的概念界定，学界目前尚未形成一个统一的、规范的、被社会广泛接受的结论。而要更好地认识、评价彭祖文化，发挥其时代价值，则必须首先予其以准确定位。故本书拟就此略作考论，并求证于方家。

一、"彭祖文化"的概念界定

从目前学界对"彭祖文化"的研究状态来看，研究者更多的是侧重于对这一文化现象进行描述与解释，而对于其概念界定或语焉不详，或避而不谈，仅有少数学者提及。如朱金才先生认为："彭祖文化可以说是由彭祖开创，经其后学、崇拜者、研究者不断发展、丰富、完善的具有华夏传统特色的养生文化，是人体生命科学的一支应用科学，在烹饪、导引和房术方面有所建树。"① 彭会资先生则认为："彭祖文化，是指彭祖的开创精神以及跟养生长寿相关的文化遗产，如烹调术、房中术、服气导引术、生态环保术，等等。"② 笔者以为，上述二者定义虽都有一定的合理性，但尚不足以涵盖"彭祖文化"之全部。因为彭祖文化作为"文化"之一种，其本身既具有"文化"的普遍性特征，又体现着自身的特殊性。故而彭祖文化应被视作一个立体文化系统，有广义、狭义之分。

广义的彭祖文化是指与彭祖有关的一切生活方式和为满足这些生活方式进行的物质文明与精神文明创造，以及基于这些生活方式形成的心理和行为。其具体内容包括3个层面：一是彭祖物态文化，指与彭祖有关的遗迹、遗存；二是彭祖制度行为文化，指由彭祖或其后学所创造的系列"养生之术"以及各种纪念彭祖的风俗习惯、行为礼仪、谚语故事等；三是彭祖精神心理文化，指人们在长期的养生实践和意识活动中形成的价值观念、思维方式、审美情趣、心理性格等。

狭义的彭祖文化则是指由彭祖开创、经后人完善的，以追求养生长寿为目的，以摄养、导引、烹饪、房中等系列养生之术为手段的生命哲学，及其对中华民族精神所产生的影响。

本书所讨论的即广义语境下的彭祖文化。

二、彭祖文化的形成与发展

彭祖文化是淮海文化的源头，中华文明的组成部分之一。其之所以能成为一道独特的跨区域多层次文化景观，是在漫长的历史时期与自然、社会斗争而形成的，是多种因素交融、繁衍的结果。

（一）彭祖文化的形成：以地理环境为中心的考察

彭祖文化所在的以徐州为中心的淮海地区，土地肥沃，河网稠密，气候暖湿，是古人类良好的栖居地。《尚书·禹贡》曰："海、岱及淮惟徐州，……厥田惟上中，厥赋中中。……浮于淮泗，达于河。"实际上，虽然此地区先天条件良好，但因受到生产力的限制，远古时期生活在这里的人们的生存条件仍是十分艰苦的。除了战争、疫疾等不利因素，最重要的就是洪水肆虐。竺可桢先生曾撰文指出当时水旱交加的气候条件："在殷墟发现的十万多件甲骨，其中数千件是与求雨或求雪有关的，……'帝命其雨''帝命不雨'之类的卜辞在甲骨文中屡见不鲜。"③ 环境演变的研究也表明，"距今7000多年前，冰后期海侵至高海面，岸线退至今洪泽湖、高邮湖西湖岸一线，今苏北平原是一片汪洋的浅海，并形成这一时期的海相沉积。"④ 直至3500年前，泗阳、淮安、界首、兴化、泰州一线以东的广大地区，还是一片茫茫大海。同时，根据徐州东部沂、沭河中下游之河间平原和河流两侧阶地的堆积物普遍夹有黑土层现象，经测定可证距今3500年左右，商周时代徐州沙谷平原带确实长期存在着比较严重的水害。《路史·前纪》卷九也提到："阴康氏时，水渎不疏，江不行其原，阳凝而易闷，人既郁于内，腠理滞着而多重，得所以利其关节者，乃制为舞，教人引舞以利导之，是为大舞。"这种"大舞"就是《庄子》里所谓的"熊经鸟申"，来自对飞禽走兽图腾的模仿。⑤ 因此，最初的养生之道实是古人在特定地理环境下对抗自然、抵御疾病的产物，这也是彭祖文化形成的大前提。

又，大彭国何以为彭，学界虽无定论，但分析"彭"字，却可看出大彭国确有"鼓舞"的古老风俗。彭，《说文解字》曰：鼓声也。其本为击鼓而发出的声音。"彭祖以彭为姓或国，可见彭祖是以鼓为族徽形象的，这是一个善于击鼓而舞的方国。击鼓而舞有两大功能，一为以舞而通神，增加方国的战斗性，鼓舞士气；二为以舞来锻炼身体，在鼓声'彭彭'的节奏中，熊经鸟申，以御疾病。大彭国的此种风俗，一直到汉时还存在。"⑤ 在淮海地区发现的汉画像中常常可以看到击鼓而舞的图像，正反映了大彭国这种古老传统的普及和生存韧性。这或许是彭祖文化得以形成的又一人文因素。

（二）彭祖文化的发展

因为长寿，由彭祖所开创的养生之术逐渐受到后人尊崇，其形象也变得高大起来，附会之说纷纭不绝，彭祖文化因此成为一种独特的文化现象，在传承中继续发展。其具体表现如下。

第一，彭祖形象的"神仙化"演变。古籍有关彭祖形象的描述可谓虚虚实实。相对纪实的一派以《国语》《世本》《大戴礼记·帝系》《史记》等史书为代表。从这些史书里,我们仅知道彭祖作为一历史人物,实有其人,其先祖为颛顼和祝融,有着明晰的传承世系。但在以先秦诸子为代表的一系著作里,彭祖成了长寿形象的代表。日本学者坂出祥伸认为,有关彭祖长寿的观念,到战国晚期已基本形成,并成为家喻户晓的故事⑥。《庄子·逍遥游》:"而彭祖今以久特闻,众人匹之,不亦悲乎?"据学者考证,从春秋战国迄汉魏晋时代,彭祖都是以长寿者的形象出现的⑤。

但在相传为西汉刘向所作的现行本《列仙传》中,彭祖却是一副神仙形象,"彭祖者,殷大夫也。……历夏至殷末,八百余岁。常食桂芝,善导引行气。……后升仙而去。"又云:"遐哉硕仙,时惟彭祖。道与化新,绵绵历古。隐伦玄室,灵著风雨。二虎啸时,莫我猜侮。"东晋的干宝在其著作《搜神记》(卷一)里基本承袭了《列仙传》说,但与其不同的是,他说到了彭祖年龄"号七百岁",并没有提及"升仙而去"。在东晋葛洪的《神仙传》里,彭祖的形象为:"彭祖者,……殷末,已七百六十七岁,而不衰老。少好恬静,……常闭气内息……祖知之,乃去,不知所之。其后七十余年,闻人于流沙之国西见之。"他也只说彭祖年七百余岁,但添加了彭祖晚年到了流沙之西的神秘结局。尽管如此,刘怀荣先生仍认为这些"正是后世说彭祖升仙而去,或寿享八百的神话基础"⑦。

虽然上述各书关于彭祖的最终结局有异,但在"彭祖寿享八百"的结论上却是一致的。从诸子(尤其是庄子)到神仙家再到道家,彭祖长寿的形象就这样慢慢地确立并清晰化了。魏晋以后的道教学者在此基础上进行了进一步附会,终于把彭祖捧上了与老子并列的道的体现者的高度,予以完全神仙化。这种神仙化的结局既是彭祖文化"中心化"的标志,反过来它又促进了彭祖文化的普及。

第二,彭祖文化的普及和民间化。古代志怪小说如《列仙传》《神仙传》《搜神记》等著作的推动和道教学者所编造的彭祖故事无疑应是彭祖文化向民间渗透的原动力之一。此后,诸如《华阳国志》《元和郡县志》《太平御览》《全上古三代文》等著名文献都记载了彭祖之事,而在唐诗宋词、明清小说、野史杂传、民间传说中更频频出现了彭祖的身影。如唐柳宗元《天对》有句:"铿羹于帝,圣孰嗜味?夫死自暮,而谁飨以俾寿?"宋大诗人苏轼有《彭祖庙》诗:"跨历商周看盛衰,欲将齿发斗蛇龟。空餐云母连山尽,不见蟠桃著子时。"明代著名文人李攀龙、王世贞则先后作过《彭祖传》《彭祖箴铿传》文,一些著名学者如钱谦益、俞正燮等都就彭祖进行过专论。在民间,彭祖文化资源更为丰富,在与彭祖有关的文化遗存

◎ 第四篇 彭祖长寿文化论

方面，仅彭祖墓全国就有五处（徐州古彭城内东北角一处，四川省彭山县仙女山一处，河南鄢陵彭祖岗一处，浙江临安县百岗岭一处，浙江孝丰广苕乡一处）；而诸如江西的彭蠡（鄱阳湖）、彭泽，河南的彭山、彭水，陕西的彭溪、彭衙堡，甘肃的彭原，四川的彭县、彭山县，福建的武夷山（传说以彭祖的儿子彭武、彭夷而得名）等也都与彭祖文化有关。在徐州，除有大彭山、大彭集、彭祖井、彭祖宅、彭祖墓、彭祖园等文化遗存外，还保留着一些民风民俗，如每年农历六月十五日，苏、鲁、豫、皖接壤地区方圆百里的厨师们到彭祖祠（庙）祭彭祖，铜山县大彭镇每年农历三月三的彭祖庙会等。闽南也有"六月十二，彭祖作忌"的俗谚。总之，彭祖文化的跨地域、多层次传播和其所拥有的厚实的民众基础，也是彭祖文化得以发展的重要标志之一。

第三，彭祖养生理论的发展与丰富。从史料记载看，许多谈彭祖养生术的著作虽多为伪托、附会之说，但其精神内涵却是一脉相承的。正是它们在一定程度上完善了彭祖养生文化，丰富了中国古老的生命哲学。相传，古有《彭祖经》为彭祖养生学专著，惜已失传。但彭祖的长寿之术很早就被关注确是事实。如《楚辞·天问》有句："彭铿斟雉，帝何飨？受寿永多，夫何久长？"即意味着当时南方人已经注意到彭祖的食疗养生。在庄子和荀子那里，他们认为彭祖长寿的原因是行气导引，"吹呴呼吸，吐故纳新，熊经鸟申，为寿而已矣。此导引之士，彭祖寿考者之所好也。"（《庄子·刻意》）"扁善之度，以治气养生则后彭祖，以修身自名则配尧舜。"（《荀子·修身》）这种观点至少延续至汉初。长沙马王堆汉墓出土帛书《十问·六问》中就记载了彭祖回答一个叫王子巧父的人关于养生的具体方法，其中关键为"固精勿泄"，究未脱"行气"范畴；出土的帛书《导引图》包括了吐纳、导引、器械诸项运动四十四式，是导引术最为完整的记述；帛书《去谷食气篇》则是对彭祖食气理论的发展；而其他诸如《养生方》《合阴阳方》《杂禁方》等文献则对房中术提出了十分高明的见解。又，在另一出土汉代古医书《引书·彭祖之道》里，则强调养生要顺应自然规律，与外界保持和谐。这充分说明，汉初黄老道家对彭祖养生理论的研究已达到了很高的水平。在《列仙传》里，彭祖的长寿除了因为"善导引行气"外，还增加了一个"常食桂芝"。葛洪在所著的《神仙传》和《抱朴子》里指出了彭祖长寿之术除导引行气外，还有房中术，后者甚至发展成了彭祖之术的主干⑥。

上述诸种养生理论为以后历代养生家所继承。如南朝梁代陶弘景的《养性延命录·彭祖曰》、隋代巢元方《诸病源候论·彭祖谷仙导引法》、唐代孙思邈《摄养枕中方·彭祖曰》和《千金要方》、日本丹波康赖《医心方》、宋代姚称《摄生月令》和周守忠《养生类纂·彭祖曰》、元代李鹏飞《三元延寿参赞书·彭祖曰》、明代冷谦《修龄要指》等著作，不一而论。同时，彭祖的养生理论也直接影响到道教的内丹理论和实践。如《道藏》中就收有《彭祖摄生养性论》《彭祖导引图》《彭祖谷仙卧引法》等。这些丰富的养生学著作既是彭祖文化繁荣发展的重要表现，更是彭祖养生学的理论基础。正因为它们的绵延相继才有了中华民族养生学的薪火相传。

三、彭祖文化的历史地位

彭祖文化虽是淮海地区的土著文化，但其因在形成发展过程中与许多不同的文化品类相接触碰撞，并不断地向外辐射延伸，从而对中华文化的整体发展产生了巨大影响，其自身也在中华文化史上奠定了不可或缺的地位。

首先，彭祖文化具有唯一性。彭祖作为徐州人的始祖、烹饪界的鼻祖、治气养生的创始人和道家的先驱者，其开辟了中华文化的养生之道，在中华文化史上是不可替代的。其首先发现了饮食的医疗功用，创造了天下第一羹——雉羹和天下第一菜——羊方藏鱼等系列菜点，结束了中华民族茹毛饮血的愚昧时代，开创了一菜一汤一主食的饮食格局。彭祖四大养生术先后经道家老聃、张道陵所接受后，加以继承和发展，最终形成了我国望气、祝由、中药、炼内外丹的中医基础。其"食养同源、以食养生"的养生文化精髓直至今天对我们的生命哲学还有着巨大的指导意义。

其次，彭祖文化有着巨大的辐射力。如前文所述，彭祖文化是一种跨地域多层次的文化。就其传播地域而言，与彭祖有关的地区除江苏徐州外，还有河南鄢陵、陕西宜君、甘肃天水、四川彭山、广西龙胜、江西吉水、浙江临安、福建武夷山、广东揭阳等共计12省27个地市；就其受众对象而言，既有社会上层的精英人物，也有民间大众，还有遍布四海的彭氏后裔；就其自身的涵盖领域而言，其对饮食、养生、宗教等诸领域皆有着极深的影响。

最后，彭祖文化有着巨大的影响力。所谓影响力，简言之即其所拥有的影响他人行为的能力。彭祖文化向上则升华为一种民族精神，其所强调的"道法自然、追求和谐"的观念影响着中华民族的价值观念和审美情趣；向下则积淀为一种民俗习惯，在民众生活中打下了烙印。彭祖文化作为一种原始的生命哲学，还为全人类提供了重生命、善养生、追求人生幸福的普世价值。

进入21世纪，在全球经济文化一体化的今天，如何能够健康、长寿已成为全世界共同关心的问题；而批判性地继承彭祖文化资源，发挥其时代价值，为全人类造福，则是彭祖文化研究所要继续努力的方向。

参考文献

① 朱金才. 彭祖文化初论 [C]// 第一届国际彭祖文化节学术研讨会论文集. 徐州组委会，2006：26.

② 彭会资. 客家文化与彭祖文化 [J]. 玉林师范学院学报（哲学社会科学版），2004（2）：71.

③ 竺可桢. 竺可桢文集 [M]. 北京：科学出版社，1979：18.

④ 吴必虎. 历史时期苏北平原地理系统研究 [M]. 上海：华东师范大学出版社，1996：10-11.

⑤ 朱存明. 彭祖的养生之道 [J]. 中国道教，2001（5）：45-49.

⑥ 坂出祥伸. 彭祖传说的研究 [J]. 宗教学研究，1999（4）：13-22.

⑦ 刘怀荣. 彭祖神话考略 [J]. 中国文化研究，1996（13）：96.

第四篇　彭祖长寿文化论

彭祖文化是武夷山养生文化的集中体现

朱平安

[作者单位] 武夷学院武夷文化研究所，福建武夷山
[文章来源]《现代中医药》(2008年11月第28卷第06期)

[内容摘要] 在武夷山，彭祖是一个家喻户晓、耳熟能详的神话人物，有关彭祖的文化遗迹更是随处可见。从某种意义上说，彭祖文化乃是武夷山神仙文化的代表和养生文化的集中体现。

一、"彭祖"的文化内涵

"彭祖"本身就具有丰富的文化内涵，他曾是一个广泛见于战国秦汉史籍和诸子著述之中的历史人物，后来逐渐被秦汉之后的神仙方士们所神化，从而成为一个在神州大地广为流传的神话人物。

（一）作为历史人物的彭祖

彭祖的长寿和行止，在先秦的史乘和子书中多有记载，如《大戴礼记·帝系》记载，彭祖为黄帝的六世孙，其母怀孕三年，剖腹产下六子（彭祖为第三子），后皆有封国。另《史记》《列子》《荀子》《楚辞》以及《庄子》等书也都有关于彭祖长寿行迹的记述。此外，有关彭祖年寿、职掌、受封、称谓、经历、身世、气度、被害、逃亡等，古籍也多有记载。看来，彭祖在历史上确有其人。

（二）作为神仙传说的彭祖

最早的记载见托名于刘向的《列仙传》："彭祖者，殷大夫也。历夏至殷末，八百余岁，常食桂、芝，善导引行气。"类似的记载还见于东晋干宝《搜神记》以及葛洪的《神仙传》。在这里作为历史人物的彭祖显然已经被神仙化了。

（三）作为封国称号的彭祖

最早记载彭祖受封的是《国语·郑语》："大彭，豕韦为商伯。"彭城即今江苏徐州。彭祖寿长八百岁，依现代科学来看，几乎是不可能的事情。但如果把彭祖看作是封于大彭国的历代彭伯代代相袭的封号，则是自然之事。传说大彭国人擅长以养生之道达到祛病长生的目的。

（四）作为氏族徽号的彭祖

"彭"乃击鼓而发之声音。彭祖以"彭"为姓，可见彭祖乃是一个以"鼓"为族徽的氏族。这是一个善于击鼓而舞的方国。在鼓声的节奏中，熊经鸟申，以御疾病。从出土的东汉画像石中，还能看到击鼓而舞的图像，反映的正好是大彭国古老的习俗。而"祖"的本义则是对祖先的祭祀，反映了对祖先生殖能力的崇拜。"示"在古文字中是一个表示鬼神、祭祀、祸福等意义的字符。而"且"在甲骨文和金文中都是男性生殖器官的象形字。因此"祖"有生殖崇拜和生命意向的文化内涵。

（五）作为开山始祖的彭祖

彭祖不仅开发了江苏徐州一带，还携子南下开发了武夷山。这个传说不仅董天工的《武夷山志》有明文记载，而且武夷山市的《平川彭氏家谱》也有记载："（彭祖）因慕闽地不死国，遂挂冠避谷，隐于荆南山，生二子，长曰武，次曰夷，兄弟开辟南山，相传五十余乡，子孙世居焉，故俗呼荆南山为武夷山。"彭氏父子南迁武夷山，显然是为了隐居修行。而武夷山生态环境优越，自古神仙辈出，故有"不死国"之称。

不管是历史人物，还是神仙传说、封国称号、氏族徽号和开山始祖的彭祖，都有其深刻的养生文化内涵。

二、彭祖文化——武夷山养生文化的代名词

武夷山养生文化内涵极其丰富，而表现形式也异彩纷呈，如神仙文化、茶道文化、图腾崇拜、祖先崇拜、生殖崇拜等。所有这一切都与彭祖文化有直接或间接的联系。

（一）神仙文化是武夷山养生文化的最初形态

相传彭祖是住在武夷山幔亭峰下的长寿翁，他率彭武、彭夷二子，带领族人降龙伏虎，治理洪荒。后来彭祖被玉皇大帝召上天去做了神仙。彭武、彭夷继承父亲遗志，疏浚河流，开垦土地，种稻植茶，将这里建设成了山清水秀、安居乐业的人间乐土。为了永久纪念彭祖及其后人的不朽功德，当地民众尊"彭祖"为自己的始祖，称其在幔亭峰下的居所为"彭祖居"，取彭武、彭夷的名，来命此山为"武夷山"。仅《武夷山志》卷二《方外》列举的自帝尧时期迄至清末有著名神仙和道士就有80余人。而长生不老、羽化登仙则是神仙文化的核心内容和最高境界。

（二）茶文化是武夷山养生文化的药用形态

在武夷山的开山神话中，彭祖不仅开山劈水，而且垦壤植茶，为培育武夷岩茶做出了贡献。而武夷山的佳茗神话中，多有武夷岩茶神气疗效的记载。可见岩茶与神仙早在远古时代就已经结缘了。

道教徒炼丹服药，以求脱胎换骨、羽化成仙，于是茶成为道教徒的首选之药，道教徒的饮茶与服药在养生功能上是一致的。清代陈元龙在《格致镜原》卷二十一《饮食类》记载："陶弘景《杂录》：'苦茶轻身换骨，昔丹丘子、黄山君服之。'华陀《食论》：'苦茶久食，益意思。'壶居士《食忌》：'茶久食羽化，不可与韭同食。同食令耳聋。'《本草》：'神农尝百草，一日而遇七十毒，得茶以解之。'今人服药不饮茶，恐解药也。"丹丘子、黄山君是传说中的神仙人物。饮茶可使人"轻身换骨"，满足道教对长生不老、羽化登仙的追求，这就是茶于成仙的药用价值。难怪人们要把武夷山"茶洞"的一方"茶"字碑刻的笔画附会为一百零八岁的长寿，茶乃草木中人，这无疑也透露出道教长生不老的神仙信仰。

（三）图腾崇拜是武夷山养生文化的信仰形态

古代闽越族以蛇为图腾崇拜的对象。许慎《说文解字·虫部》曰："闽，东南越，蛇种，从虫门声。""虫"在《说文解字》中又被解释为："一曰蝮，博三寸，首大如擘。"王筠《说文句读》案："蝮，大蛇也。"就是说，"虫"乃是一种大头毒蛇。这既符合"虫"字在甲骨文和金文中大头毒蛇的形象，也符合古代闽越人以大头毒蛇如蝮蛇、五步蛇、眼镜蛇之类作为图腾崇拜对象的民俗信仰。"蛇种"之谓，即以蛇为先祖。可见，古代闽越族是以蛇为图腾崇拜对象，并把蛇图腾作为本氏族或部落的名称和标志。然而结合闽北民间在家中供奉毒蛇的民俗，"闽"字不当解为"从虫门声"的形声字。依《说文》体例，当解为"从虫从门门亦声"的形声兼会意字，表示在家中供奉蛇的意思，其字义结构类似于"宗"，即在家中供奉祖先牌位的意思。

蛇图腾崇拜的价值取向无疑是源于原始人类对蛇类所代表的旺盛生命力的崇拜。蛇有水、陆和空（水蛇、陆蛇、树蛇）三栖生存方式，对自然环境具有超强的适应能力；蛇蜕皮而获新生，具有顽强的生命力；蛇还具有旺盛的生殖力，是永恒生命的象征。在原始社会茹毛饮血、野处穴居这种极其艰难的生存条件下，求生的欲望就几乎成为人类生存并延续下去的一种本能的生命意向。

（四）生殖崇拜是武夷山养生文化的生命意象

就个体生命而言，养生就是追求长生久视、益寿延年。而对于一个民族来说，养生就是对人类生殖能力、繁衍能力的追求。

生殖崇拜是原始人类最普通的一种文化信仰。它是指人们为祈求生殖，对男女生殖器官予以宗教崇拜与祭祀的一种文化现象。生殖器崇拜始于女阴、男根崇拜，继而则发展为对生殖器象征物的崇拜。

武夷山的龟、蛇、鸟等图腾崇拜就有生殖崇拜的内涵，因为龟头、蛇首和鸟头在民俗文化中一直就是男性生殖器官的象征物。武夷山的船棺内就有用作枕头的龟形木盘。龟乃长寿的象征，因此，龟形木盘有引渡死者灵魂羽化登仙之寓意。闽越王城考古发现蛇图腾柱是蛇图腾崇拜的直接证据。蛇是旺盛生殖力的象征，蛇图腾崇拜也就具有祈寿求生的文化内涵。

在武夷山，相传为生殖崇拜的遗迹很多。大王峰西侧有一块长条状的巨石，高约五米，断裂在溪边，而民间传说是大王的生殖器；五曲晚对峰有块开裂的石头，民间唤为黄婆石，衍为女性生殖器；换骨岩对面有一块奇特的大石头，仿佛呈现出一具巨大的女性生殖器，仰向山间，老百姓叫作"和合岩"，意为求子的地方；另外，武夷山的双乳峰也是人们生殖崇拜意识的一种反映。

（五）祖先崇拜的本质是生殖崇拜

生殖神崇拜是祖先崇拜形成的基础，某氏族或民族的生殖神往往就是该氏族或民族的始祖神。也可以说祖先崇拜的实质是一种变相的生殖崇拜，彭祖崇拜实为武夷山祖先崇拜的一种表现形式。如祖宗的"祖"，就是一个从示（在古文字中是表示鬼神祭祀意义的字符）从且（在甲骨文和金文中是男性生殖器官的象形字）的会意字。而且"且"就是"祖"的初文。祖先崇拜的实质是对祖先繁殖能力的崇拜。

武夷山茶道文化、神仙文化和生殖崇拜三者之间在文化意蕴上有着内在的必然联系。饮茶具有保健养生功能，神仙信仰在于追求长生不老，而生殖崇拜的实质则是对旺盛生命力的崇拜。

三、彭祖养生术的基本内容

彭祖重视生命，讲究养生，以长寿称著于世。所以诸子百家及先秦史籍中保留了大量彭祖养生术的记载，其中许多是托名彭祖之作。因此我们也可以将"彭祖"理解为先秦时期养生文化的代名词。

总结古书关于彭祖的养生术，表现在以下几个方面。

（一）导引术

导引术就是气功动功，是一种在意念作用下，借助于形体的导引来疏通体内气血使之和谐的养生方法。即气功术所谓"外导内行"。远古中国多洪水，阴伏多滞，民多痿厥湿热之病，于是发明了导引按跷之术。此即《庄子·刻意》所谓："吹呴呼吸，吐故纳新，熊经鸟申，为寿而已矣。此导引之士，养形之人，彭祖寿考者之所好也。"李颐注曰："导气令和，引体令柔。"这个解释可谓深得其要，即外（形体）导而内（气血）行。上古无医药，因此导引术到春秋战国时期就成为颇为流行的医疗保健和养生方法。后来被道教所吸收，《道藏》中收有《彭祖导引图》和《彭祖谷仙卧引法》。

（二）服气术

服气术就是气功静功，是一种借助于意念引导气行周天，从而疏通气血使其和谐的养生方法。梁代陶弘景的《养性延命录·服气疗病篇》对彭祖的服气法有专门介绍："常闭气纳息，……导引闭气，以攻所患。……不须针药灸刺。凡行气，欲解百病，随所在作念之。头痛念头，足痛念足，和气往攻之，从时至时，便自消矣。时气中冷，可闭气取汗，汗出辄周身则解矣。"道教典籍《云笈七签》等也记载这种"闭气攻疾"的养生方法。（《云笈七签》卷三十二《服气疗病》）古代亦称为辟谷食气，即炼气到一定程度，身体便会自我调理，不思饮食，元气循经而行，遇有疾患处，便自行攻之。以意领气，以气攻疾，百病全消，而致长寿。

（三）房中术

房中术就是房事养生学，是一种以房事禁忌为主要内容的养生术。彭祖房中术是从延年益寿的角度来指导人们性生活的性保健方法。葛洪的《神仙传·彭祖传》对此有记载："男女相成，犹天地相生也。所以神气导养，使人不失其和；天地得交接之道，故无终竟之限；人失交接之道，故有伤残之期。能避众伤之事，得阴阳之术，则不死之道也。"道家提倡"道法自然"，既反对纵欲，又不提倡禁欲，而是倡导节欲适性。因此彭祖认为男女之事不仅非常正常，而且非常重要。但他认为应当交接有度。他提出诸如交接有度、交接戒暴、交接戒滥、交接有时、交接慎情等一系列房事禁忌原则，这在今天看来仍然是有科学道理的。

（四）食养术

食养术就是以饮食营养进补来调养身体的一种养生术。古人云"药食同源"，就是说医药最初就来源于食物。重视食养是中国古代养生学的一大特点，也是一大优点。如孔子曰："食不厌精，脍不厌细。"（《论语·乡党》）可见其对饮食养生的重视。因为任何食物都有"性味归经"的医疗和养生功效，而且天然动植物更容易为人体所接受。《楚辞·天问》王逸注云："彭铿，彭祖也。好和滋味，善斟雉羹，能事帝尧，尧美而飨食之。"又云："尧飨食之以寿考。彭祖至八百岁，犹自悔不寿。"可见，历史上的彭祖正是以其高超的烹饪术而赢得尧帝封赐的，而他本人也以擅长食养之道而寿长八百岁。用雉鸡做的羹汤在今天也还是一道营养丰富的美味佳肴。

彭祖养生术，内容丰富，源远流长，极大地丰富了中国古代的养生文化，他不仅创造了一些具体的养生功法（即术），而且提出许多养生的理论（即学），这在《道藏》收录的《彭祖摄生养性论》中有精深的论述。如他提出的"神强者长生，气强者易灭"、不积忧思、节制喜怒、中庸有度、节食和情等思想，对于今天的养生文化仍具有指导意义。

彭祖不仅开辟了中国传统文化的养生之道，而且把它上升到生命哲学的高度加以论述，对中国传统的养生文化产生了重要而深远的影响，值得我们继承和发扬光大。

参考文献

① （清）董天工．武夷山志 [M]．北京：方志出版社，1997：286-598.

② （清）陈元龙．格致镜原．文渊阁．四库全书．光盘版 [M/CD]．上海：上海人民出版社，1999.

③ （汉）许慎．说文解字 [M]．北京：中华书局，1987：282-287.

④ 佚名．庄子·刻意．文渊阁．四库全书．光盘版 [M/CD]．上海：上海人民出版社，1999.

⑤ 陶弘景．养性延命录·服气疗病篇．文渊阁．四库全书．光盘版 [M/CD]．上海：上海人民出版社，1999.

⑥ 葛洪．神仙传·彭祖传．文渊阁．四库全书．光盘版 [M/CD]．上海：上海人民出版社，1999.

⑦ 屈原．楚辞·天问．文渊阁．四库全书．光盘版 [M/CD]．上海：上海人民出版社，1999.

◎ 第四篇 彭祖长寿文化论

客家文化与彭祖文化

彭会资

[作者单位] 广西师范大学中文系教授，广西 桂林

[文章来源]《玉林师范学院学报》（2004年第25卷第02期）

[内容摘要] 与"客家民系的形成时期为五代至赵宋年间"的看法不同，本文认为汉民族客家民系的渊源和形成，可追溯到远古时期。因为客家人的祖先就是中原汉族先民，至今先秦两汉的古汉语仍活在客家方言之中，相关的中原民俗文化仍活在南方的客家民间。这以彭祖文化为参照，可以看得很分明。毛泽东论及的彭祖，是黄帝的八世孙，他的开拓创新精神和养生文化，在客家人心中有着长久的影响。用客家话阅读与《彭祖经》相关的养生学著述，特别方便，因而彭祖养生文化在客家民间形成一定的习俗，西方学者视为"中国种族和文化长期绵延的原因"。"客家人是中国的犹太人"与"彭祖是中国的麦修彻拉"这两个比喻，有着深刻的内涵，表明有生命力的传统文化，是国家民族的命根子，为世界文明进步做出更大的贡献。

史学界有一种观点，认为来自中原的汉民族"客家民系的形成时期为五代至赵宋年间，至今已有近千年的历史"（《客家风情》，中国社会科学出版社 1993 年版，第 8 页）。笔者以为将五代至赵宋年间作为南迁客家民系的发展壮大时期是可行的，至于客家民系的渊源和形成则可追溯到远古时期。因为客家人的祖先就是中原汉族先民，至今先秦两汉的古汉语仍活在客家方言之中，相关的中原民俗文化仍活在南方的客家民间。现在，笔者以彭祖文化作为一个参照，略谈浅见。

一、客家人心中的彭祖文化

翻阅江西、福建、广东、广西、湖南、四川等省和台湾、香港、澳门以及南洋欧美各国的客家族谱，我们发现各姓氏的族谱都追根至黄帝或炎帝。按《史记》所载，彭祖是黄帝的八世孙，进雉羹于尧，尧封他于大彭。1952 年 10 月 29 日，毛泽东主席在徐州接见当地领导干部时说："徐州应是养生学的发祥地。尧时有位叫篯铿的，是历史上有文字记载的第一位养生学家。尧封他到大彭，也就是徐州市区周围这块地方，建立大彭国。彭祖为开发这块土地付出了极大的辛苦。他带头挖井，发明了烹调术，建筑城墙。传说他活了八百岁，是中国历史上第一位长寿之人，还留下了养生著作《彭祖经》。彭祖在历史上影响很大，孔夫子就非常推崇他。庄子、荀子、吕不韦等都曾论述过他。《史记》中对他有记载，屈原诗歌中也提到过他。大概因为他名气太大了，到了西汉，刘向在《列仙传》中竟把彭祖列入仙界。"（李家骥．我做毛泽东卫士十三年．中央文献出版社，1998：216-217．）。彭祖不仅开发了徐州一带，而且还开发了福建武夷山区，清代董天工《武夷山志》载："彭祖姓篯，名铿，相传古陆终氏第三子也，亦谓之中黄君。传称其尝进雉羹于尧，尧封之彭城，故称彭祖。又有曰商贤大夫，即所谓老彭。隐居是山，善养生术，寿七百七十岁。子二：曰武，曰夷，同居此地。"武夷山，原称荆南山，因彭祖带彭武、彭夷二子开发此山有功，故后人改称今名，如武夷山市《平川彭氏家谱》所说：彭祖"因慕闽地不死国，遂挂冠辟谷，隐于荆南山，生二子，长曰武，次曰夷，兄弟开辟南山，相传五十余乡，子孙世居焉，故俗呼荆南山为武夷山"。至今，彭祖、彭武、彭夷三父子的大型雕像仍然巍然屹立于武夷山市龙山上，雕像底座镌刻着三个大字：武夷魂。随着武夷山被列入"世界文化和自然遗产名录"，彭祖文化作为世界文化遗产的一个组成部分，更加受到世人的珍视。

彭祖文化，是指彭祖的开拓创新精神以及跟养生长寿相关的文化遗产，如烹调术、房中术、服气导引术、生态环保术，等等。

首先是彭祖不断开拓前进的精神在客家人心中有着长久的影响。三千多年前，殷商武丁年间，大彭国被灭，彭祖离开彭城（今徐州），隐居并开发福建武夷山，不久又开发广西龙胜彭祖坪，最后抵达四川彭山县。这种跋山涉水、辗转千里、不辞劳苦的拓荒精神，一直在激励着后人。秦汉之际，楚汉相争，天下大乱，中原客家先民经武夷山而南迁，踏着彭祖的足迹前进，如福建连城客家《迁徙歌》所唱道的："楚歌哀哀，天下归汉。赐项以刘，斩根除蔓。……子哀呼地，子爷号天。飓风骤起，一忽不见。行过武夷，山高水寒。官兵趋至，火明刀暗。人众惶惶，顷刻走散。老媪幼仔，坠崖落涧。"由此可见当时南迁开辟之艰难。

时至永嘉之乱，彭迈"辅晋元帝过江，至润州丹阳居住而桑梓植焉，及元帝即位，封西都郡王，则子孙散处于江南一带者，皆出公支派也"（武夷山市《作邑彭氏族谱·迈公传》）。到了唐代，彭迈的后裔彭迁获朝廷授郎部建州千牛卫上将军，"于贞观初入闽，提节建州诸军事，振纲肃纪，坛重国威，尝巡历建州上游武夷，慕彭祖之故庐，爱九曲之山水，上括信州，下折建平，斩草除蒿，溉田三千余顷，筑室崇岭居焉"（《平川彭氏家谱·迁公传》）。彭迁之子彭汉及曾孙彭珰相继开发和建设武夷山区，《崇安县新志》载入他们的功绩："珰，字武仲，邑人。高祖迁，官千牛卫上将军，招集人民即扩野剪蒿、鉏莱、凿湖、筑陂，溉山田三千余顷，名所居曰新丰乡。曾祖汉，台州判官，诣阙上书，请以所居乡为温岭镇，置官守之。珰在南唐时任建州兵马都监，累官至殿中监，复上书，请以温岭镇改为崇安场。其后地广物蕃，租赋增益，宋淳化五年，遂升为县。邑人立祠于县之西偏以祀焉。"（民国三十一年版，第823页）崇安县今改称武夷山市。为缅怀彭迁、彭汉、彭珰三位大丈夫之丰功伟绩，南唐时所立之祠名为"作邑彭氏三丈祠"（至今石刻祠名尚存）。

彭祖后裔继往开来的创业精神，其影响作用，是难以估量的。由北南迁的客家人，大体上都有着类似的迁移史和创业历程，便是明证。广西博白县《王氏家谱》载："始祖伟茂显，号文谟，明初由闽宦游琼海锦旋路，经白州遂卜居焉。"其18代以后统一字派：惇叙贞祥缉熙善庆，右建宏猷均和保定。著名语言学家王力先生属于"祥"字辈，是茂显公22世孙。按博白《彭氏族谱》载，我的祖先从中原南迁江西后，经广东、福建，迁至广西博白县。至今博白县客家人口上百万，多来自福建、江西、广东。而且多在元明清时期迁入。桂东南其他县的情况亦大体如此。

二、彭祖文化在客家民间

农历六月初六，是广西客家民间纪念彭祖诞辰的彭祖节。来自贵港市一位姓赖的女士告诉我，每逢彭祖节，家家户户都置办酒肉，祭拜彭祖，讲彭祖的故事。这与徐州厨师于农历六月十五纪念彭祖诞辰，在时间上有所不同，而与《路史》所载陆终之妻女嬇氏于六月初六启胁生子，则是相吻合的。

最令人感到惊奇的是，用客家话阅读与《彭祖经》相关的养生学著述，特别方便。如长沙马王堆汉墓出土的竹简，有这样的记载：

王子乔父问彭祖曰："人气何是为精乎？"彭祖曰："人气莫如朘精。朘气郁闭，百脉生疾。朘气不成，不能繁生，故寿尽在朘。朘之保爱，兼予成佐。是故道者发明垂手、循臂、摩腹、从阴从阳，必先吐陈，乃吸朘气，与朘通息。与朘饮食，饮食完朘，如养赤子。赤子骄悍数起，慎勿出入，以修利理，固薄内成，何病之有？彼生有殃，必其阴精漏泄，百脉宛废。喜怒不时，不明大道，生气去之。俗人茫性，乃恃巫医，行年七十，形必夭埋，颂事自杀，亦伤悲截！死生安在，彻士制之，实下闭精，气不漏泄。心制死生，孰为之败？慎守勿失，长生累世。累世安乐长寿，长寿生于蓄积。……"（参阅马继兴著《马王堆古医书考释》、柴中元著《老寿星彭祖长寿秘诀》）

上面言及的"朘"，以及《老子》"未知牝牡之合而朘作"中的"朘"，谢永昌的《梅县客家方言志》（暨南大学出版社1994年版，第123页）注："朘 [tsoi]，男阴。"。古代汉语中的这个"朘"，至今仍被应用于客家人的口语中，正如先秦文献典籍中许多词语仍应用于客家口语中一样。上面言及的"赤子"，与"朘"同义。

彭祖之传人素女论房中曰："十动之效，一曰两手抱人者，欲体相薄，阴相当也；二曰伸其肶者，切磨其上方也；三曰张腹者，欲其浅也；四曰尻动者，快善也；五曰张腹者，欲其深也；六曰交其两股者，内庠淫淫也；七曰侧摇也，欲深切左右也；八曰举身迫人者，淫乐甚也；九曰身布纵者，肢体快也；十曰阴液滑者，精已泄也。见其效，以知女之快也。"（柴中元编著《老寿星彭祖长寿秘诀》，上海中医药大学出版社1996年版，第43页）上面言及的"肶"，音比，指大腿，虽未见收录于《辞源》《辞海》，但至今却仍活在桂东南客家口语之中，亦常称鸡腿鸭腿为鸡肶鸭肶。由此忽然想起与鸡相关的"屈"是个形声字，形符"尸"为省去笔画的"尾"，声符为"出"，《说文解字注》指明："屈"的本义是无尾。接着注引《韩非子》《淮南子》说：秋鸡无尾即是屈，凡短尾称为屈，今方言仍俗称如是。这个解释是最明确的，至今客家方言仍称无尾鸡为屈尾鸡。只要对保留古代字音、字义较多的客家方言有所了解，就很容易明白成语"理屈词穷"的"屈"是"无"的意思，而不会误写为"曲"。

最新研究成果表明，人类语言产生于20万年前。记录语言的文字，只有五千年左右的历史。跟古希腊等几个文明古国因历史断裂而后人难以辨认其古文字不同，中国古代记录汉语的汉字都是可以辨认的。王力先生之所以成为著名的语言学家，出版了《古代汉语》《汉语诗律学》等多种著作，跟他掌握博白地佬话和客家话，而又学贯中西，吞吐古今，采取现代科学手段和方法从事研究工作，不无关系。由于今人可以掌握古代汉语、可以阅读先秦以来的文献经典，因此，中华文明发展史绵延数千年而不绝。

前面引用彭祖及其传人素女的两段论述，事关房中术和养生长寿，有其合理的科学性，不可等闲视之。晋代著名学者、道教大师葛洪在《抱朴子内篇·极言》中谈及彭祖时说："按《彭祖经》云，其自帝喾佐尧，历夏至殷为大夫，殷王遣采女从受房中之术，行之有效，欲杀彭祖，以绝其道，彭祖觉焉而逃去。去时七八百余，非为死也。"由此看来，葛洪是读过《彭祖经》的，而《彭祖经》的内容，常为其著作所引用，相当集中于《神仙传·彭祖》之中，其中"养寿之道，但莫伤之而已"，堪称养生之至理名言，为历代养生家、医学家所引用和发挥，乃至在客家民间有着深广的影响，形成一定的习俗。如客家人都特别讲究卫生，早晚勤洗漱，洗澡必在晚餐吃饭饮酒之前，力求"勿醉中奔骤，勿饱食走马，勿多语，勿生餐，勿强食肥鲜，勿沐发后露头"（《道藏·彭祖摄生养性论》）。在婚配对象选择上讲究健壮、勤劳、善良、有文化，追求夫妻和顺，情投意合。过去新娘出嫁，都要随身带上个小绣包，里面有根银针或扁簪，入洞房后置于枕下，以备新郎出事时取银针或扁簪扎刺有关穴位以救人。男青年外出过于劳累，或酒醉以后，长者总会设法让其避开房事。而在其他民族之中，有的人也许不了解彭祖养生之道，不是出事于新婚之夜，就是亡身于过度劳累或酒醉之后的房事之中。因此，西方学者在探讨彭祖养生学的过程中，发出这样的惊人之语："就中国而论，对中国性关系即其生命的主要动机进行历史考察，却使我们相信，男女之间的精心调节（这点早在纪元初就受到中国研究）是中国种族和文化长期绵延的原因。因为看来正是这种造成勃勃生机的平衡使中华民族从远古一直延续至今，并不断更新。"（[荷兰]高佩罗著，李零、郭晓惠等译《中国古代房内考》，上海人民出版社1990年版，第443页）

三、两个比喻，一个真理

有两个比喻，一个是众所周知的，即"客家人是中国的犹太人"；另一个也许较为陌生，即"彭祖是中国的麦修彻拉"（Methusalem）。

犹太人，古称"希伯来人"，公元前13世纪曾在巴勒斯坦居住。公元前11世纪建立以色列王国，创犹太教。公元前1—2世纪罗马帝国统治期间，绝大部分犹太人被赶出住地。犹太人一再起义反抗，均惨遭屠杀和流放。7世纪起，巴勒斯坦一直是阿拉伯人的聚居地。近代犹太人散居世界各地。19世纪末犹太人掀起"犹太复国运动"。第二次世界大战期间，犹太人惨遭德国法西斯屠杀。多灾多难的犹太人一直保留犹太教习俗，犹太教的主要经典《律法书》《历史书》《诗歌·智慧书》《先知书》成为西方基督教《圣经》中的"旧约"，得以保存和流传，成为犹太人互相联系凝聚的文化纽带。直到1948年复国愿望实现，以色列国成立。客家人与犹太人相比，可谓同中有异。相同的是，客家人因内乱与外侵，被迫离开中原，不断向南迁徙，乃至漂洋过海，备受磨难，但始终以中原的先进文化为联系纽带，团结奋进，把中原先进文明的种子播撒在新开辟的地方。不同的是，客家人离开中原而不忘中原，中原祖居地都写在家谱上，爱国家爱民族的拳拳之心世代相传，一旦国家有难，民族临危，就会团结起来，奋勇拯救。众人皆知的太平天国起义、辛亥革命、闽赣粤客家区成为孕育革命的根据地，深圳客家区首先成为改革开放的窗口，海外客属对抗日战争、解放战争、改革开放、祖国统一的大力支持，都是明证。可以说，客家人和兄弟民族一起，在绵延数千年而不断裂的中华文明发展史上，做出了卓越的贡献。

麦修彻拉（又译作玛士撒拉），是《圣经》"旧约"部分《律法书》所记载的长寿者，寿达969岁，是犹太人心中的老寿星，也是西方人心中的老寿星。高寿八百春的彭祖，其寿龄之长不如麦修彻拉，但他却留下了养生著作《彭祖经》。幸福长寿是人类的共同愿望。西方著作中常称"彭祖是中国的麦修彻拉"（参见前面提及的《中国古代房内考》，第135页），这表明彭祖在西方所产生的广泛影响。

彭祖讲养生，孔孟讲伦理，老庄讲治道，各有侧重，互为补充，为中华文明乃至世界文明做出了卓越的贡献。孔子、庄子都论及彭祖，并从彭祖养生学中吸取营养。如果说饮食、男女既是人之大欲，又是一切文化之根，那么，彭祖养生学恰好就是为解决饮食、男女问题而发生和发展起来的。事关生命繁荣，社会和谐，人与自然协调发展的彭祖养生学，历久不衰，既见于历代文献，又见于民间流传，而且早在唐宋时期就传向朝鲜、韩国、日本、越南等亚洲国家，稍后陆续传向欧美各国。西方人类学家在为中华民族快速的恢复力和中国文化的强大内聚力而感到震惊之余，对彭祖养生学多有高度评价，令人鼓舞，启人心智。

  上述两个比喻的深刻内涵，告诉我们一个真理：有生命力的传统文化，是国家民族的命根子。凡是具有生命力的传统文化，都具有特殊性与普遍性，而且生生不息，革故鼎新，与时俱进。其特殊性即个性，在于承载着民族的灵魂与智慧，成为本民族生存与发展、自强不息、团结奋进的精神支柱；其普遍性即共性，在于对其他民族乃至全人类具有普适性，可为他人喜闻乐见和利用，有益于他人的生存发展。包括客家文化、彭祖文化在内的中国文化和包括《圣经》在内的犹太文化，便属于有生命力的有着优良传统的文化。特有的深厚的文化积累，是一个民族生存发展、人才辈出、为世界文明进步做出更大贡献的必要条件。我们应当珍惜自己特有的文化，善于吸收外来文化，在驾驭全球化的进程中，不断开拓前进。

第四篇　彭祖长寿文化论

客家文化与彭祖文化的特有价值

彭会资

[作者单位] 广西师范大学文学院教授，广西 桂林

[文章来源]《玉林师范学院学报》（2009年第30卷第04期）

[内容摘要] 客家文化与彭祖文化，皆源自炎黄文化，是中华文化的组成部分，又是世界文化中很有特色、很有生命力的组成部分。世界客属恳亲大会及国际客家学研讨会、国际彭祖文化节与世界彭氏宗亲联谊会及国际彭祖文化学术研讨会，接连如期举办，得到世界各国政府和人民的热心支持。有着内在联系的客家文化与彭祖文化，在人们心目中的显赫地位，是由它本身特有的价值来决定的。其特有价值具有多重性：鲜明的民族性与世界性、独特的守成性与开创性、可贵的思维合理性与超前性。中华哲学美学的核心范畴"和"，是客家文化与彭祖文化的根基。客家文化与彭祖文化的最高境界是审美，审美的最高境界在哲学大厦的顶尖。

价值是客体对主体需要的满足和满足的一定程度。客家文化与彭祖文化的特有价值，正是体现在它对人们特别需要的满足上。人们对某事物是否重视，就在于该事物对人们的需要来说有无意义，也就是有无价值。客家文化与彭祖文化在人们心目中的地位如何，就是由它本身的价值来决定的。

客家文化与彭祖文化，都是中华文化的组成部分，为何在经济全球化的当今世界上备受重视，持续升温呢？它到底有什么价值呢？扼要地说，源远流长的客家文化与彭祖文化，相对集中地凸显了中华文明的精粹及其所体现的民族精神，很有代表性，其价值具有多重性，符合当今中国人民与世界人民的迫切需要。具体说来，客家文化与彭祖文化特有价值的多重性，主要有如下几点。

一、鲜明的民族性与世界性

客家文化与彭祖文化，皆源自中华炎黄文化，又是世界文化中很有特色、很有生命力的组成部分。世界客属恳亲大会已召开过22次（其中6次在中国大陆召开），国际彭祖文化旅游节暨世界彭氏宗亲联谊会已召开过8次（其中两次在中国彭祖文化圣地武夷山、徐州彭城召开），这两会均在中国台湾召开过，得到有关国家和地区的热情支持。客家文化的研究，已形成国际客家学。彭祖养生学为中华养生文化体系的形成奠定了扎实的基础，扩展为世界养生文化，而世界养生大会则是其推广发展机构。中国改革开放以来，这两种文化的国际交流与广泛传播，高潮迭起，为共建和谐世界而日见其功。

客家人是汉族的一个民系，被称为"中原之旧族，三代之遗民"[①]，自中原南迁后，又漂洋过海，走向各大洲，分布于80多个国家，奋起于社会底层而进入上层社会，成为某些国家的创建人或领导人，成为诸多领域的领军人物。自太平天国、辛亥革命以来，海内外的客家人，便成了世界各国人类学家的研究对象，因而有关"客家"的词条，自1910年起，就陆续进入英国、法国、美国、德国、意大利、西班牙和日本等诸多国家的百科全书，有关客家的著述更是不胜枚举。这些，都有助于人们了解客家人的特性与精神。

2003年10月，世界客属第18届恳亲大会在郑州举行。来自85个国家的3000多名客属代表，回到朝思暮想的中原大地，无比激动。在新郑黄帝故里祭拜黄帝后，又到黄河景区缅怀炎帝黄帝，在景区巨幅横标"弘扬客家文化，凝聚炎黄子孙"的映衬下，大家纵情歌舞。移资中原大地，造福桑梓，成了一道亮丽的风景线。笔者带论文《客家文化与彭祖文化》出席这次国际客家学研讨会。会上，一位学者说:"客家人不费一枪一弹,就进入了85个国家。这一点,很了不起,很值得研究。"这引起了热烈的掌声,也提出了新的课题。

面对这一新课题,经研究发现,客家的特点,可见于这副楹联所概括:"亿万客家,古别中原去,他乡即故乡,英才如星璀璨,爱国创业通四海;千百国度,今恋华夏来,外境犹吾境,豪杰似日辉煌,兴邦造福建五洲。"进而发现客家文化的关键在于一个"和"字,而"和"的精确含义是多样有序适度的统一,有助于正确地吸纳与和合不同国度不同民族的多样文明。

正如客家人足迹遍布全球,彭祖后裔足迹也遍布全球。按《史记·楚世家》所载,彭祖是黄帝八世孙。彭祖进雉羹于尧帝,救治尧帝于病危之中,被赐封于彭城(今徐州),创建大彭国,史称商贤大夫,其后裔有彭、钱、韦等姓氏。殷商武丁四十三年(公元前1208年),大彭国被灭,其后裔星散天下。早在1952年10月间,国家主席毛泽东就称徐州是养生学的发祥地,彭祖是历史上有文字记载的第一位养生学家,传说他活了八百岁,是中国历史上第一位长寿之人,还留下养生著作《彭祖经》。彭祖在历史上影响很大,孔夫子就非常推崇他。庄子、荀子、吕不韦等都曾论述过他。《史记》中对他有记载,屈原诗歌中也提到过他。大概因为他名气太大了,到了西汉,刘向在《列仙传》中竟把彭祖列入仙界②。毛泽东主席对彭祖的评价是切实的,有着重要的指导意义。

隋唐以后,《彭祖经》散佚。但从国内外文献中汇集到的"彭祖曰"来看,彭祖养生学是自成体系的,由养生论与养生术两部分构成,总称为道。彭祖养生长寿之道,包括德行、烹调、导引、调气、服饵、环境协调、男女相成(俗称房中术),形成了相对完整的学科体系原型,奠定了中华养生文化体系的扎实基础。彭祖的"养生论""莫伤论"都是建立在"和谐论"的基础上的。

彭祖被誉为"东方养生智慧的代表"。西方称"彭祖是中国的麦修彻拉",麦修彻拉是《圣经》中的长寿者。由此可见彭祖在世界东方与西方的崇高地位。近年来,由于全球性的生态危机和提高生命质量的追求,因而彭祖养生长寿之道日益被重视,世界各地的彭祖文化研究机构多达1200多个,养生文化产业纷纷兴办,世界养生大会与世界各国长寿之乡的长寿文化节亦纷纷举行。有鉴于此,2006年10月,徐州彭祖文化国际旅游节暨第7届世界彭氏宗亲联谊会如期举行,徐州首届国际彭祖文化学术研讨会审议通过了由笔者执笔并宣读的《彭祖文化宣言》,即向世界公开发表,以促进彭祖文化的健康发展,造福于世界人民。《彭祖文化宣言》发表后,反响强烈，好评如潮，催人奋进。在山水甲天下的桂林，由我任总指导的彭祖文化工作室、彭祖文化网站，时刻感受着彭祖文化在世界各地的蓬勃发展，并以《彭祖文化年鉴》作为见证。

由上述可见，诞生于神州大地的客家文化与彭祖文化，有着鲜明的民族性与世界性的双重价值，既是推动经济发展的精神力量，又是经济社会发展的重要内容，成为国家的软实力，塑造着国家的崇高形象。

二、独特的守成性与开创性

常言道："创业难，守业更难。"守成而不封闭，开拓创新而不故步自封。这是客家文化与彭祖文化特有的精神价值，而且世代相传。

人是文化的载体，既创造文化，又传承文化。彭祖集前人养生术之大成而开创为养生学，体现在弟子黄山君将彭祖的言传身教写成的《彭祖经》。商贤大夫彭祖与商汤左相仲傀（虺）的以人为本，重视德行，分层管理，协调适度的治国方略，见孔子对鲁哀公所述："普商老彭及仲傀，政之教大夫，官之教士，技之教庶人，扬则抑，抑则扬，缀以德行，不任以言。"（《大戴礼·虞戴德》）彭祖的传道授业精神，成了孔子的好榜样，如孔子所说："述而不作，信而好古，窃比于我老彭。"（《论语·述而第七》）商王企图将彭祖养生长寿之道窃为己有而致彭祖被迫出走以后，彭祖弟子及后裔对彭祖养生长寿之道倍加珍惜与弘扬。

如今江苏徐州彭城、浙江临安八百里（因彭祖八百岁而得名）、福建武夷山（因彭祖率彭武、彭夷二子开发此处而得名）、四川彭山（彭祖生卒之地），被称为彭祖文化圣地。中国沿边沿海尤其是广西，被称为彭祖文化国际通道，因广西境内北有龙胜彭祖坪、临桂彭祖泉，南有中越边界东兴彭祖山及山下北仑河中的彭祖潭、彭祖石③。这些地方，不但留下了彭祖开拓前进的美丽传说，而且还留下了彭祖的团结创新精神，永远激励着后人。彭祖塑像已从中国进入马来西亚槟城、普加等处。当今世界彭祖文化热，率先兴起于南洋欧美各国，而后波及中国，互相促进。武夷山市武夷和园内矗立着彭祖、彭武、彭夷三父子的巨型石雕像，称为"武夷魂"，碑铭表明：诣在弘扬彭祖团结进取的创业精神。经国务院价务办公室批准，2004年11月，武夷山彭祖文化节暨第6届世界彭氏宗亲联谊会的拜祖活动，就选择在武夷和园举行。世界各地彭祖后裔首次云集这里拜祖，无比激动，台湾代表300多人在祖像前，手挽手，用客家话一再热烈欢呼："宗亲团结，弘扬祖德！"更是让人感动得热泪盈眶。此情此景，正如武夷和园门联所描写:"看四海归心武夷山麓,听五洲传言彭祖家声。"笔者主持武夷山彭祖文化学术研讨会之后,接受新闻媒体记者采访时说过,彭祖文化不仅仅属于彭祖后裔,而是属于中国人民乃至世界人民的。彭祖后裔的出现,恰好说明彭祖确有其人,不是虚构的神话人物。要解决当今全球性的生态危机问题,还必须回头三千多年前去请教彭祖。当前兴起的彭祖养生文化产业,既是回归传统,又有许多新的创造,值得重视。

客家文化与彭祖文化有着千丝万缕的联系,其守成性与开创性,可概括为以下3点。

（一）坚守雅言,兼通其他语言

2008年10月,世界客属恳亲大会·炎黄文化与客家人国际学术研讨会在西安举行。笔者与彭强民副教授为会议提交的论文《广西客家与中原文化——从〈诗经〉说起》认为,《诗经》代表着2500年前500多年间的诗歌创造,标志着中国文学史的光辉起点和现实主义文学传统的源头,也标志着客家话的由来。《诗经》中"风、雅、颂"的雅,是正的意思,周人称正乐为雅乐,将官话叫作雅言。客家话就是周人所称的雅言,口头语与书面语较为一致,便于吟诵《诗经》和唐宋以前的文学作品。因此,客家人非常看重自己的雅言,声称"宁卖祖宗田,不丢祖宗言"。客家人坚守雅言,不但有助于阅读先秦以来的古代文学作品,也便于阅读有关彭祖养生学方面的著述和《黄帝内经》等,因为客家话较多地保留着古代汉语音韵,一读就懂,根本无须解释。这对于化古人智慧为今人智慧,非常有利。最近,笔者应邀前往马来西亚槟城参加第八届世界彭氏宗亲联谊会,负责主持国际彭祖文化学术研讨会、彭氏源流研讨暨工作会议,会后在槟城、吉隆坡等处考察,发现当地的客家人不但坚守雅言,而且还兼通广府话、闽南话、普通话、马来话和英语等。语言是人类文明之花,语言与思维相一致,掌握不同的语言,便可掌握不同的文明与思维方式,这对于智力发展和国际人才的造就,很有好处。

（二）仰慕彭祖,养生有道

客家人爱清洁讲卫生,闻名于世。早在1942年,美国耶鲁大学教授韩廷敦的《种族的品性》一书中就写道:"客家人的历史,很值得仔细的研究。许多有眼力的人,不说过么,他们是今日'中华民族里的精华'。他们的毅力,爱清洁的习惯,对于妇女的尊重,和教育程度的卓越,都是难得的特点。"④英国人类学家史禄国在《中国东部和广东的人种》一书中也写道:"中国最卫生、勤劳和进化的民族（民系）,就是客家人。"⑤

客家人为什么最爱清洁讲卫生呢？这与客家人仰慕彭祖和养生有道相关。

这得先从彭祖节说起。按《路史》所说，农历六月初六是彭祖生日，民间称为彭祖诞。彭祖忌日是农历六月十二，民间称为彭祖忌。缅怀彭祖的节日普遍就定在这两天，但广东、福建、台湾的彭祖诞则定在正月二十二。广西的彭祖节定在六月初六，这一天要洗澡（或入江河洗龙水）、洗晒衣物和藏品、祭拜彭祖、人丁记入家谱，"（兹据荣兄吩咐）彭祖高寿八百八岁，抄录家史的时生年月部分，应于此日，预兆子孙后辈，男女人等，皆享高龄。因此特于1998年彭祖诞辰之日，抄录各人的时生年月部分。"（黄立业教授主编《黄氏家史续编》）广西玉林、钦州、防城港一带，人们都企盼农历六月十二这一天下雨，一旦下雨，大家就会高兴地互相转告："彭祖灵，晚稻成""彭祖灵灵，谷米精精"，感恩彭祖。由此，人们非常注重四季养生，根据个人寒、热、燥、润、湿的品性，调节饮食、进补、用药，其基本原理来自"春产，夏长，秋收，冬藏，彭祖之道也"（《引书》）及阐释四季养生之道的《黄帝内经素问·四气调神大论篇第二》。客家人具体的饮食起居的要求，大体来自《道藏·彭祖摄生养性论》。至于客家人的聚居地，多选择山环水绕、风光宜人之处，砖瓦房住宅通风采光好，人畜分居，卧室厨房远离厕所，要求绝对清洁，甚至圣洁。这与彭祖的环境协调法相关。

随着现代化进程的推进，海内外客家人的生活环境和居住条件发生了很大的变化，但由彭祖养生文化所形成的好习俗，依然滋润着生命的繁荣与英才的成长。

（三）中原情结，四海归心

客家人远离中原而又怀念中原，既可不断迁徙，开拓前进，创家立业，实现"年深外境犹吾境，日久他乡是故乡"（黄峭公诗句），又不辞劳苦，长途跋涉，回到祖居地寻根拜祖，甚至回到中原大地祭拜黄帝，四海归心，共商国是，致力于振兴中华。这在世界移民史上，是一再令外国学者惊讶的奇迹。

所谓中原情结，主要体现在根在中原的各姓氏的郡望、堂号、堂联和家乘族谱。在迁徙时，客家人常常带着自己的郡望、堂号、堂联、祖像和家乘族谱走，这在南方各省市、港澳台、南洋欧美各国随处可见。如在马来西亚槟城，陇西堂便是李氏或彭氏的，宝树堂便是谢氏的，龙山堂便是邱氏的，曲江衍派便是张弼士家族的。台湾六堆丰田黄氏宗祠的楹联是："允泽千秋光辉世族，康居万祀绍望中原。"⑥

如果将《博白客家》附录："根在中原的各姓郡望、堂号、堂联"⑦，与《诗经》十五国风（民歌）的诞生地相联系比较，人们马上就会发现，客家堂号与国风产地是相一致的。在客家人的心目中，中原就是中国的主体和中华文明的发祥地，因而洪秀全的诗句"太平一统乐如何"和孙中山提出的"振兴中华"，总是激励着海内外的客家人为国家的统一、富强、民主、和谐而努力。这一点，只要到世界客都梅州、深圳客家文化节、博白客家文化节和海外的客家会馆、客家文物馆看一看，就会明白。正因为如此，广西师范大学客家文化研究所，挂靠广西师大出版社，凭借山水甲天下的桂林，致力于客家文化研究重镇的打造，客家区域文化丛书、客家著名人物丛书、客家文化综论丛书三大系列，正陆续出版，反响强烈。

三、可贵的思维合理性与超越性

"黄金不如乌金贵，江海不如学海深""爱学飞天鸟，莫学灶下鸡""只讲龙上天，莫讲狗入灶""天地人和万物生，天地人逆就遭缺"，这些流传于客家地区的民间谚语，饱含着客家人和彭祖后裔辗转迁徙、久经磨炼、修身齐家治国平天下的生命体验，体现出高度重视科学文化知识（乌金）和上天下海的求索精神以及包举天地人的大视野、大观照、大思维。这种以"和"为核心范畴的大思维，是中华哲学的精髓。名与实即概念与内涵，是对现象与本质的概括，也是思维的结果与语言表述的结果。用这样的观点来看问题，我们就会发现，客家文化与彭祖文化的特有价值的多重性：民族性与世界性、守成性与开创性的产生，都不是偶然的，自有其必然性。

现在的中国，有13亿人口，1万多个姓氏（其中大的姓氏100多个），56个民族，56种民族语言，客家话是汉语八大方言之一。诸多姓氏的出现，与尧舜时期的方国林立和夏、商、周三代的诸侯国有关，以国为姓便是明证。多元一体的中华民族大家庭，是五千年中华文明绵延不断发展的结果，也是尧舜以来"协和万邦"（《尚书·尧典》）、"合和万国"（《史记·五帝本纪》）的结果。

有趣的是，彭祖后裔有三大姓：彭、钱、韦，分属汉、壮、苗、瑶、回、白、畲、蒙、土家等多个民族，这是分合交融的文化现象。彭祖后裔联谊欢聚时，人们又发现以下彭、钱两姓拥护中国统一的动人例子。

与超过八百年的大彭国极为相似，南方有个"溪州土司八百年"。彭祖的108世孙彭构云，是入赣始祖。彭构云的五世孙彭瑊，继兄长彭开平定唐末世乱而被封为安定王之后，入主溪州。"自五代后梁开平四年（910），彭城为溪州刺史开始，至清雍正六年（1728）彭肇槐及其子彭景燧献土'改土归流'止的818年的历史。在这段历史中，彭氏土司使溪州地区的社会秩序保持了相对稳定，客观上有利于社会经济的发展，符合当时溪州地区土家族人民的利益，尤其是有的土司王文武双全，曾多次被朝廷征调，且屡立功勋，为中国的民族统一做出了不可磨灭的贡献。"⑧

无独有偶，彭祖的另一支后裔是："唐末，钱镠平定江浙有功，敕授镇海、镇东军节度使。五代后梁，敕封吴越国国王。由于治理有方，吴越甲富东南，风物殷庶，族系繁昌，族人尊钱镠为一世祖，宋赐武肃王。钱元瓘为二世祖，谥文穆王。钱弘佐、弘倧、弘俶为三世祖，分谥忠献王、忠逊王、忠懿王。吴越国历三世五王，垂八十六年。宋兴，钱弘俶遵循善事中国祖训，纳土归宋，中国实现和平统一。"⑨此乃"保民卫国，忠顺继世，不失圣学之家风。"⑩爱国爱民求统一的彭祖圣学家风，永远值得自豪。钱学森、钱三强、钱伟长、彭德怀、彭桓武、彭士禄、彭先觉等，不愧为彭祖圣学家风的传承与弘扬者。

改革开放以来，台湾韦氏宗亲积极参与《中国韦氏通谱》的编修出版工作。台北企业家、台湾彭氏宗亲总会会长、第二届世界彭氏宗亲联谊会会长彭水井率团回到广东、江西、福建、江苏、安徽、四川等地寻根拜祖，其情可感。2008年1月15日，他病逝于台北，享年71岁。有挽联称他："弘扬祖德，兴办企业，出钱出力不怕苦，携眷寻根问祖，往返海峡两岸，挹取珠江长江黄河水，唤醒四千年骨肉亲情，遵依中华国是，大豪杰，要为人间留正气；造福全球，胜任会长，题字著文任心裁，率团拜祖联谊，进出亚太地区，胸怀彭城彭山武夷魂，常想六十亿人类生态，弘扬彭祖文化，后继者，成其大业慰英灵。"2008年10月10日，在马来西亚槟城举办的彭氏源流研讨暨工作会议上，后继者以楹联表示心愿："共宗共祖共建和谐世界，同根同源同创幸福家园。"

现在世界上有60多亿人口，200多个国家，2500多个民族，6000多种语言，这多种多样的文明之花，都在地球村绽放。包括客家人、彭祖后裔在内的中华儿女，正活跃于这个地球村的各处，他们靠什么进入地球村各处，并融入当地社会群体呢？可以说，靠的就是一个凝结中华民族智慧的"和"字，只要看一看南洋欧美各国华人聚居地那些带"和"字的会馆、商号、厂名、宅名和民俗文化称谓，就会明白一二。美国"人和总会馆"的楹联是："先哥仑布三十年而寻新陆，冒险精神，岂让日耳曼民族；航太平洋数万里以结义团，文明发越，且开西半球黄图。"这是何等的气概！不甘落后，敢于团结进取，力求世界和平发展的客家精神跃然纸上。

彭祖养生学中的"不失四时之和""精气和合""爱精养神""寿尽在胗",是男人雄壮、女人漂亮、男女健康长寿的关键。彭祖养生学自诞生以来,不但一直滋养着中华儿女几千年来绵延不绝的生命之花,而且还历经农业文明、工业文明而进入生态文明,惠及全人类,并将挺救当今环境激素危害中的雄性衰退,使人类得以世代繁衍,生命延续。

以"和"为核心范畴的中华哲学美学思维,之所以是合理的,就在于它不但适用于宏观世界,而且还适用于微观世界,并经得起历史最长的实践检验。这种思维的成果,如彭祖养生学的精华,还有时代的超越性,经现代转换,可造福世界人民,有关工作正在广泛深入地展开。因此,可以说,客家文化与彭祖文化的最高境界是审美,而审美的最高境界在哲学大厦的顶尖。

参考文献

①黄遵宪.梅水诗传序//中国历代文论选(第四册).上海古籍出版社,1980:121.

②李家骥.我做毛泽东卫士十三年.中央文献出版社,1998:216-217.

③彭会资.世界瞩目的广西东兴彭祖山——略谈彭祖山的文化旅游开发//泛北部湾区域经济合作与东兴·芒街发展研讨会论文集《互利合作,共同发展》.广西人民出版社,2007:163-169.又见:王昶.盛世勃发彭祖文化热——彭会资教授一席谈.桂林晚报,2008:21.又见:彭会资.广西东兴蕴含深厚的彭祖文化.广西日报,2007:11.

④罗香林.客家源流考.中国华侨出版公司,1989:1.

⑤肖平.客家人.成都地图出版社,2002:18.

⑥柳秀英.论客家移民的文化传承与人文精神——从台湾南部客家宗祠的匾联文化谈起//王建周主编.客家文化与产业发展研究.广西师范大学出版社,2007:630.

⑦彭会资,陈剑主编.博白客家.广西师范大学出版社,2006:279-297.

⑧彭英明.《溪州土司八百年》序∥溪州土司八百年.民族出版社,2001: 1.

⑨钱镇国.钱氏家乘再版前言∥钱氏家乘.上海书店出版社,1996: 3.

⑩钱德洪.彭祖庵碑记∥钱氏家乘.上海书店出版社,1996: 194.

第四篇　彭祖长寿文化论

养生与彭祖

郝 勤

[作者简介] 成都体育学院体育史研究室青年研究人员

[文章来源]《文史杂志》（1986年第04期）

[内容摘要] 彭祖，是我国历史上文字记载中最早的古代著名养生家，是我国古代传统的导引行气一类健身方法的最早代表人物。《庄子·刻意》云："吹呴呼吸，吐故纳新，熊经鸟申，为寿而已矣。此导引之士，养形之人，彭祖寿考者之所好也。"

彭祖，是我国历史上文字记载中最早的古代著名养生家，是我国古代传统的导引行气一类健身方法的最早代表人物。《庄子·刻意》云："吹呴呼吸，吐故纳新，熊经鸟申，为寿而已矣。此导引之士，养形之人，彭祖寿考者之所好也。"晋葛洪《神仙传》记载彭祖"少好恬静，不邺世务，不营名誉，不饰车服，惟以养生治身为事"。又道其养生术为"闭气纳息，从旦至中，乃危生拭目，摩搦身体，舐唇咽唾，服气数十，乃起行言笑，其体中或瘦倦不安，便导引闭气，以攻所患。心存其体面九窍五脏四肢至于毛发，皆令具至。觉其气云行体中，达十指末，寻即体和。"这些记载不免掺杂后人增饰之处。但是，它们却基本上共同指认彭祖是一位著名养生家，而他所实践的养生术则是一种肢体活动结合呼吸吐纳以及按摩咽唾的健身运动。这就是我国古代具有重要健身疗疾价值的体育活动和体疗方法——导引术。彭祖是中国先秦至西汉公认的以导引术致长寿的养生家。

中国古代导引术最早可追溯到原始社会时期居住在长江流域的先民们所创制的一种"通利关节"的"舞"。据《吕氏春秋·古乐》和崔令钦的《教坊记》以及《路史·前纪九》等史料记载，古时南方长江流域"阴多滞伏而湛积"，因而"民气郁阏而易滞著，筋骨瑟缩不达"，"民多重之疾"，在这种情况下，先民们"得所以利其关节者，乃制之为舞。教人引舞以利导之，是谓大舞"。根据民族学、民俗学及舞蹈史的研究，早期人类的舞蹈动作是自然模仿性的，其中主要是模仿各种动物的动作，用以表达渔猎社会的原始人类的情感及实行教育、祭祀、训练、交流等各种功能。古代传说中的"击石拊石、百兽率舞"，就形象地再现了这类舞蹈场面。古代南方民族所创制的以健身祛病为目的的"大舞"也不会脱离这一模式。在这类"舞"中，人们不仅模仿熊经、鸟申、凫浴、猿护、鸱视、虎顾的动作，而且还受龟蛇吞吐咽气动作的启发练习呼吸吐纳。熊、鸟、凫、猿、鸱、虎等动物的肢体动作配合以龟蛇咽气吐纳方法，"导气令和，引体令柔"（李颐注《庄子》）的导引术便产生了。毫无疑问，从最早简单的、不自觉地模仿动物活动发展到经过人类意识抽象和提练的、具有较完整的动作结构和活动节奏的导引术，中间要经过一个相当长的发展过程，并且在这个过程中凝结着无数普通劳动人民的创造和智慧。正是在这一基础上，彭祖才得以因其在发展和传播导引术上的贡献而被公认为先秦导引术的代表人物。

关于彭祖的身世，最早见于《史记·五帝本纪》和同书的《楚世家》。而其年代相差甚远。《五帝本纪》云，"彭祖自尧时而皆举用，未有分职"，如此彭祖的年代在三代以前，这显然是不可信的。《楚世家》认为彭祖之先祖与楚同宗，"出自帝颛顼高阳"，为陆终氏之第三子。又云"彭祖氏，殷之时尝为侯伯，殷之末世灭彭祖氏"，明确提到彭祖为殷商时的一个氏族，至殷末尚在世。这种说法是比较可信的。殷、周相承，使得彭祖的形象能保留在孔子、庄子等春秋战国时期人们的传说和记载中。

那么，当我们透过时间和传说的迷雾，彭祖这一古代以导引术致长寿的著名养生家究竟是什么样的人物呢？笔者认为，这个彭祖当与《山海经》中川东夔巫地区群巫中的"巫彭"有关。

《山海经·大荒西经》云："有灵山（即巫山）巫咸、巫即、巫盼、巫彭、巫姑、巫真、巫礼、巫抵、巫谢、巫罗十巫，从此升降，百药爰在。"殷周之际，南方巫风极盛。巫觋皆世职为巫，具有特殊地位和独占性身份。从《国语·楚语》等史料记载看，这些巫觋除专事交通鬼神、占卜福祸外，还兼及当时社会上几乎所有的文化事业，其中包括教育和医学。由于殷周巫医不分，当时包括导引在内的各种养生术也作为医道的一个内容，主要是由巫觋来传播的。巫山群巫之中，彭、氏、阳、谢、罗皆古巴璞之大姓。巫彭就是这些世居夔巫地区，精通医道而又开始具有早期神仙家思想，希冀长生不死的巴巫中的一个氏族。

古代巴蜀地区是中国古代传统养生术最早的流行区域之一，也是最早产生追求"长生不死"的神仙家思想的地区。殷周时期不仅在巴地有攀缘崖岩采撷"不亡药"的巫山群巫，而且在蜀之鸿蒙（岷山）地区有讲究"保精重气"的"鬼容区"，亦即先秦至秦汉养生家之一派房中术的鼻祖容成（见谯秀《蜀记》）。后来汉末张陵创建道教，著《老子想尔注》便承袭了这一派不少养生内容。而彭祖、王乔这一派主张导引行气流派的产生，则与前面提及的长江流域、四川盆地特殊的自然地理气候条件有密切关系。正是在恶劣阴湿的自然环境下，产生了通利关节、健身祛病的"大舞"。这种"大舞"与"事无形以舞降神"（《说文》释巫条）的巫舞相结合，成为巴东巫师们世代相传的兼祀鬼娱神和健身疗疾两种功能的原始导引术。而彭祖则是发展并且向中原传播这种导引术的一个巫师。

大约商周之际，巫山群巫中的一些巫师顺江而行到了荆楚地区，其中主要有巫彭、巫咸两姓之巫。他们在荆楚地区占卜行医，传播长生不死的神仙思想和养生术，其中包括服食草木不死之药和导引术。这样，彭、咸两姓之巫便成了荆楚地区流传很广的神仙家形象。如屈原遭逸佞谮毁、离放山泽、于彷徨幽愤之中曾多次追慕彭、咸，向往成仙以远离黑暗的现实。

彭、咸两姓之巫后又由楚地辗转到了中原，并以巫、医二道为中原所叹服，甚至被推为医道之祖。《吕氏春秋》云"巫彭作医"。《说文》亦云"巫彭初作医"。以此看来，由于巫彭族到中原之巫师尤精医道（包括养生术），且年寿很高，故被尊称为彭祖。《释诂》曰："祖，始也。"称巫彭为彭祖，是"巫彭作医"而被尊为医学之祖。但彭姓巫师被尊为彭祖后，由于其导引术和长寿越来越有名，其巫、医二道反而不显，造成了以导引术致长寿的形象。孔子自云："述而不作，信而好古，窃比我于老彭。"（《论语·述而》）庄子云："上古有大椿者，以八千岁为春，八千岁为秋，而彭祖乃今以久特闻。"（《逍遥游》）迄至春秋战国，彭祖成为当时公认的养生长寿的象征。

彭祖到中原后可能主要活动于江苏徐州和铜山县一带。这里当时是中原民族与淮夷、吴赵等民族混杂交界之处。彭祖在这一带留下很多遗迹，以致被后世讹传这一带是"彭祖氏"的封国，是上始三代以前，下迄殷末的"彭祖国"。徐州一带历史上多有彭祖遗迹。如旧《徐州府志》载城北曾有彭祖宅，宅内有彭祖井。《水经注》载云"彭城东北角起层楼于其上，号曰彭祖楼"，现徐州北关仍有宋代所建彭祖祠。

殷末周初，这个被称为彭祖的巫师，为避战乱返回了四川，因而中原传说"殷末灭彭祖国"（《史记·楚世家等》），又说他去了"流沙之西"（《神仙传》等）。实则彭祖返回四川定居于蜀之犍为武阳（今彭山县东），并寿终于此。晋常璩《华阳国志》云犍为郡"彭祖家其彭蒙"。又云武阳县有彭祖祠。《后汉书·郡国志》刘昭注引《益州记》云武阳"下有彭祖象，上有彭祖祠"，其他如《元和郡县志》等亦有类似记载。看来高荐的彭祖确实寿终于此。为何彭祀未返巴东？很可能这次返川他未走荆楚夔巫水路，而是沿汉中大巴山陆路，即《战国策·秦策》所云"栈道千里、通于蜀汉"这条古道命归，并由于一些未知的原因，最后定居并亡葬于蜀之犍为武阳。

中国历史上的灿烂文化是古代各民族各地人民共同创造的。川东夔巫地区的巫师们对中国古代医学和养生术的形成和发展做出了重要贡献，在中国古代特有的健身活动和体疗方法中，传统养生术和气功健身法的前身——导引行气一类健身术的发展在历史上具有重要地位。巫彭——彭祖就是他们中间的代表人物。彭祖和他的同伴们不畏巴山蜀水的艰难险阻，将导引行气等养生术传播于荆楚和中原，使之成为先秦时广泛流传的健身活动。更为重要的是，彭祖一派养生家主张以身体动作配合呼吸运动来"养形"，通过内（呼吸系统）外（形体机能）结合的锻炼方法达到疗疾治病、健康长寿的目的。他们所创造发明并得以延续的以"吹呴呼吸，吐故纳新，熊经鸟申"为特点的健身方法，是战国时期的"玉佩行气肾；西汉马王堆"导引图、东汉华佗五禽戏、隋巢元方《诸病源候论》以及宋明八段锦以至近现代气功中鹤翔庄、大雁功等这一类养生功法的源头，是我国古代体育史和养生史的一个重要贡献。直到今天，还具有公认的不可低估的重要健身价值。

◎ 第四篇　彭祖长寿文化论

彭祖长寿养生文化论

魏彦彦　萧振禹　原野

[作者简介] 魏彦彦为中国老龄科学研究中心助理研究员；萧振禹为中国老龄科学研究中心研究员；原野为中国老龄科学研究中心副研究员

[文章来源]《市场与人口分析》（2005年 S1 期）

[内容摘要] 21 世纪是长寿的时代，也是重视文化价值的时代。长寿养生文化是我国传统文化的重要组成部分，是对中华民族影响最为持久的传统文化之一。彭祖长寿养生文化无疑是中华长寿文化独特丰厚的历史积淀中最有魅力的一个亮点。本文从历史角度考证彭祖的生平及寿限，并对彭祖养生文化的内涵进行剖析。

21世纪是长寿的时代，也是重视文化价值的时代。长寿养生文化是我国传统文化的重要组成部分，是对中华民族影响最为持久的传统文化之一。彭祖长寿养生文化无疑是中华长寿文化独特丰厚的历史积淀中最有魅力的一个亮点。本书从历史角度考证彭祖的生平及寿限，并对彭祖养生文化的内涵进行剖析。

一、中华长寿文化之滥觞——彭祖

中华文化源远流长，长寿文化是其重要的一部分。中国是研究长寿和养生比较早的国家之一，大约已有5000年的历史。彭祖长期身居彭山，凭借地气旋激带动天地阴阳之气的天然太极地和自然风景，比较完整、系统地研究长寿和养生，实为中华长寿和养生文化之滥觞。

（一）仙人彭祖之说

关于彭祖，可谓"实有其人，似有其事，史有其籍，世有其迹"。历史上的彭祖，先秦视之为大贤，汉代视之为硕仙，史家入史，诗人入诗，文人为文，道家风靡，圣迹长流。孔子对他推崇备至；庄子、荀子、吕不韦等先秦思想家都有关于彭祖的言论；《史记》等史书也有关于他的记载；道家更把彭祖奉为先驱和奠基人之一，许多道家典籍保存着彭祖的养生遗论。先秦时期，彭祖在人们心中是一位仙人。到了西汉，刘向《列仙传》把彭祖列入仙界，并称为列仙，自此彭祖逐渐成为神话中的人物。

彭祖的身世，史书虽有记载，但内容一般较简，均大同小异。刘向《列仙传·彭祖传》曰："彭祖者，殷大夫也。姓篯，名铿，帝颛顼之孙陆终氏之中子，历夏至殷末，八百余岁，常食桂芝，善导引行气。"《史记·正义》说彭祖自尧时举用，历夏、殷，封于大彭。但至殷末，遭到打击。《史记·楚世家》记载："彭祖氏，殷之时，尝为侯伯，殷之末世，灭彭祖氏。彭祖精于养生，不恤世务，不营名誉，不饰车服。在尧帝时得到重用，也得益于此。"屈原在《楚辞·天问》中提道："彭铿斟雉，帝何飨？受寿永多，夫何久长？"王逸注："彭铿，彭祖也，好和滋味，善斟雉羹，能事帝尧。"《庄子·刻意》成玄英疏："（彭祖）善养性，能调鼎，进雉羹于尧，尧封之于彭城，其道可祖，故谓之彭祖。"

彭祖在殷末为何会横遭打击呢？依葛洪《神仙传》所言亦因养生之事由：殷王传彭祖之术，屡欲秘之，乃下令国中，"有传祖之道者，诛之"，又欲害祖以绝。祖知之乃去，不知所之。自此之后，彭祖远遁，亦入巴蜀隐修。《华阳国志·蜀志》曰："王乔升其北山，彭祖家其彭蒙。武阳县郡治，有王乔、彭祖祠。"彭蒙即今四川彭山县的彭祖山，古称彭亡山、彭亡聚、彭亡城。《元和志》卷 32 曰："彭亡城亦曰平无城，彭祖家于此而死，故曰彭亡。"此后，彭祖就安居彭山，潜心修炼，达到了我国古代养生文化的一个高峰。

（二）彭祖寿限考

世传彭祖寿高 880 岁，乃古时彭山一带"小花甲计岁法"的结果。小花甲计岁法源于"六十甲子日"就是古代所传六十个星宿神挨次值班一圈的时间。民间崇拜上天星宿，凡人寿命皆与星宿相对应，便以六十个星宿神轮值一圈的时间为一岁。按此计算，彭祖实际寿数相当于今天的 146 岁。

但世传彭祖寿八百，虽然反映了他年长寿高，更重要的是表明了彭祖所创立的大彭国实际存在 800 年的历史。彭祖在尧时受封于大彭国，《史记·楚世家》载："彭祖姓篯名铿，封于大彭。"《史记·五帝本纪》亦载："禹、皋陶、契、后稷、伯夷、夔、龙、倕、益、彭祖自尧时而皆举用。"大彭国历夏而灭于殷之末世，《史记·楚世家》云："彭祖氏，殷之时尝为侯、伯，殷之末世，灭彭祖氏。"夏王朝统治约四百多年，殷商统治大约五百余年，大彭国灭于殷末武丁时期，历时八百年左右。对此，前代学者早有认识。清代严可均所校辑《全上古三代秦汉三国六朝文》中注"彭祖"条曰："合而断之，知彭祖国名即大彭，夏商为方伯，古五伯之一。唐虞封国，得传数十世，八百岁而灭于商，此其实事也。"彭祖国由创立到灭亡，八百余年。其国之主，世袭彭祖，代代相传。所以，寿长八百之说，一指彭祖之长寿，实指国家之存续。

（三）彭祖长寿和养生文化的主要修炼地——彭山

明代学者曹学佺在《蜀中广记》中记载：（彭祖）自尧历夏，殷时封于天彭，周衰始浮游四方，晚复入蜀，抵武阳家焉。说明彭山是彭祖长寿和养生文化的主要修炼地，彭祖当年选中彭山作为自己的修炼之地，是不无道理的。彭山县拥有得天独厚的自然环境。

彭山大部分地区依山傍水，气候温润。彭山的东山和西山遥相呼应，中间夹着一条岷江，形成恰到好处的一个峡谷地带，水的流动激扬清气，弥漫于两山脉及谷底。岷江出山分流之水又在彭山汇合，合流处自有清新之水的合力作用。彭山水质富含多种微量元素，尤其是偏硅酸的锶，对人的长寿健康大有裨益。

彭祖山的整个地貌，呈天然太极图式。此天然太极地貌，是地球自身内部运动形成的。彭祖山的气场感应很强，现代科学证明，气场现象就是地磁感应现象。人体小周天的气感运行受外气场感应辅助，是强身健体的一种有效手段。这就是彭祖导引行气术的重要内容。显然，彭祖选居此地，正是看中了这点。天然太极地的气场感应现象虽然集中在彭祖山，但此气场感应辐射彭山大部分区域，因此，生活和居住在彭山的人，应该都是受益者。

彭山的自然环境还有一个优越之处，那就是山区多为浅山，农民自主安排劳作，因山浅而不累，客观上达到了东方人动形而不竞体的修炼效果。

另外，彭山古城地处三江口汇合处，江口是著名的巴蜀古镇之一，是当时重要的粮、油、茶集散地。西汉时的四川资中文学家王褒在《僮约》中还提到了"武阳买茶"。武阳即今彭山县。这从侧面证明了彭山优越的自然条件给当地人民带来的安居乐业的生活。这也是彭祖选择彭山作为修炼地的一个原因。

二、彭祖长寿文化的精髓——四大术、八字阙

彭祖在研究养生和长寿中做出了两大贡献：一是身体力行的寿星。在距今3300年前的上古时代就实现了长寿的愿望，对个体经验进行整理并传播，使人类追求健康长寿变为现实；二是创立了长寿文化的养生学。彭祖长寿文化全面系统，自成体系，并把它上升到生命哲学的高度来认识，比历史上的其他长寿养生之道更贴近现实，对现代人的长寿养生更具指导意义。

彭祖养生长寿思想，从创立之初就是一个较为完备的体系，并不断丰富和完整，是中国的一个博大的长寿文化体系，不仅具有很高的思想性、艺术价值，而且具有很强的科学性和实用性。它的精髓在于四大养生术：导引行气术、调摄疗养术、膳食养生术和房中养生术。同时，彭祖还总结了长寿八字要诀：适身、通神、一志、导心。这四大术、八字阙可以说是囊括了人体生存健康的全部领域。其中导引行气术最为根本，就是使人体阴阳之气与天地阴阳之气和谐一致，使人体场和宇宙场协调同步，抓住了人体和谐的核心——天地合一。导引行气术与其他三大术围绕人体协调和谐这个核心，互联互补，吐故纳新，共成一体，使之成为健康长寿的最佳途径和方法。彭祖长寿文化不仅强调从生理方面进行调节、保养，而且强调从心理方面加强自我修养、调理，体现了一种乐观豁达的人生态度、一种丰富多彩的生活方式和一种平和宁静的心态。在当今注重养生的"长寿时代"，彭祖的生命哲学有着巨大的现实意义。

导引行气同时也是中国传统文化的一部分，不少在历史上有影响的中国古代文人，对此都曾有过论述。导引者，"引体令柔，导气令和"。这是中国独有的动中有静的形体修炼方法。而行气的核心，

在于使人体自然之气与天地自然之气同一,以达到人体健康之目的。彭祖导引术是上古导引术之一种,影响较大,春秋战国时期成为流行的保健和养生方法。彭祖导引术分坐引、卧引两种。《道藏》尽字三号《彭祖导引图》已有详细方法。后人在彭祖导引术的基础上,发展出八段锦等保健功,对促进人们身体健康发挥了很大作用。

调摄疗养,一是重在形体适四时以应之,二是重在心境与情绪的保养。这在物质生活越来越丰富的今天尤其重要。《神仙传》记述"彭祖少好恬静,不趋世务,不营名誉,不饰车服,唯以养生治身为事"。《道藏》记有彭祖关于养性说,彭祖认为柔弱忧畏者神强,鼓怒骋志者气强。"神强者长生,气强者易灭"意思说,人之思虑言行,衣食起居,皆须有所节制,不可过极,极则伤生。是故养生之法,不远唾,不骤行,耳不极听,目不久视,坐不至疲,卧不及极,寒而后衣,热而后解,不甚饥,不过食,不甚劳,不过逸,冬不极温,夏不极凉……一切皆得中不偏,则可保五脏魂魄不受损伤。

膳食之义,本在于吃。而彭祖将膳食上升为"术"也就是养生之术,则正是东方中国有别于西方的最大不同。足见中国人早在几千年前,就将吃和养生紧紧地联系在一起。膳食养生术也包括两个方面:一是'谨和五味'"食欲有节";二是建立在中国'药食同源"基础上的食物保健原则。

彭祖的房中养生,尤具特色和令世人惊奇。从历史文献和马王堆汉墓出土的竹简资料可以看出,早在几千年前,彭祖在男女性卫生和性保健方面,就做出了令后人惊异的探索和总结。虽然其中也有些不太合理之处,但总体来看,却是很具理性的。一度失传的《凄女经》作为公认的世界三大性经典之首,其中总结了不少彭祖房中养生的正确合理的内容。1973年长沙马王堆汉墓出土的竹简上,较为详细地介绍了彭祖就房事养生问题与王乔的对话,都足以证明彭祖在这方面取得的巨大成果。

正如前述,彭祖养生长寿法从创立之初就较为完整。他是博大精深的中华传统养生文化的先驱者。彭祖的整个养生之道,经后人的扬弃、检验和发扬,实践证明,已成为东方养生文化的一颗明珠并被载入史册,所以才会影响后世几千年,乃至于今。其影响的范围,不仅及至华夏,还包括整个东方国家。而在今天,东方的养生思想和方法,已越来越受到西方人的重视,并有越来越多的人深入其中探索和研究。

三、结论

彭祖长寿养生文化是中华优秀文化遗产的重要组成部分,已有

3000多年的发展史，源远流长，内容丰富。中华养生文化的重要性，正在于它是中国传统文化的重要组成部分。中国古代养生文化，是在中国古代文化母体中孕育出来的，无法将它从中国文化母体上剥离出来，因为它是中国文化精神和古代意识在某一具体文化上的投影和折射。它和中国古代思维模式及哲学观念之间有着密切的因果关系。

中国古代思维模式，将人置于天地自然宇宙这一大时空概念中去考虑。阴阳五行、天人合一，是其最基本的哲学理念。这一哲学观念和思维模式，不仅体现在个人的养生上，也体现在中国的医学、文学艺术，乃至于古代的治国方略上。因此，今天我们所秉承的彭祖长寿养生文化，实际上就是以彭祖的基本养生思路为主体，研究、发展和弘扬中华传统养生文化，使之为今人的健康长寿服务。

彭祖长寿养生文化经过数千年的积淀逐渐完善，其系统地构建了长寿文化的合理内核，为建设和谐社会做出了新的贡献。在这样的社会环境下，才有国泰民安的太平盛世，人民才会安居乐业，老人才能健康长寿。

参考文献

① （汉）刘向．列仙传．清嘉庆十七年刊本校正本．

② （晋）葛洪．神仙传．清刊本（十卷）．

③ （晋）葛洪．抱朴子．北京：中国书店，1986.

④ （汉）司马迁．史记．北京：中华书局，1997.

⑤ （明）曹学佺．蜀中广记．上海：上海商务印书馆，1934.

⑥ （清）严可均．全上古秦汉三国魏晋六朝文．北京：中华书局，1990.

⑦ 王国维．水经注校．上海：上海人民出版社，1984.

⑧ 蒋天枢．楚辞校释．上海：上海古籍出版社，1989.

⑨ 彭山县志 [Z]．成都：巴蜀书社，1991.

⑩ 彭山县志（1986—2000）[Z]．远方出版社，2002.

⑪ 臧励和等．中国人名大辞典 [Z]．上海：上海书店，1980.

⑫ 朱浩熙．彭祖 [Z]．北京：作家出版社，1995.

⑬ 岱岳等．人生百岁不是梦 [Z]．北京：中国医药科技出版社，1999.

◎ 第四篇　彭祖长寿文化论

◆彭祖文化探源◆

历代养生经典精论评介
——之彭祖篇

张永芳

[作者单位]《中国医药指南》杂志社

[文章来源]《中国医药指南》（2006 年 05 期）

[内容摘要]阴阳运气令人长寿。

欲登天上补仙官者，当服元君太_金丹，此道至大。其次，当爱精养神，服食草药，可以长生。其次，阴阳运气，导养屈伸，使百节气行，关机无滞，此可以无使病所侵。思神念真，坐忘炼液，皆可以令人长寿，若泝流补脑之要。此甚难行，有怀棘履刃之危，又非王之所为也。吾所闻道浅薄，道止于此，不足宣传。

一、阴阳运气、令人长寿

欲登天上补仙官者，当服元君太一金丹，此道至大。其次，当爱精养神，服食草药，可以长生。其次，阴阳运气，导养屈伸，使百节气行，关机无滞，此可以无使病所侵。思神念真，坐忘炼液，皆可以令人长寿，若派流补脑之要。此甚难行，有怀棘履刃之危，又非王之所为也。吾所闻道浅薄，道止于此，不足宣传。

【评介】

彭祖是我国历史传说中最著名的长寿人物，据《史记》载，在尧时受封为大臣，而无确切职责，至舜时才有确切的职责："而禹、皋陶、契……益、彭祖自尧时而皆举用，未有分职。于是舜乃……曰：'嗟！女二十有二人，敬哉，惟时相天事。'三岁一考功，三考黜陟，远近众功咸兴。"但据其他史籍记载，彭祖好远游，并不愿理政事，一直活到殷朝末年，大约享年767岁（一说800多岁）。另据《史记索隐》，彭祖乃五帝颛顼高阳氏玄孙，陆终氏的第三个儿子籛铿之后，因封于大彭而得名大彭，亦被称为彭祖，相传著有《彭祖养性经》。上引文字乃对商王（殷王）求问长寿之道的答话。

从这段论述结合彭祖行事，后人归纳出他有五种养生术：一是寡欲少思，不慕荣利，远害全身；二是调合四时，修身养性，慎于起居；三是服食药物，作为滋补；四是服气炼形，屈伸导引；五是慎于房室，接阴采补。他自己曾总结说："但知房中之道，闭气之术，节思虑，适饮食，则得道矣。"这句话，概括了其养生术的主要方面，除服药法外，均已述及。

尤其值得注意的是，彭祖对仙人并不感兴趣，指出"然有此等，虽有不亡之寿，皆去人情，离苦乐，有若雀之化蛤，雉之为蜃，失其本真，更守异器，今之愚心未之愿也"。人对于生死确实不应太拘泥，虽欲求长寿，但只要有真实的人生历程，寿之长短尽可委之天命，不必多虑。

二、养寿之道、但莫伤之

人生于世，但养之得宜，可至百余岁。不及此者，皆伤之也。

又曰："人之受气，虽不知方术，但养之得宜，当至百二十岁，不及此者，皆伤之也。小复晓道，可得二百四十岁；能力之，可至四百八十岁。尽其理者，可以不死，但不成仙人耳。"

【评介】

那么，什么叫"伤"？又如何才能不"伤"呢？彭祖提出："大醉、大喜、大怒、大温、大寒、大劳、大极，皆伤也；至乐、至忧、至挠、至躁、至奢、至淫，皆伤也；甚饥、甚渴、甚思、甚虑，皆伤也；久坐、久立、久卧、久行，皆伤也。寒温得节，饥饱适宜，无思无为，惟清惟静，此可与言修身耳。已得其寿，复养之得宜，则宜长寿。"可见所谓养寿勿伤，既有身体上的，也有精神上的；既有作为要求，也有度量限制。总之，是要使身体与环境相适应，处于最佳状态。

养寿勿伤的基本要求，即有所节制，合于度量。彭祖说："冬温夏凉，不失四时之和者，所以适身也；美色曼态，不至思欲之感者，所以通神也；车服威仪，知足不求者，所以一其志也；八音五色，不至耽溺者，所以导心也。凡此之物，本以养人，人之不能斟酌得中，反以为患。"也就是说，可满足人的种种需要的养护条件，若追求过分，也会成为害人之具。这种养生观颇为深刻。

要使养生条件合度，必须节制人的嗜欲。因此，彭祖要求人们尽量无欲无求："道不在烦，但能不思衣食，不思声色，不思胜负，不思曲直，不思得失，不思荣辱，心无烦，形勿极，而兼之以导引行气不已，亦可得长年，千岁不死。凡人不可无思，当以渐遣除之。"实际上，求养生术的人最难做到的便是这一点，总有种种杂念存在于心中，所以难免伤神伤气，及至伤身夭寿。彭祖也只能要求人们"渐遣除之"，对于人欲难平早有清醒的认识。

三、调气导引、可得长年

爱精养体，服气炼形，万神自守，其不然者，则荣卫枯瘁，万神自逝，非思念所留者也。

【评介】

彭祖十分重视修炼气功，认为这是长生的主要途径。因而，在要求人们减少思虑时，便提出："而兼之以导引行气不已，亦可得长年，千岁不死。"为什么呢？这是因为彭祖认为"气"乃人生命的基础："人身虚无，但有游气，气息得理，即百病不生；若消息失宜，即诸病竞起。善摄养者，须知调气方焉调气方，疗万病大患，百日生眉须，自余者不足言也。"《庄子刻意篇》介绍说，彭祖得以长生，主要靠行气导引："吹呴（音 xu）呼吸，吐故纳新，熊经鸟申，为寿而已矣。此导引之士，养形之人，彭祖寿考者之所好也。"

彭祖还介绍了具体的调气法："和神导气之道，当得密室，闭户，安床，暖席，枕高二寸半，正身偃卧，瞑目，闭气于胸膈中，以鸿毛著鼻上而不动，经三百息，耳无所闻，心无所思，如此则寒暑不能侵，蜂虿（chài）不能毒，寿三百六十岁，此邻于真人也。"这里讲的调气法，实为气功最初步的入门功夫，即借调整呼吸，达到摒弃外虑的目的。

另有一种加导引（肢体活动）的调气方法，被孙思邈《备急千金要方》录存，将在孙思邈条有详细介绍，此处不复赘。

彭祖还有一种按摩养生法，不妨引录于此："清旦初，以左右手摩交耳，从头上挽两耳，又引发，则面气流通。如此者，令人头不白，耳不聋。又摩掌令热，以摩面，从上向下二七过，去䵟（即面上黑气）气，令人面有光，又令人胜风寒时气，寒热头痛，百疾皆除。"这实际是两种手法：①两手先搓耳，再揉发，然后从头顶向下揉面，左右手各由耳部起顺时针转圈摩擦各自半边脸；②先将两掌擦热，从上向下（也是顺时针旋转）揉擦面部。

四、慎于房事、不失其和

欲求长生寿者，服诸神药者，须先断房室，亦斋沐浴熏香，不得至丧孝家及产乳处，慎之慎之！古之学道者所以山居者，良以此也。

【评介】

彭祖在房中术方面也是先驱人物。他认为要长生不老，必须断绝房事。但彭祖本人并未妄求长生，仍行房事，自述生平云："仆遗腹而生，三岁父母，遇犬戎之乱，流离西域，百有余年，加以少怙，丧四十九妻，失五十四子，数遭忧患，和气折伤……"可见他从未禁绝男女交接。

对于男女交接，彭祖是肯定的，曾说："不知交接之道，虽服药无益也。采女，能补阴阳者也。"他认为，人的各种嗜欲，包括食欲都应当节制，不能独怪色欲夭寿，其云："阴阳不交，伤人。人所伤者甚众，而独毒房室不亦惑哉！男女相成。犹天地相生也。所以道养神气，使人不失其和天地得交接之道，故无终竟之限；人失交接之道，故有残折不期。能避众伤之事，得阴阳之术，则不死之道也。"这种见解很通达，意思是说，如无男女交接之事，人类早灭绝了；对个体来说，没有正常的性生活，也损害健康。

但是，性交过频，房事不慎，又的确违背养生之道。彭祖提出：

"上士别床,中士异被;服药百裹,不如独卧。色使目盲,声使耳聋,味使口爽。苟能节宜其宜适、抑扬其通塞者,可以增寿。"也就是说再好的享受,也必须有适宜的节度。

  1973年底,长沙马王堆三号汉墓出土了大批帛书和部分竹简、木笺,其中有15部医书,其中属于房中术的有5种。内有专家命名的《彭祖之养阴治气之道》。由此文献可知,彭祖主张节制房事,固精不泄,虽前者有理,后者可议,但确实道出传统房事养生的基本观点,为后世所尊奉。

第四篇　彭祖长寿文化论

出土文献与彭祖养生学术研究

代 生

[作者单位] 烟台大学中国学术研究所，山东 烟台

[文章来源]《中医药文化》（2007年第05期）

[内容摘要] 彭祖是我国古代的"寿星"，随着一系列的考古发现，如汉早期马王堆墓《十问》篇、张家山汉墓《引书》篇，尤其是上海博物馆藏竹简（三）有《彭祖》篇，改变了我们对彭祖学术的认识，不仅为证明楚国产生并流传黄老学派思想提供了佐证，而且在学术史领域提供了新的课题，进一步廓清了彭祖养生学术之源乃是古代巫术，其流是在春秋战国秦汉时期被诸子传诵，与道家等流派结合，具有神仙色彩，最终被汉末魏晋道家改造为神仙方术。

彭祖彭姓，颛顼之后，为"祝融八姓"之一，曾封为彭国①，是中国古代的"寿星"，为道家、神仙家所乐道。彭祖的养生之道，先秦诸子如列子、庄子、荀子等多有引述。但由于文献不足，彭祖养生术难以钩稽，尤其疑古思潮充斥先秦子书，如认为《列子》为伪造，《庄子》为晚出，这就否认了彭祖学术思想在先秦时代的流传，从而许多学者探讨彭祖学术被视为不可靠，近来则有学者认为"彭祖最为人所知的长寿养生的种种传说却主要是魏晋以后的道教学者附会上的"②。

随着一系列的考古发现，如汉早期马王堆墓《十问》篇、张家山汉墓《引书》篇，改变了我们对彭祖学术的认识。尤其上海博物馆藏竹简（三）有《彭祖》篇，采用彭祖与耇老答问的形式，谈论养生等问题，是现存最早的彭祖书，该文献的出土，在中国古代学术史上有着重要意义：一是该篇的性质，经学者研究确认为黄老作品，彭祖与颛顼同宗，彭祖的事迹多见于源于楚国的道家作品，因而《彭祖》篇的出现，为证明楚国产生并流传黄老学派思想提供了佐证。二是在学术史领域提供了一个新的课题，亦为研究彭祖养生术的渊源和流传问题提供了线索。

一

首先，我们试结合出土文献，探讨彭祖养生学术的内容和流传，把彭祖养生学说钩稽如下。

（一）《彭祖》篇所反映的彭祖养生说

《彭祖》篇作为现存最早的养生学说，与老子养生思想是一致的，其内涵主要有：清心寡欲，不为外物（官职、名誉）所累，要专注于内心修养，做到"远虑用素，心白身释"③。平淡朴素，不追求物质享受，是道家养生的基本思想。此一思想亦可在《吕氏春秋·情欲》篇找到证据："俗主亏情，故每动为亡败。耳不可赡，目不可厌，口不可满；身尽府种，筋骨沉滞，血脉壅塞，九窍寥寥，曲失其宜，虽有彭祖，犹不能为也。"不难看出，"远虑用素，心白身释"是彭祖养生学术的重要特征。

（二）导引、治气养生等诸术

导引又称"道引"，在今天看来是"体操式"的锻炼，与我们知道的华佗"五禽戏"相类，张家山汉简就有《引书》④，马王堆汉墓又有导引图⑤，其中有40多幅各种姿势的导引动作，两者可以对照参看。《庄子·刻意》指出："吹呴呼吸，吐故纳新，熊经鸟申，为寿而已矣。此导引之士，养形之人，彭祖寿考者之所好也。"

《庄子集解》⑥成玄英疏曰:"吹冷呼而吐故,呴暖吸而纳新,如熊攀树而自经,类鸟飞空而伸脚。斯皆导引神气,以养形魂,延年之道,驻形之术。故彭祖八百岁,白石三千年,寿考之人,即此之类。"刘笑敢先生从语言、内容等方面考证《刻意》篇为先秦之作⑦。《荀子·修身篇》又云"以治气养生,则后彭祖",则彭祖亦为治气养生之祖。故可以知道,战国时期,以彭祖为名的导引、吐纳、治气等方式养生的学术已经广泛流传。

(三)四季养生术

张家山汉简《引书》首句即言"春产、夏长、秋收、冬藏,此彭祖之道也"④。这是以四季养生为内容的养生术,随着四季更替采取不同的方法养生,该书直言"四季养生""导引"术为彭祖之道,可见以彭祖命名的养生术有很早的来历,又该墓是西汉早期墓葬,而此术为"一名低级官吏"的墓主研习,说明"四季养生"的彭祖养生术已在民间广为流布,应是战国时期甚至更早流传下来的养生术。

(四)房中养生术

当前所见最早有关彭祖房中术养生思想的是汉早期马王堆墓简书《十问》,《十问》"王子巧(乔)父问彭祖"篇是彭祖介绍行房中术以长生的方法。有学者指出,马王堆汉墓帛书"《十问》亦将先秦时代的房中术重新展现在今人面前,舜帝、彭祖、容成、吕乐、文挚等古代贤哲原来亦研习接阴之道"。⑧李零先生通过对《十问》房中术语等的分析,认为"可能与《汉书·艺文志》著录的古房中书有一定关系"⑨。因此可以判定以彭祖命名的房中术来源较早。

彭祖养生术在战国时期已经广泛流传,但是我们也可以清楚地看到此时的彭祖养生术已经具有了浓厚的神仙色彩,正如孙作云先生所说"在战国时代,彭祖已经变成了长寿仙人"。⑩《彭祖》篇养生思想,与《汉书·艺文志》"神仙者,所以保性命之真……聊以荡意平心,同死生之域,而无怵惕于心中"思想一致,主张"修心养性",《彭祖》篇所反映的养生思想已成为"神仙术"了;《十问》之"王子巧(乔)父问彭祖"篇,王子乔为神仙,见于《楚辞·天问》等先秦文献,以王子乔问道彭祖,无疑是神仙之道,该篇内容即为通过房中养生以达到长寿目的;导引、按摩等彭祖术内容亦与《汉书·艺文志》神仙家之《黄帝岐伯按摩》等书一致。从以上所举可知:《汉书·艺文志》所著录的各种古书,班固认为是存在的,考古发现也证明了这一点,而彭祖学术思想与这些书内容是一致的,可见有关彭祖思想的出土文献,有着很早的来源。再者,有关彭祖思想等内容的古书，被班固列为神仙家，这是秦汉学者的认识。因而，战国时代的彭祖养生诸术，已经和神仙方术等思想密切结合。在《汉书》里彭祖养生术则完全成为神仙方术。

二

以上是彭祖的养生思想及其在战国时代的流传，仔细推究，不难发现，彭祖养生思想有着悠久的渊源，我们认为，考古发现所见的彭祖养生术，渊源于古代的巫术。

先说导引、吐纳、治气以及四季养生术。在原始社会，巫是交通天地的使者，这在《国语·楚语》中有详细记载。巫以降神也，《说文》云："巫，祝也，女能事无形，以舞降神也。"可见降神的方式就是舞。"导引"，就是将神导引到巫的身上，《楚辞·九歌·云中君》"灵连蜷兮既留"，王逸注："连蜷，巫迎神导引貌。"（《楚辞章句》）这是"导引"之本义，因为上古时巫医不分，巫术就是医术，而且"导引"之术确实起到锻炼身体的作用，故等到巫医分化时，作为导引巫术的"舞"亦分化为古代的医术——导引，而吐纳、治气等都是导引术的重要部分。

房中术也是如此，远古社会的宗教巫术和迎神、降神，乃是先民按照自己的喜好迎合神的兴趣。在原始社会中，宗教和性爱是密不可分的，宗教祭祀的场所也往往是交媾的场所，正如姜亮夫先生说："余颇疑《九歌》女巫，与希腊古代之庙妓相似。"⑪直到进入所谓的文明社会，性交成为隐语，并雅言为"房中"，所谓的技巧就成为"房中术"。也有学者指出："房中养生学的文化渊源可以追溯到氏族公社原始宗教的生殖崇拜……而后到春秋战国时代，诸子百家蜂起，房中家亦为房中之一家。"同样说明了房中术和古代宗教的关系。

竹简《彭祖》篇所反映的养生思想，笔者认为，与道家思想是一致的，而"道家者流，盖出于史官"（《汉书·艺文志》），古时"巫史合流"，巫就是史。可见，彭祖的养生思想渊源于古代巫术，这与传说彭祖为大巫颛顼之后是一致的。彭祖为巫，是彭祖养生思想的源，以彭祖命名的养生术，非仅依托之作。

涂又光先生《楚国哲学史》在阐述黄老思想渊源时曾说，"原来的颛顼之道，发展为后来的老子之道；原来合称'黄帝颛顼之道'，后来就合称'黄老之道'了"⑫。彭祖养生思想也是如此，在私学兴起、百家争鸣的春秋战国时代，彭祖的史迹和遗说，被诸子各派所引用、发挥、评议，而最引人注目的是彭祖思想与道家思想的结合，共同的始祖颛顼以及楚地的巫风习俗是二者结合的基础，彭祖因此成为道家的先驱。

不难看出，战国秦汉之际，是彭祖术由养生术到神仙方术演变的阶段，秦皇汉武大规模求仙活动促使彭祖养生之术等先秦时代的道家养生术直接被改造为神仙方术。而到汉末魏晋之时，道教建立并进一步把彭祖养生术整理改造，成为道家经典，葛洪《神仙传》就是如此。《神仙传·彭祖传》就有采女问道彭祖研习房中术的介绍。应该指出的是，道教对彭祖养生术的改造，是在对战国甚至更早时期的养生术的继承下进行的，并非向壁虚造。

参考文献

① 李学勤. 祝融八姓. 李学勤学术文化随笔 [C]. 北京：中国青年出版社，1999：26.

② 汪燕岗. 彭祖考略 [J]. 中国社会科学院研究生院学报，2005（2）：86-90.

③ 马承源. 上海博物馆藏战国楚竹书（三）[Z]. 上海：上海古籍出版社，2003：301-308.

④ 张家山. 247号汉墓竹简整理小组. 张家山汉墓竹简（247号墓）[Z]. 北京：文物出版社，2001：285.

⑤ 马王堆汉墓帛书整理小组. 导引图 [Z]. 北京：文物出版社，1979.

⑥ （清）王先谦. 庄子集解 [M]. 北京：中华书局，1954：96.

⑦ 刘笑敢. 庄子哲学及其演变 [M]. 北京：中国社会科学出版社，1987：52.

⑧ 胡孚琛，吕锡琛. 道学通论 [M]. 北京：社会科学文献出版社，1999：408.

⑨ 李零. 中国方术考（修订本）[M]. 北京：东方出版中心，2000：404.

⑩ 孙作云. 天问研究 [M]. 北京：中华书局，1989：310.

⑪ 姜亮夫. 说屈赋中之巫 [A]// 楚辞学论文集. 上海：上海古籍出版社，1984：344.

⑫ 涂又光. 楚国哲学史 [M]. 武汉：湖北教育出版社，1995：42.

◎ 第四篇　彭祖长寿文化论

彭祖饮食文化的形成和发展

钱 峰

[作者单位] 钱峰，男，江苏徐州人，江苏省徐州技师学院商贸服务系高级讲师，从事烹饪理论、烹饪工艺学研究。

[文章来源]《扬州大学烹饪学报》（2014年第01期）

[内容摘要] 彭祖饮食文化是以彭祖饮食内容为载体产生和发展起来的文化现象，它与历史、地理、经济、民俗、物产、烹饪技法等密切联系。徐州独特的自然环境，奠基了彭祖饮食文化；彭祖的烹饪术，孕育了彭祖饮食文化；彭祖的饮食养生思想，丰富了彭祖饮食文化；历代名人的推崇，扩大了彭祖饮食文化的影响；历代文献记载、民俗与传说，延续了彭祖饮食文化。

彭祖作为烹饪鼻祖、长寿之星，对其研究者众多。彭祖文化作为一种文化现象，已经渗透到中医、烹饪、养生、道教、哲学等领域。彭祖饮食文化或叫彭祖烹饪文化，是中国饮食文化的重要组成部分，在彭祖文化中起着重要的引导作用。

彭祖饮食文化是以彭祖饮食内容为载体产生和发展起来的文化现象，它是以彭祖文化为背景，其形成是在漫长的历史时期中，在自然环境、人文环境、社会生活等多种因素作用下形成和发展的。它与徐州的历史、区域、经济、民俗、物产、烹饪技法等密切联系，是人类历史时期区域社会发展和进步的标志。

广义的彭祖文化是指与彭祖有关的一切生活方式和为满足这种生活方式进行的物质文明和精神文明创造，以及基于上述方式形成的心理和行为。其具体内容包括三个层次：一是彭祖物态文化，指与彭祖有关的遗迹、遗存等；二是彭祖制度行为文化，指由彭祖或其后学所创造的系列"养生之术"，以及各种纪念彭祖的风俗习惯、行为礼仪、谚语故事等；三是彭祖精神心理文化，指人们受彭祖文化影响而在长期的养生实践和意识活动中形成的价值观念、思维方式、审美情趣、心理性格等。狭义的彭祖文化则是指彭祖开创、经后人完善的，以养生长寿为目的，以摄养、导引、烹饪、房中等系列养生术为手段的生命哲学，以及对中国民族精神所产生的影响①。

彭祖因"雉羹"而被誉为厨行的祖师爷，作为烹饪鼻祖、烹调的创始人，为历代厨师顶礼膜拜、代代传颂，开创了中国饮食文化的先河，也形成了独特的彭祖饮食文化。

一、独特的自然环境，奠基了彭祖饮食文化

古代徐州，土地肥沃，气候暖湿，山水陆地相间，是人类良好的栖息地。徐者，舒也，说明徐州地势平缓、土地宽舒、适宜人类生存。《尚书·禹贡》记载："海、岱及淮惟徐州。淮、沂其乂，蒙、羽其艺，大野既猪，东原底平。厥土赤埴坟，草木渐包。厥田惟上中，厥赋中中。厥贡惟土五色，羽畎夏翟，峄阳孤桐，泗滨浮磬，淮夷蠙珠暨鱼。厥篚玄纤、缟。浮于淮、泗，达于河。"②可以看出，古代徐州地理环境优越，物产丰富，但由于当时生产力水平的限制，人们的生存条件仍然十分艰苦，时常受到干旱、洪水、战争、疫疾等不利因素的影响，特别是洪水，古籍记载尧帝率民抗洪，积劳成疾，身染沉疴，竟然卧床不起，一连数日，粒米、滴水未进，彭祖将从山上打来的野鸡，配以稷米，熬制成"雉羹"，献给尧帝，治好了尧帝的沉疴，于是尧帝封彭祖为大彭氏国的酋长。爱国诗人屈原就此吟咏"彭铿斟雉，帝何飨？受寿永多，夫何久长？"③诗篇。

彭祖建都于获水之阴，南依青山，名大彭山，背山面水，地势平坦而高亢，是一片藏风聚气的宝地，彭祖治理大彭山水不遗余力，爱民如子，导民有方，迎来了大彭大治的好时光④。在此期间，彭祖还率领民众行导引术、服气术等养生之道，教民开荒种地，饲养动物，种植粮食和蔬菜。这里不仅有日常饲养的家畜、种植的蔬果、湖塘中的水鲜、山间的野味，还有一些特殊野草、野菜、动物等。这种独特的自然环境，以及植物的栽培、动物的养殖、物产的开采，为扩大食物的来源和饮食烹调提供了物质基础。彭祖利用擅长的煮、炖、炒、熬、煸、拔丝等烹饪技法，不仅创制了雉羹，还制作了羊方藏鱼、糜角鸡、云母羹等菜肴。

现代徐州周围仍有山有水，古语云："三片平原三片山，黄河故道一高滩。"仅山就有50余座，水有故黄河、奎河、京杭大运河、云龙湖、微山湖、胳马湖。夏季暖热湿润、高温多雨，冬季干燥寒冷，雨量较少，全年光照充足，积温高，降水较为充沛，水分资源比较丰实。这些气候和地理环境，为彭祖饮食文化的形成和发展奠定了基础。

二、彭祖的烹饪术，孕育了彭祖饮食文化

"雉羹"是中国有文字记载的最早的一道菜肴，彭祖因制羹献尧帝，被后人奉为烹饪行业的祖师爷，其影响甚大，徐州人民至今还流传早点饦汤（雉羹）的习惯，并且饦汤已被列入中华名小吃。在烹饪方面，彭祖为徐州的后人们留下了许多经典菜品，包括其传人在其基础上创作的一些精品，至今仍在流传。

彭祖菜、彭祖宴是彭祖饮食文化的重要组成部分，是由彭祖及其再传弟子创作的菜肴，它利用了彭祖的传统烹饪工艺，经实践证明，长盛不衰，如羊方藏鱼、糜角鸡、云母羹、水晶饼等菜肴，至今仍是筵席上的珍馐；"八盘五簋宴"等宴席更是徐州地区民间不可缺少的筵席形式，这些对后世影响甚大，促进了彭祖饮食文化的形成和发展。

彭祖烹饪术的另一特点，是彭祖创制并留传下来的烹饪行业的"爨阵八法"。彭祖"爨阵八法"的烹饪之道，皆为"口传心授，传贤不传长，述而不作"，鲜为人知。"爨"字下有大火，中有双木，上有"兴"字，字形像生着火的一台炉灶，爨的意思是烧火煮饭。汉郑玄云："爨，灶也。"唐贾公彦认为："周公制礼之时谓之爨，至孔子时则谓之灶。"⑤爨，也有爨房之说。"爨阵八法"是指厨房的布局分工，"阵"者厨房布局；"八者"厨行中的八种分工；"法"者则也，即规律。应该说"爨阵八法"不仅包含厨房布局分工，而且包含各种技艺之法，是厨行不可缺少的技艺法则，更是徐州厨

行世代相传独有的爨法技理，无论是多人同作，还是一人独作都离不开这八法技艺。随着历史发展，"爨阵八法"的内容更加丰富多彩，厨行行谱记有："燧人取火熟食兴，钱铿执鼎起烹精；三材五味有调理，爨法技艺源彭城。"⑥语句不多，但道出"爨阵八法"的起源，直到现在，厨房布局仍沿用其法。

彭祖作为烹饪鼻祖，食物养生第一人，其不仅发明了厨行的"爨阵八法"，还善于调和滋味，作为食物养生第一人，即其特别注重食物的烹饪工艺和调味。人对美味的追求是一种正常的生理现象，调和滋味能使食物给人以感官和味觉的享受，达到身心愉悦、健康长寿的目的，彭祖特别注重滋味调和，其流传下来的"羊方藏鱼"就是典型一例。传说彭祖的小儿子夕丁下河洗澡，捉住一条鱼，准备让母亲烹制，适巧家里正炖羊肉，由于彭祖禁止夕丁下河，其母怕被责怪，趁彭祖外出，将羊肉割开，将鱼藏入与羊肉同炖，鱼熟取出给夕丁食之，彭祖回至家中吃羊肉时，觉有异香之味，即问其故，经其妻说明，彭祖如法炮制，果然鲜味异常，由此，成为一道名馔。炖制的羊肉，易于被人体消化吸收，鱼羊为鲜，易于调和滋味。从传说中还可以看出，彭祖创制此菜源于夏季，这也应该是"彭祖伏羊节"的源头。

彭祖烹饪术的直系传人，从史书上无以考证，但从过去厨师的"行谱"及名人的诗句中可窥见一斑。康有为有诗云："元明庖膳无宋法，今人学古有清风；彭城李翟祖钱铿，异军突起有彩虹。"诗中提及的李翟系康熙年间名厨，虽无证据可考，但也可视为彭祖饮食文化的传人。正是在传承过程中，后代传人促进了彭祖饮食文化的发展。

三、彭祖的饮食养生思想，丰富了彭祖饮食文化

中国的饮食养生思想源于彭祖的饮食养生思想，从彭祖始就创立了一个体系，具有较高的思想性、艺术性、科学性和实用性，其烹饪术，实际上就是他的饮食养生思想的概括和总结。饮食养生是中国传统文化的一部分。吃与养生是密不可分的，彭祖烹饪术不仅仅是一门烹调技术，而且上升到养生之术。他是中国博大精深的传统文化的先驱者，其养生之道，经后人几千年的扬弃、整合，其影响深广，源远流长。彭祖的饮食养生的思想及方法主要体现在后世编纂的有关描述彭祖的书籍中。后世依照彭祖的养生理论，出现了许多养生理论和养生学家，如先秦时期的老子、孔子、庄子养生理论，东汉张仲景、华佗、王冲，南宋的陶弘景，东晋时期的葛洪，唐朝的孙思邈等养生家。彭祖作为一位身体力行的养生大家，在远古时代实现了长寿的愿望，并对其经验进行了归纳和总结，自成体系，

上升到哲学思想来认识，其哲学思想对后世的中医思想、道家思想、儒家思想的形成，起着重要的影响。彭祖的饮食养生思想，主要包括：一是阴阳平衡、五味调和，是彭祖饮食养生的哲学思想；二是顺时养生、遵循自然，是彭祖饮食养生的基本原则；三是饮食有节、定时定量，是彭祖饮食养生的指导原则；四是重工艺、调和滋味，是彭祖饮食养生的精髓所在；五是药食同用、合理配伍，是彭祖饮食养生、调理机体的重要方式。

彭祖饮食文化的最大特点是养生作用。相传彭祖活了800岁，这与他的饮食养生观是不能分开的，如"雉羹"治好了尧帝的厌食症；彭祖食疗菜"麋角鸡"具有"治风痹、止血、益气力、补虚劳、填精益髓、益血脉、暖腰膝、壮阳悦色、疗风气、偏治丈夫"之功效；彭祖选用云母作为食养原料制作"云母羹"，可谓别具一格，说明彭祖对食物的食性有一定的经验。《本草纲目》云：云母有"治身皮死肌、中风寒热、除邪气、安五脏，益子精、明目，久服轻身延年。下气坚肌，续绝补中，永五劳七伤。虚损少气、止痢，久服悦泽不老，耐寒暑"等功效。"久服云母"，能"颜色日少，长生神仙"。可见云母对延年益寿有一定的作用。"水晶饼""乌鸡炖薏"等食养菜品对养生延年的疗效，同样也受到了后人的重视。彭祖的养生延年术，被后世历代名人重视，并沿袭其法。由于彭祖是古代公认的最老的寿星，因此，后人有关延年益寿的著作广为流传，有的便托名彭祖所著。以上可见，彭祖与中国的食疗具有一定关系，也可以认为，彭祖开创了中国食养的先河。相传其弟子们制作的类似的菜品也很多。相传易牙三访彭城拜师，得到了彭祖直系传人的真传，后来为齐桓公九会诸侯制作了"八盘五盏"筵席，最后落脚徐州，开有"易牙阁饭庄"，后人有诗："雍巫膳馔祖篯铿，三访求师古彭城；九会诸侯任司庖，八盘五盏宴王卿。"⑥其养生的药膳在彭祖菜中占有一定的比例。由此可见，彭祖的养生思想对后人影响甚大，而其后人也丰富了彭祖饮食文化。

四、历代名人的推崇，扩大了彭祖饮食文化影响

彭祖的长寿之道、养生哲理，被后人历代传颂、纷纷效仿，并且被神仙化。先秦时期大教育家孔子在《论语》中就有"过而不作，信而好古，窃比我老彭"⑦的记述，这一时期的庄子、荀子、吕不韦、列子等人也都有对彭祖饮食养生的描述。这些大家对彭祖顶礼膜拜，常常以其养生之道来修行个人，推动了彭祖饮食文化的发展。众多医学大家也推崇彭祖的饮食养生之道，并予以发扬光大。同样，诸多古代诗人与画家也留下来许多有关彭祖饮食的著名诗句和墨宝，如屈原的《天问》、西汉刘向的《彭祖仙室赞》、唐朝柳宗元的《天

对》、宋朝苏轼的《彭祖庙》、清代康有为的《题彭城清烧鱼丸》等，这些名人的诗词对彭祖饮食文化的发展起到了推波助澜的作用。特别是中华人民共和国的缔造者毛泽东于1952年10月28日夜来到徐州，在接见徐州领导干部时，他说："徐州应是养生学的发祥地，尧时有位叫篯铿的，是历史上有文字记载的第一位养生学家，尧封他到大彭，也就是徐州市区周围这块地方，建立了大彭国。""彭祖为开发这块土地付出了极大的辛劳，他带头挖井，发明了烹调术，建筑城墙。传说他活了八百岁，是中国历史上第一个长寿之人，遗留下养生著作《彭祖经》。"最后他还说："彭祖在历史上影响很大，孔夫子都非常推崇他。庄子、荀子、吕不韦等都曾论述过他。《史记》中对他有记载，屈原诗歌中也提过他。大概他名气太大了，到了西汉，刘向在《列仙传》中竟把彭祖列入仙界。"⑧可见毛泽东也是十分推崇彭祖，其间的话语也道出了彭祖饮食文化的内涵，对发展彭祖饮食文化有着积极的推动作用。

五、历代文献记载民俗与传说，延续了彭祖饮食文化

历史文献对彭祖的记载很多，如《春秋》《史记》《汉书》《新唐书》《二十五史补编》等大型史籍，大多是对彭祖的记述，对其饮食养生思想记述较少，西汉刘向的《列仙传》中记有"常食桂芝，善导引行气"的描述，道教经书《神仙传》对彭祖的长寿养生之道记述较多，如"善于补导之术，服水桂、云母粉、麋角散，常有少容""常爱养精神，服药草，可以长生"。此外，东晋干宝《搜神记》、宋代李昉《太平御览》等以及后来的一些书籍，都把彭祖神仙化了，但在后世医学大家的著作中，对彭祖的养生理论论述较多，如南朝陶弘景的《养性延命录》，隋朝巢元方的《诸病源候论》，唐代孙思邈的《千金要方》及《摄养枕中方》《道藏》中的《彭祖摄生养性论》，宋代姚称的《摄生月令》、周守忠的《养生类纂》等众多养生文献。特别值得一提的是《彭祖经》，这是一部古代彭祖养生学专著，传说为彭祖所著，惜已失传。还有文人墨客的颂彭诗文以及大量的关于彭祖形象的书画作品，都是研究彭祖饮食文化的珍贵资料。这些丰富而珍贵的资料，是彭祖文化发展的重要体现，也是彭祖饮食文化的精髓所在，是彭祖饮食文化研究的理论基础，正是这些资料的保存，才使彭祖饮食文化得以延续和发展。

一个地方的民俗，反映了一个地方的文化，彭祖饮食文化也深深地蕴藏于徐州的民间风俗中。徐州人民为了纪念彭祖，举办了多次彭祖文化节，邀请海内外彭祖后裔来徐祭彭。徐州过去有彭祖楼、彭祖宅、彭祖井、彭祖祠、彭祖墓、彭祖庙等建筑，大彭镇（古大彭国都大彭山所在地）每年农历三月初三都要举办彭祖庙会，徐州每年还举办彭祖伏羊节、彭祖腊羹节等民俗活动，特别是厨师们，每年六月十五要到彭祖祠祭奠烹饪鼻祖——彭祖，厨师收徒祭奠彭祖，等等。通过这些民俗活动，把彭祖饮食文化渗透到了民间，无疑对彭祖饮食文化的民间普及起到了积极作用。

由于彭祖生活的历史年代久远，相关神话和传说不少，特别是在民间，关于彭祖的传说众多，经代代流传，至今徐州厨行大多能说出雉羹、羊方藏鱼等菜肴的传说来历。而彭祖的养生之道更是传说甚广，彭祖饮食文化通过民俗和传说，已经渗透到社会各个阶层。

参考文献

① 赵明奇，韩秋红. 论彭祖文化的形成、发展与历史地位 [J]. 扬州大学烹饪学报，2008（1）：22-25.

② 《十三经注疏》整理委员会. 尚书正义 [M]. 北京：北京大学出版社，1999：142-144.

③ 屈原. 楚辞 [M]. 李振华，译注. 呼和浩特：内蒙古人民出版社，2012：68.

④ 朱浩熙. 彭祖 [M]. 北京：作家出版社，2006：13.

⑤ 《十三经注疏》整理委员会. 仪礼注疏 [M]. 北京：北京大学出版社，1999：849.

⑥ 钱峰. 胡德荣饮食文化古今谈 [M]. 徐州：中国矿业大学出版社，1998.

⑦ 杨伯峻. 论语译注 [M]. 北京：中华书局，2006：74.

⑧ 李家骥. 我做毛泽东卫士十三年 [M]. 北京：中央文献出版社，1998：216-217.

第四篇　彭祖长寿文化论

彭祖饮食养生思想及方法

钱 峰

[作者单位]江苏省徐州技师学院,江苏徐州

[文章来源] 中国知网

[内容摘要] 中国有文字记载的饮食养生思想源于彭祖,其饮食养生的理念及方法在后世编撰的诸多著述中都有所归纳与总结,概括来说,阴阳平衡、五味调和是其饮食养生的哲学思想,顺时养生、遵循自然是其饮食养生的基本原则,食饮有节、定时定量是其饮食养生的指导原则,重工艺、调和滋味是其饮食养生精髓所在,药食同用、合理配伍是其饮食养生、调理机体的重要方式。研究彭祖饮食养生文化,对当今社会民众饮食健康具有重要借鉴价值。

彭祖，又称为篯铿，因长寿而闻名于世，传说他活了880岁，东晋医药学家葛洪的怪异小说《神仙传》就形容他"殷末已七百六十七岁，而不衰老"。虽然该说法有些夸张，但其长寿之法，确实长期为后世所推崇，如孔子、庄子、荀子、吕不韦等先秦思想家的著述中都有对彭祖长寿理念的阐述。可以说，彭祖开创了中国食疗食养的先河，毛泽东曾在徐州视察时讲道："徐州应是养生学的发祥地。尧时有位叫篯铿的，是历史上有文字记载的第一位养生学家。"①他充分肯定了徐州及彭祖在饮食养生学中的地位。彭祖也因"雉羹"而被誉为厨行的祖师爷之一，作为烹饪鼻祖，历代厨师对他顶礼膜拜、代代相传，并且他将饮食与养生紧密结合，形成了独特的彭祖饮食养生文化。因此，弘扬彭祖文化，特别是研究彭祖饮食养生文化的思想和方法，对当今社会民众饮食健康具有重要的借鉴价值。彭祖饮食养生思想在后世编撰的诸多著述中都有所归纳与总结。概括来说，阴阳平衡、五味调和是其饮食养生的哲学思想，顺时养生、遵循自然是其饮食养生的基本原则，食饮有节、定时定量是其饮食养生的指导原则，重工艺、调和滋味是其饮食养生精髓所在，药食同用、合理配伍是其饮食养生、调理机体的重要方式。本书将对此展开初步探讨。

一、彭祖饮食养生的哲学思想——阴阳平衡、五味调和

阴阳平衡是生命活力的根本，人体内阴阳平衡则气血充足、精力充沛、五脏安康、容颜发光、健康有神；阴阳失衡则会患病、早衰，甚至死亡，所以养生的宗旨是维系生命的阴阳平衡。可以说，维护了阴阳的平衡，生命就会健康长寿。阴阳平衡论是传统中医学基本的饮食治疗原则，《素问·至真要大论》曰："谨察阴阳所在而调之，以平为期。"②《素问·生气通天论》也曰："生之本，本于阴阳。"②人是一个阴阳平衡的平衡体，在正常生理状态下，阴阳总保持相对平衡，这种平衡不仅指人体内的机体平衡，还包括人体与环境的阴阳平衡，人体与食物的阴阳平衡。人体内阴阳主要通过饮食来调节，保证人体身体健康，这种阴阳调节是彭祖养生的哲学指导思想。彭祖常用牡桂、灵芝、云母粉、麋鹿散等食补，在实践活动中身体力行，说明他善于用食物来调节阴阳，维持体内阴阳平衡。人体内的阴阳平衡，要通过食物的四性五味来调节，即遵循食性。这是一项基本原则，据此来调节体内阴阳的平衡，调整阴阳使其重新达到平衡状态。正如东汉张仲景《金匮要略》所云："所食之味，有与病相宜，有与身为害，若得宜则益体，害则成疾，以此致危，例皆难疗。"③食物的五味是指食物辛、甘、酸、苦、咸，《彭祖摄生养性论》曰："五味不得偏耽，酸多伤脾，苦多伤肺，辛多伤肝，

甘多伤肾，咸多伤心。"④《素问·生气通天论》提出了"谨和五味"以调节人体阴阳的五行原则，是饮食养生的重要法则之一，同时指出"阴之所生，本在五味，阴之所宫，伤在五味"，说明五味对人体"养"和"伤"的双面作用，五味得当则养，五味失调则伤，五味调和实质上是指五味来调节阴阳⑤。所谓食物的味，是指食物的味感，五味中以甘味食物居多，咸味、酸味次之，苦味最少，正常饮食以甘味食物为主，兼顾他味，可以根据食物的五味来判断阴阳属性，按照食物的阴阳属性与人体的阴阳性状合理搭配，五味调和得当，才能保证机体阴阳平衡，保证人体健康。彭祖这种维护人体阴阳平衡、遵循食性的养生哲学思想，对后世影响极大。

二、彭祖饮食养生的基本原则——顺时养生、遵循自然

1984年湖北江陵张家山汉墓出土大量的汉代文简，包括两部医学著作《脉书》与《引书》，其中《引书》是一部记载养生祛病的专著，论述了四季养生之道，也就是顺时养生，遵循自然，篇首指出"春产、夏长、秋收、冬藏，此彭祖之道也"⑥，接着以四季之序介绍了各季节的养生办法，该部分的本质与《素问·四气调神大论篇》所载养生、养长、养收、养藏之道相同。

彭祖养生讲究"天人合一"，就是根据自然界春夏秋冬四时的变化规律，采取相应的养生措施，顺时养生就是要遵循自然，这是彭祖饮食养生的基本原则。《黄帝内经·素问》记载"夫四时阴阳者，万物之根本也。所以圣人春夏养阳，秋冬养阴，以从其根"②"和于阴阳，调于四时"②，因此，饮食养生要遵循自然规律的变化，同时《黄帝内经·灵枢》在谈到人如何长寿时，明确指出"智者之养生，必顺四时而适寒暑"⑦。其意即智慧的人有一条重要的养生原则是，必须顺从春夏秋冬阴阳消长的规律，适应寒热温凉的气候变化，只有这样，才能长寿。因此，认为人体的生理活动与自然变化是同样的道理；同时又认为自然界阴阳五行的运动与人体五脏六经之气的运动是相互适应的，这就是"天人一理，人体一小天地"，以及"天人相应"和"人与天地相参"的"天人一体"观。正如《灵枢》里所说的"人与天地相参也，与日月相应也"。⑦从以上可知，人体的生理变化一定要适应自然界的气候环境，即不同的季节的生理变化、病理变化都需要相应的饮食。饮食顺应了四时，就可以保证体内阴阳气血平衡，使正气充足，这一点在养生保健、防病治病方面尤为重要。彭祖认为，天有四时、气候的不断变化，地有万物生、长、收、藏之规律，人体也不例外，人的五脏六腑、阴阳气血的运行必须与四时相适应，不可反其道而行之。

三、彭祖饮食养生的指导原则——食饮有节、定时定量

《彭祖摄生养性论》中写道:"不欲甚饥,饥则败气,食诚过多;勿极渴而饮,饮诚过深。食过则症块成疾,饮过则痰癖结聚气风。不欲甚劳,不欲甚逸。"④彭祖的这种食饮有节、定时定量的思想对后世影响甚大,且被后世所证明。《素问·上古天真论》也提出"食饮有节"的理论,此"节"寓意深刻,可引申发展到人体对饮食的量、质、时、嗜、洁、情、境和寒温等方面,从这几个方面来搭配,才能起到饮食养生的作用⑧。也就是说,人体对饮食要保持一定数量,保证一定质量,进食时间合理,控制饮食嗜好,讲究食物清洁,顺应进食心情,选择进食环境,注意食物四性。孔子《论语》中的"八不食"之一"不时不食",也可解释为不到进食的时间不能食用,同时强调"不多食",即食饮有节。《吕氏春秋》就告诫人们"食能以时,身必无灾"⑨;《黄帝内经·素问》认为"饮食自倍,肠胃乃伤"②;孙思邈在《千金要方》也说,"是以善养性者,先饥而食,先渴而饮。食欲数而少,不欲顿而多,则难消也。常欲令如饱中饥,饥中饱耳"⑩,同时还指出"不欲极饥而食,食不可过饱,不欲极渴而饮,饮不可过多"⑩。这些食饮有节、定时定量的观点对人体健康的作用也被现代科学所证实。

四、彭祖饮食养生的精髓——重工艺、调和滋味

彭祖作为烹饪鼻祖,不仅发明了厨行的"爨阵八法",还善于调和滋味,作为食物养生第一人,彭祖特别注重食物的烹饪工艺和调味。人对美味的追求是一种正常的生理现象,调和滋味、注重工艺能使食物给人感官的享受,达到身心愉悦、健康长寿的目的。彭祖特别注重滋味调和,其流传下来的"羊方藏鱼"就是典型一例。传说彭祖的小儿子夕丁下河洗澡,捉住一条鱼,准备让母亲烹制,适巧家里正炖羊肉,由于彭祖禁止夕丁下河,其母怕其责怪,趁彭祖外出时将羊肉割开,把鱼藏入其中与羊肉同炖,鱼熟后取出与夕丁食之,彭祖回家中吃羊肉时,觉有异香之味,即问其故,经其妻说明,彭祖如法炮制,果然鲜味异常,由此成为一道名馔。烹羊肉采用炖法,易于被人体消化吸收,说明彭祖注重工艺;鱼羊为鲜,说明彭祖注重调和滋味,达到身心愉悦,由此说明,彭祖善调五味、注重烹调工艺。这与徐州菜"以鲜为主,五味兼蓄,华而实、丽而洁,浓而不浊、淡而不薄,取料广泛,注重食疗"的特点是一脉相承的。从传说中还可以看出,彭祖创制此菜时正值夏季,这也应该是"彭祖伏羊节"的源头。

五、彭祖饮食养生、调理机体的重要方式——药食同用、合理配伍

药食同用和食物互补是彭祖饮食养生的重要特点，养生当论食补，治病当论药攻，关于饮食养生的历史，其与烹饪一样悠久。《神仙传》云："彭祖者……善于补养导引之术，并服水桂、云母、粉、麋鹿角，常有少容。"⑪说明彭祖不仅懂得饮食保健，而且应用得当，是从"医食同源""药食同用"的思想观念出发，阐明饮食与增进人体健康和治疗疾病的原理。

彭祖重视食物与药物的配伍，这从其"雉羹"可窥一斑。"雉羹"乃是用野鸡煮烂，与稷米同熬而成的一种汤羹类食物，具有鲜香醇厚、易消化等特点，彭祖因"雉羹"治好了尧帝的厌食症而受封于彭城。明朝李时珍的《本草纲目》云稷米有"益气、补不足……作饭食，安中利胃宜脾，凉血解暑"之功效。雉具有"补中、益气力、止泄痢、除蚁瘘"等功效。稷米与雉合二为一，对人体有补益作用。除"雉羹"以外，彭祖还有"乌鸡炖薏仁""水晶饼"等食养菜品。这些食物具有养生延年的功效，同样也受到了后人的重视。彭祖的养生延年经验，被历代名人所重视，并沿袭其法至今。由于彭祖是古代公认的最长寿的寿星，因此，后来有的长寿养生著作便托名彭祖所著，并广为流传。可见，彭祖与中国的食疗是有一定关系的，可以认为，彭祖开创了中国食养和食疗的历史先河。彭祖的食养经验对后世影响很大，据儒家经典《周礼》记载，官方医政制度上，专门设有"食医"，《左传》《老子》《庄子》等众多古籍中也针对养生提出了很多新观点，《黄帝内经》《备急千金药方》《养生延命录》《抱朴子》《食疗本草》《饮膳正要》等后世养生名著都是对彭祖食物养生的重要补充。

彭祖的养生之道，世人研究较多，分别从不同角度阐述了彭祖的养生思想和方法，关于其饮食养生的观点，许多专家学者也进行了探讨，并且付诸实践，其遗留后世的饮食养生经验虽经代代相传、发扬光大，但难免有一些糟粕，因此研究彭祖的饮食长寿思想和方法，要运用现代的、唯物辩证的观点来探讨其科学性和有效性，取其精华，去其糟粕，为研究现代饮食养生提供借鉴。

参考文献

① 刘汉民. 毛泽东诗话词话书话集观 [M]. 武汉：长江文艺出版社，2002：306.

② 南京中医学院医经教研组. 黄帝内经素问译释 [M]. 上海：上海科学技术出版社，1981.

③ 张仲景. 仲景全书之伤寒论, 金匮要略方论 [M]. 北京: 中医古籍出版社, 2010: 240.

④ 朱浩熙. 彭祖 [M]. 北京: 作家出版社, 2006.

⑤ 刘全坤. 要健康就要这样吃 [M]. 北京: 军事医学科学出版社, 2010: 12.

⑥ 高大伦. 张家山汉简《引书》研究 [M]. 成都: 巴蜀书社, 1995: 90.

⑦ 谭一松. 灵枢经 [M]. 北京: 中国医药科技出版社, 1996.

⑧ 胡凤媛. 略论《内经》"谨和五味"养生观 [J]. 国医论坛, 2007（1）: 17-18.

⑨ 吕不韦. 吕氏春秋: 注释本 [M]. 北京: 华夏出版社, 2002: 30.

⑩ 孙思邈. 备急千金要方 [M]. 魏启亮, 郭瑞华, 点校. 北京: 中医古籍出版社, 1999.

⑪ 葛洪. 神仙传校释 [M]. 北京: 中华书局, 2010: 15.

第四篇　彭祖长寿文化论

彭祖与"治气"之道

刘德华

[作者简介] 教授

[文章来源]《深圳大学学报》（1986年第02期）

[内容摘要] 彭祖是历代传说的史前文化时期的人物，在历史上一直被尊为气功的始祖。本文根据史籍、文物和古代流传至今的"彭祖功"，对彭祖和气功历史进行考察，同时指出了"治气之道"与中国史前文化发展的重大关系。

一

我国最早的一部典籍《尚书·虞书·舜典》中记载："帝曰咨汝二十有二人，钦哉唯时亮天功。三载考绩，三考黜陟幽明，庶绩咸熙。"意思是说，在尧帝时便有二十二位官员，或者说是酋长。对他们三年考评一次，三次决定免或晋。结果，他们都做出了光辉业绩。《尚书·大戴五帝德》记载："孔子曰：'尧举舜彭祖而任之。'则彭祖自尧时已举用。"包注："实则老彭在唐虞时已在二十二人之列。""由《世本》推之，则老彭即唐虞史官也。"

在我国早期典籍之一的《国语·郑语》中则有"彭姓：彭祖"的记载。

《论语·述而篇》曰："述而不作，信而好古，窃比于我老彭。"孔子自比老彭（即彭祖），效发彭祖"述而不作"和"信而好古"的精神。孔子距彭祖的年代相对较近，而且他又是博览群集，"信而好古"，"不语怪、力、乱、神"，彭祖如果是神话一类的虚构人物，则孔子是难以这般称引尊崇的。相传孔子为了弄清周礼曾经问礼于老子，对于商夏之礼，他则说史料不难考详了。从孔子严谨的治学态度和自比彭祖，可以推想，彭祖至少不是神话人物。

《庄子·天道篇》说："扁（同'遍'字）善之度，以治气养生则身后彭祖。"意思是说，如果人们都能完善周详地进行"治气（即气功）养生"，则人人都能像彭祖一样长寿。

《庄子·刻意篇》中说："吹呴呼吸，吐故纳新，熊经鸟申，为寿而已矣。此为道引之士，养形之人，彭祖寿考者之所好也。"唐代成玄英作《疏》说："吹，冷呼而吐故；呴，暖吸而纳新。如熊攀树而自经，类鸟飞空而伸脚。""斯皆导引神气，以养形魄，延年之道，驻形之术。"这是现存古籍中对于"彭祖功"的最早的详细而确切的记载。

《注子·逍遥游》中说："而彭祖乃今以久特闻。"意思是说唯有彭祖之长寿而独闻于世。庄子对于彭祖给予这般特殊的肯定，可能是有其根据的。庄子是"蒙"人，"蒙"即现在的河南省商丘市附近。相传彭祖的故地是"大彭氏国"，即今之江苏省徐州市。庄子时代，这两地同属于"宋"国，相距只有一百二十公里。从《庄子》书中对于"彭祖功"的记载和庄子主张的"坐忘""守道"，可推想在战国时代彭祖之道或有关气功的其他流派在社会上已经有专门研究。

汉代司马迁在其《史记·五帝本纪》中记载："而禹、皋陶、契、后稷、伯夷、夔、龙、倕、益，彭祖自尧时而皆举用，未有分职。于是舜乃至于文祖，谋于四岳，辟四门，明通四方耳目，命十二牧论帝德，行厚德，远妄人，则蛮夷率服。""舜曰：'嗟！女二十有二人，敬哉，惟时相天事。'三岁一考功，三考绌陟，远近众功咸兴。""此二十二人咸成厥功。"唐代的张守节为此段文字写《正义》："彭祖自尧时举用，历夏、殷封于彭。"在《尚书正读》一书中专门有一段文字是对司马迁《史记》中这段记载考释的："九官之外增益彭祖者，盖史公所据古文说有之。"《史记·正义》写道："太史公据古文并诸子百家论次，择其言语典雅者，故著为五帝本纪，为史记百三篇之首。"

《史记·楚世家》中记载："彭祖氏常为侯伯""陆终生子六人，……一曰昆吾，二曰参胡，三曰彭祖……"

《尚书正谈》中说："彭祖世掌典籍，犹重黎之世，序天地也。"如据此说，则彭祖世代是掌管古代经、史、子、集的史官，再加上他又有"信而好古"的治学精神，并将其传于后世，其人并非虚传。

由于彭祖"述而不作"，其后人将其所述辑成《彭祖养性经》一书。直至《隋书·经籍志卷三》之中尚有此书目。后世历代关于彭祖养性法之记载可能均源于此书。彭祖功的最基本的功法中有无极、浑园、太极、……服气、壮气、打气、省气、行气、化气、养气、运气等等。现存古籍之中对此记载最早的《庄子·刻意篇》，曰："吹呴呼吸，吐故纳新，熊经鸟申……""吹呴呼吸"即属于服气、壮气等方法。"熊经鸟申"则是"壮气"等方法中的"熊息""鸟息"等方法。庄子所说的"坐忘""守道"，则是属于"无极"功之中的部分。

晋代葛洪在其《神仙传》中说："彭祖者，……少好恬静，不营名誉，不饰：车服，唯以养生治身为事。王闻之，以为大夫，常称疾闲居，不予政事。善于补导之术，从旦至中跪坐拭目，摩搦身体，舐唇咽唾，服气数十，乃起行言笑。其体中或不安，便导引闭气，以攻所患，觉其气云行体中，由鼻口中达十指末，寻即体和。"所说的"摩搦身体，舐唇咽唾"，"服气"确实都是后代医书所载导引、按摩之法。"服气"则是彭祖保存至今的世代秘传之法。此法稍行不当，则易出现流弊，非有明师悉心传授不可。所讲的"导引闭气，以攻患处"，更是后代医书多载的行气祛病之法。这些具体内容在《神仙传》中记述的倒是实而不虚，必是有所据。其根据则可能是源自《彭祖养性经》之类的古籍。明代冯梦龙改编北宋初年李昉等编纂的《太平广记》，曾在眉批中写道彭祖是"补导之祖"。唐代医学家孙思邈在其《千金翼方》中尤为详细地介绍了彭祖养性之法。这些均非妄自编造，可能皆出于同源。

根据上引资料，我们可以对彭祖做出如下描述：彭祖"治气"之道的历史已经久远，早在社会上广为流传。由于彭祖"世掌典籍"，能掌握大量资料，身为史官之职，有可能对治气之道进行整理。自己身体力行，博学多识，又是遐龄独闻于世，又有"好叙古事"，①悔人不倦的精神。所以，为世人所尊奉。"又因其道可祖"，治气之道为后人行之有验，故而被后世称为治气之祖。这就是历史上传说的人物彭祖。

在彭祖之前，气功已经具有广泛的社会基础。远在轩辕黄帝之时便教民"治五气"。颛顼帝时则用"治气以教化"。②可以说这是被作为一项基本国策在当时社会上普遍推行的（这和近年出土的遗址及文物可以互相印证，见后文详述）。彭祖系颛顼帝之玄孙，颛顼帝系轩辕黄帝之孙。彭祖若从尧帝算起，至今四千三百年，从黄帝至今则有五千余年。

在两千多年之前我国第一部医书《黄帝内经·上古天真论篇第一》中说："上古之人，其知道者，法于阴阳，和于术数。"前句话的意思是说远古时代，知治气养生之道省按照天地和人体相应的客观规律进行修身养性。后句话则是说远古之时，有知识的人教育广大人们要保持心地清净，身心舒泰，精气内持，合于治气养生之道。由于气功在远古时代推行，因此不可能不对有文字以后形成的中国传统哲学发生深刻的影响。如老子的《道德经》第一章中说："道可道，非常道；名可名，非常名；无名，天地之始，有名，万物之母。故常无欲以观其妙，常有欲以观其微。""道"即指客观规律。客观真理是绝对的，但是又有相对性的一面。事物的存在是客观的、绝对的。但是，任何事物都是在一定条件下相对存在。这和现在的"能量守衡"与"物质不灭"定律的含义相似。天地都是从有名的物质中演化出来的。万物都是互相依存的。这些深邃的宇宙观是如何形成的呢？依笔者所见，应是在治气的"无欲"态和"有欲"态之中顿悟出来的。庄子说得很明确："沿然无极，而众美从之。"并且说："以恬养知"，"以知养恬"。"知"字，古时与"智"字同。从而可见"治气"（气功）可以开发人的智力，促进文化、科学的发展。远古时代把"治气"作为国策广为推行，这成为中国上古文化的一大特点，可以说治气之道和"气功态"与中国传统的有机自然观和模糊思维的形成和发展关系极大。这些问题的深入研究，有待于人体科学、思维科学和气功研究的发展，但这无疑是长期被学术界忽视或否定的重要的历史科学问题。

二

据上引古籍记载，彭祖在尧和舜时已是二十二位大臣之一。

并说他历夏、商至周初。过去认为周末之前的历史皆不为信史。近八十余年来从甲骨文被认识之后逐渐证实司马。《史记》中所写的商纪属于信史。近几年从出土文物中逐步证实有夏代的存在。现在又从中竹文中证实：帝矣即舜帝，证明确实有虞舜的存在③。吕振羽说："仰韶系的出土文物正是'唐'，'虞''夏'等传说时代的遗物，我们依据这些遗物为线索去认识这些传说时代的社会和其发展过程，从而便确证了对我国氏族制社会的研究，丝毫也不是虚构的。同样，周口店等处的旧石器时代遗物，也是能和传说中的'有巢氏''燧人氏'的时代相结合，而为其社会的残骸。④"从被认为是彭祖故邑的大彭氏国附近的高皇庙和丘湾出土的文物可以证明，唐虞时相当于氏族公社阶段的大彭氏国从夏代开始向奴隶社会过渡。商代自西方入侵，此地文化和生产方式及社会制度深受影响，便确立了以畜牧业为主的奴隶社会制度。现在的徐州市（即古大彭氏国）的东面大贤庄发现了距今三万到五万年的旧石器时代石器。近年来又在近郊三十华里处发现大屯子遗址。这些系属大汶口早期文化，经过勘察测定，为距今五千八百年左右。以上文物可推论，上引古籍所载彭祖所处的尧、舜、夏、商社会确实存在，彭祖当时所创建的大彭氏国已经进入了新石器时代。

在今本《竹书记年》中记载商灭"彭"是在武丁四十三年（相当于公元1185年）。在甲骨文中亦确切记有此事："辛丑卜，亘贞乎取彭。""辛丑"是指辛丑年，按推算，即为武丁四十三年，距今3100年。"卜"是占卜，"亘"是占卜的贞人的名字。"取彭"意为能否把彭国灭掉？⑤我们认为卜辞提到的彭国即为"大彭"。

《国语·郑语》韦昭注说："大彭陆终氏第三子，曰笺，为彭姓，封于大彭，彭城也……殷复兴而灭之。""殷复兴"即是在武丁时任用彭为相而将殷复兴。此注亦与以上所记相符，从而可以确证大彭氏国的存在。因此，大彭氏国的创建人彭祖存在的可能性也就很大了。

1975年12月在青海乐都的古墓中出土了一个彩陶罐，罐高33.4公分。罐腹上浮雕着一尊彩绘的完全裸体的人像。这尊浮雕人像的姿态是：二目垂帘，聚精全神，两眼凝神注目，双足分开比肩稍宽，两膝屈曲下蹲，下颌微收，后项顶直，口唇半开，含胸拔背，垂肩坠肘，双手掌伸展开来，置于下腹两侧，如同蹲裆骑马势。这正是世传彭祖功之中的服气势和服气发声势。即便是不知彭祖功者，一看便知这是一般气功也常有的一种神态⑥。

经考证，这具文物系属马厂文化，距今四千余年，和用上述所讲的测定时间相符。

另，晋代葛洪的《神仙传》中有一段讲述彭祖两次流离西域的故事。第一次是"遇犬戎之乱"，所到具体地点不详，按年代推算，"犬戎之乱"大概在距今4000年前。第二次逃避殷王（《列仙传》中为殷穆王）诛杀，到达"流沙国西"。从古代历史地理考查"流沙国西"位于现在甘肃省张掖县附近，而上述彩陶罐的出土地点——青海乐都与张掖县相毗邻，所属年代与彭祖西逃故事时代背景相近。葛洪的《神仙传》是道教著作，其中内容芜杂，既有宗教，也有自然科学史料。关于彭祖西逃流沙国西的故事只是一种传说，真伪已不可究诘。但上述文物与故事时间、地点上的相近，可以作为"彭祖功"远在四千年前已经西传至中国西部的线索，启发我们继续对文物和历史记载进行追踪印证，或许有可能从中得到新的证明和结论。

1982年春在辽宁省喀左县东山嘴发掘出长60公尺、宽40公尺的大型遗址⑦。遗址中有大型人物塑像，其中有盘坐姿态的残块：右腿搭在左腿上，双手交叉于腹部的中间，左手攥拳，呈虚拳空握状态，右手握在左手的手腕上，右手手指修长，塑造逼真自然，且符合人体比例，大小约相当于真人的二分之一。在其附近还发现其他具有同样姿态的残块，可见这种姿态并非个别偶然，而是具有特殊意义的治气形象。

另外，还有一个腰部装饰的残块，两侧中部形成束腰。左右两侧各贴两条并在一起的皮索。中部较两侧突起，突起部位也贴塑皮索状，为并列的三段，折曲相连，呈"S"形，三段中间又以短宽带相连，形成似束在腰部的带状皮索形象。显然，这是盘坐姿态行气时的宽衣松带的形象。

还有孕妇裸体立势的陶塑人像：腹部隆起，臀部肥大，阴部有表现女性生殖器官的符号，是晚期妊娠妇女的典型塑像；没有头和右臂，左臂屈曲，左手贴在上腹部，下肢弯曲，身体肥硬。两个孕妇的形态相同。上述盘膝正坐的姿势为一般人均知的气功姿态。而这种孕妇的姿势则是一般人不知的"育胎功"姿态。此功专门讲如何育胎，使胎儿发育良好，体质强悍，天资过人。孕妇"双膝微曲"，是"育胎功"中的"高蹲势"，因为孕妇不能蹲低势。左手置于上腹中部，相当于中脘穴处。这是因为孕妇难以像一般人行气那样气沉到下丹田处，必须存于中脘处。意义在于引导吸深、慢、匀、长，增加肺通量，促进血液循环，使胎儿供血、供氧充足，有益于胎儿生长发育。另一方面，孕妇的气态稳定则心神安定，胎心安宁，益于胎儿大脑发育。整个"育胎功"分为前、中、后"三部"。每一部还要分"三行"等等，内容非常丰富。过去该功属于"秘授"部分，极为秘密，绝不准外传，所以罕为世人所知。其中有部分可以外传的内容流于社会，被称之为"摄生学""胎教"等，在历代中医书中多有所载。

此遗址属于红山文化，经过树轮校正的年限是5485年（上下相差110年左右）。在历史上相当于轩辕黄帝时期之前。从这个遗址、治气内容之丰富来看，很像是当时"治气以教化"的场地。⑧

在滦平县金沟屯遗址中亦发现有红山文化时期的石雕人像。大的高34厘米，眉目清晰，双手置于腹部两侧，下身双足相连。小的高6厘米，有盘腿而坐或举手的。像似立、坐、盘膝、举手各种行气的姿势。这个遗址中未发现任何祭祀的遗迹，可能亦属"治气以教化"的场地。

1959年四川巫山大溪64号墓出土了一枚双面石雕人像，这是我国新石器时代石雕人面的首次发现。⑨经考证距今五六千年，属于大溪文化的晚期阶段。平面呈椭圆形，高6厘米，宽3.6厘米，中间厚1厘米，顶部左右各有一椭圆状穿孔，正反两面的中间用阳刻手法雕凿出造型像似人面的佩伴。一面的面颊丰腴、圆润，另一面的面颊较为瘦削。鼻梁挺直，二目圆睁，口张开呈"○"形。此物是从未成年的儿童墓葬中发掘出来的，正面与反面的面容均相同。

1973年在甘肃永昌鸳鸯池51号墓中出土一枚石雕人面，高3.8厘米，宽2.5厘米，呈椭圆形。面部、眼、嘴、鼻均用黑色胶状物粘接白色骨珠来表现人的面部表情。其神态形状与上述那枚相似。经过考证，此墓属马家窑文化马厂类型。距今约四千至四千三百年。这是个什么形象呢？彭祖功中有童龄功。童龄功中的基本功之一是服气、壮气、省气功。这些部功都有"二目圆睁""口开大张圆"的形态。其意是尽量将气吸入肺中纳入胃肠之中，扩大、增强全身对氧气的吸入量以激发机体代谢的旺盛，促使儿童少年的身心发育，健壮成长。这也是彭祖功的秘传部分。

为什么古人要做这些佩伴呢？这里需提及早已为大家所熟知的《行气玉佩铭》。这个铭文已被公认是气功行气的要领，刻在一件玉佩佩在身上的。这件玉佩所处的年代相当于战国早期，距今约有两千六百年。在四五千年之前尚无文字之时人们把行气的形象刻在佩伴上应该说是合乎逻辑的。

再从马王堆汉墓中出土的"导引图"来看，这也是已被公认的行气导引的各种形象。其中亦有"睁目""开口"吐呐的姿态。把这些治气之道的形象放入墓中，看来也是自古至今的风习。这也可能是"扁（遍）善之度，以治气养生则身后彭祖"之意。⑩

从以上各地出土文物，足见我国气功历史悠久。汉代《史记》说黄帝"治五气"，颛顼帝"治气以教化"，远古时代气功已在整个社会中盛行。由此看来，彭祖其人其道的传说并非虚妄。

三

彭祖治气之功世世代代秘传至今，都是"师传口授""述而不作"，并且"只单传，勿轻传"。四千三百多年来只传过三百七十二人（亦称三百七十二代）。

经历代不断发展，彭祖功法已经是包含着古天文、术数、诗歌、书画、地理、医道等诸学科内容的综合性学科，不是单纯的健身术，更不是单纯的锻炼运动。其内容之丰富令人难以想象。比如彭祖功按人的生理期有"育胎功""哺乳功""幼龄功""帝龄功""少龄功"。"青龄功"……以至老年有"花甲功""长寿功"等等。"育胎功"又分前、中、后三部，每一部又分三行等。六十岁后的花甲功，三年一曲，五年一坎，十年一部，直至寿终。至于在"医道"上又有用于医疗的气功按跷、导引、行气针灸、行气醪药，"医行功"。其功法足有数百部之多。

彭祖治气之道并非只教人以"方法"，而是以"金指度人"，使人体达到"神明"境地，以开发潜在的智力、体力、生命力，亦即将人体潜在的生命能量开发出来，使人体达到一种"高能态"，从而增强人体的抵抗力以预防和治疗各种疾病以及延年长寿；也可以开发人脑的智力，从而提高人的记忆力、创造力。笔者自身稍有体验：曾在多次"神明态"的境界中顿悟出皮肤上的阴性和阳性反应点，从而逐步悟出"临床阴阳反应法"。经过二十多年的临床实践，对56种疾病、1200多例（其中包括一些危难重症）进行观察得到了验证⑪。将气功用于体育运动方面亦取得了一定效果⑫，在用于对抗太空病上也取得了突破性的结果，用于大学生智力潜能开发也获得了初步的经验⑬。今后如将彭神治气之道正确地用于其他学科，必将取得新的成果。

参考文献

① 《尚书·包注》中说，彭祖是"殷朝贤大夫，好叙古事"。

② 史记·五帝本纪.

③ 吕振羽.史前期中国社会研究：19.

④ 吕振羽.史前期中国社会研究：173.

⑤ 罗振玉.毁墟书契前编.

⑥ 刘德华. 体育报, 1985: 2.

⑦ 文物. 1984(11): 1.

⑧《史记·五帝本纪》中记轩辕黄帝之孙颛顼帝继其位用"治气以教化"。

⑨ 有的考古学者认为，此遗址可能是与祭祀有关的多种活动的场所。在远古代气功活动与祭祀活动可能是不能分开的。

⑩ 文物. 1984(3): 89.

⑪ 庄子·天道篇.

⑫ 刘德华. 徐州医药. 1918(3): 82. 又见：中医药参考. 1978, (4): 50.

⑬ 刘德华等. 气功与体育. 1985(1): 11. 气功与体育. 1985(2): 23, 24, 34.

刘德华. 深圳特区报, 1986, 第4版.

◎ **第四篇　彭祖长寿文化论**

简明彭祖养生长寿健身术及其功效解析

王志平

[作者简介] 王志平，男，汉族，讲师，主要研究方向：民族传统体育
[文章来源]《武夷学院学报》（2014 年第 04 期）

[内容摘要] 彭祖的养生长寿术虽然不会像先秦文献记载的那样简单，但也不可能像后世不断增益、渲染的那样繁冗与玄虚。行之有效的彭祖养生术，应该是主旨集中明确，符合中华民族传统养生理念，形式简洁明了，便于操作，效果显著。汉代以前一直推重吐纳导引和行气。《简明彭祖养生导引术》根据原始文献所提供的线索，试图正本清源，尽可能地体现彭祖长寿养生术通过吐故纳新，促进新陈代谢；平衡阴阳，调理脏腑气血；适度运动肢体、关节、肌肉、韧带，增强生命活力，进而延缓机体衰老速度而延年益寿的精髓与关键。因而是合理并符合科学精神的。本文运用文献检索法和科学提炼法梳理了《简明彭祖养生导引术》的来龙去脉，阐释了其养生机理。

彭祖是一位"史有其籍，世有其迹"，因善养生而延寿数百岁的传奇老人，几千年来，不仅被尊为中国传统体育养生术的始祖，而且在福建北部一直被尊为武夷山先民的始祖。彭祖养生术的主要内容有运动养生、吐纳导引、膳食养生、情志养生和房中养生。经过后世历代养生家不断补充发展，逐步形成了丰富庞杂的以彭祖冠名的养生体系。由于彭祖生活的时代大致在中国文字的初创时期，所以彭祖没有留下著作。后世许多冠名彭祖的养生术，真伪并存，鱼龙混杂。其中或繁复冗长，不便操作；或自神其术，莫测高深。根据先秦、两汉的有关资料，可推知彭祖得以长寿的主要锻炼方法是吐纳导引，其养生术中与体育有联系的主要也是吐纳导引术。

一、本课题的研究背景、步骤、方法和目的

（一）研究背景

本课题的研究背景，是基于彭祖被尊为武夷山先民的始祖。这不仅有历史文献依据和传说中的彭祖墓葬地"彭祖基"遗址，而且今天的武夷山市区的街道有彭祖路，南郊公园"和园"的文山之巅矗立着取名"武夷魂"的彭祖、彭武、彭夷父子三人的巨型石雕；在武夷山风景名胜区三姑旅游度假区有"彭祖山房"酒店，茶博园中立有彭祖雕像，当然，还有一些彭姓居民，自豪地宣称他们是彭祖的后代。因为武夷山是世界文化与自然双遗产地，所以，有关的推介资料中，在相对浅表的层次上对彭祖的宣传已经比较到位，而对彭祖养生文化的挖掘、整理与研究，还有待进一步加强、加深。

（二）研究步骤

首先是课题设计——对彭祖世系生平及其与武夷山的关系进行探讨辨析（另文讨论）；以先秦、两汉等较早文献为依据，对搜集到的古往今来以彭祖冠名的养生功法进行比对、辨析，其中主要以今天可见最早提到彭祖养生术的《庄子·刻意》、马王堆出土《导引图》、南北朝陶弘景所辑《养性延命录·彭祖曰》等文献为依据，与当代朱金才、高守莲等所著《彭祖养生长寿之术》（1997年）、刘德华编撰整理的5章27节49式《秘传简明彭祖五部功》（黑龙江人民出版社1998年版）和民间所传"彭祖求子法"等功法进行比对，遵循彭祖"道在不烦"的遗训，删繁就简，去粗取精，去伪存真，重新整理、编排一套简明扼要，普适性较强，容易操作的彭祖养生术；另外撰文，对彭祖养生术的养生健身长寿机理进行理论探讨。

（三）研究基本方法

一是文献检索法。本课题在研究过程中，用大量时间查阅了《国

语》《列子》《庄子》《楚辞》、司马迁《史记》、刘向《列仙传》、干宝《搜神记》、葛洪《神仙传》、陶弘景《养性延命录》、董天工《武夷山志》等原始文献和几十种当代彭祖研究、传统养生体育研究及体育生理学、体育心理学资料,掌握了比较充足的第一手资料。二是科学提炼法。根据"大道至简"的原理和传统体育养生中"万法归一"的原则以及中医养生理论中平衡阴阳、疏通经络、调理五脏,从而使身康病去的根本思想,运用现代生理学、心理学、人体解剖学、运动医学等科学知识与理论,在功法编排中,剔除了古法和今法中神秘、迷信、虚诞等成分,只保留了古代文献如《庄子》中有记载,《导引图》《少林洗髓易筋经》中有范式,后世一直有传习的"熊经""鸟申""吐故纳新"的开合、采摄、按摩导引等招式,并设计编排了合乎养生科学的动作,合理阐释了其养生健身原理。三是习练实验法。实践是检验真理的唯一标准。《彭祖养生导引术》的动功部分编出后,先在自愿者中小范围习练,已取得较好的效果,如有人高血压得到控制,有人不明原因的长期咳嗽明显缓解,有人腰腿痛有所减轻,有人脾胃功能得到改善,食欲大增,习练者的免疫功能普遍有所提高,很少有人轻易患感冒等。

(四) 研究目的

彭祖作为中华民族传说中生命最为持久的养生家,又是武夷山先民的始祖。挖掘整理彭祖长寿养生文化,旨在抢救和保存传统文化优秀遗存,传承传统文化精华。而彭祖养生文化相对集中在体现彭祖养生健身思想和流传了数千年的具体锻炼方法中。因此,挖掘整理彭祖长寿养生健身术,对于当下竞争激烈、生活工作节奏加快的条件下,缓解紧张、焦虑情绪,调适身心的亚健康状况,从根本上提高人们的心理素质和健康水平,适应社会老龄化问题具有一定的现实指导意义。同时,能够从一个侧面彰显武夷山世界文化遗产的魅力。这就是本课题的研究目的所在。

二、简明彭祖长寿养生健身术的功法来源

(一) 源于《庄子》

《庄子·逍遥游》中论述"大年"与"小年"(即长寿与短命)的差别时举例说:"古有大椿者,五千年为春,五千年为秋,而彭祖乃今以久特闻,其不悲乎!"①相传彭祖寿长800岁,但在庄子看来,还够不上"大年",所以他认为彭祖以长寿闻名是可悲的。这应该是现存可见古代文献中,最早论及彭祖长寿的文字。那么,彭祖是凭借什么获得长寿的呢?《庄子·刻意》中有:"吹呴呼吸,吐故纳新,熊经鸟申,为寿而已矣。此导引之士,养形之人,彭祖

寿考者之所好也。"①笔者推测，《庄子》中的以上话语只是功法内容举例，而不像是彭祖所习练功法的全部内容，如"吹呴呼吸"中即使把"吸"理解为"嘻"的通假字，也只是南北朝定型的《养生六字诀》中的4个字，还差两个字；"熊经鸟申"显然是指活动肢体的动功，但没有具体的动作描述，可能与出土的汉代《导引图》中个别招式和华佗《五禽戏》中的"熊戏""鹤戏"有一定的关联度，笔者从中得到启发，编了简明彭祖养生导引术的第2式"熊经搂气，健脑强脊"和第7式"鸟伸起落，固本培元"。

（二）源于出土帛书汉代《导引图》

《导引图》共44式，结合自己的钻研理解，依据《导引图》第2行从左往右第5式、第10式、第3行第6式、第7式，分别编了简明彭祖养生导引术的第4式"开合吐纳，舒胸理肺"、第5式"摇橹划船，活血强心"、第3式"托天接地，平衡阴阳"和第1式"摄清洗髓，降浊排病"。

（三）源于《增演少林洗髓易筋内功图说》

新编简明彭祖养生导引术中的第6式"马步运掌，壮腰健肾"和第8式"按摩胸腹，舒肝健脾"都受《增演少林洗髓易筋内功图说》的启发，但第8式还吸收了近年十分流行的中里巴人《求医不如求己》所介绍的"推腹法"，把《洗髓易筋内功图说》中中间三指推腹改为十指或掌推。

（四）源于陶弘景《养性延命录》

《庄子》所说彭祖得以长寿的"吹呴呼吸，吐故纳新"之法，传到南北朝时，由著名道教养生家陶弘景发扬光大，定型为"吹、嘘、呵、呼、咽、嘻"《养生六字诀》，此后历代传习，不曾断绝，而且增加了许多配合呼吸的动作，今天在民间、图书和网络上所交流的带动作的《养生六字诀》就不下4种。

简明彭祖养生导引术，内外兼修，动静结合。全套功法紧紧围绕平衡阴阳、疏通经络、通调五脏的宗旨编排，动功、静功都以此为目标，遵循"三重三不"原则，即注重顺应天道，趋利避害；注重扶正祛邪，健身祛病；注重持之以恒，益寿延年。不追求所谓神通异能，不提倡运用此术为别人治病，不主张超越自然规律。为习练方便，分为三部分：第一部分是彭祖养生导引术，第二部分是彭祖长寿内养功，第三部分是彭祖益寿健身操。第一、二两部分重在用气用意不用力，而第三部分的拍打则适度用力，这是健身气功与体操的根本区别。三个部分既相互关联，又相对独立。根据个人实际，可三部分依次操练，亦可单独选练其中一部分或两部分甚至只拆练其中几式。无论单练还是合练，对健身祛病、益寿延年都大有裨益。

三、彭祖养生导引术

彭祖养生导引术动作简单，易学易练；男女老少，均可修习。只要掌握要领，坚持不懈，体弱者可恢复强健，慢性病患者可祛病康复，持之以恒，可延性续命，颐养天年。

彭祖养生导引术的主要内容及功效：

预备式：调形：两脚平行，与肩同宽，头正身直，虚领顶颈，目光收回，眼帘微垂，下巴微收，舌抵上腭，含胸拔背，两臂下垂，沉肩坠肘，两腿微曲，气沉丹田。意想全身放松，自然呼吸逐渐过渡到深细匀长的腹式呼吸。

（一）摄清洗髓，降浊排病

接预备式松静站立，意想"我即宇宙，宇宙即我，圆圆融融，通彻透明；宇宙真阳清气灌注全身，清洗全身，全身如沐甘霖；体内病气、浊气被冲洗下行，从两脚掌排入地下，穿透地球，过滤干净，心中默数呼吸 36-49 息后，停止洗髓排病，意想手臂无限伸长，由体侧缓缓向上抬，手心向上，采摄宇宙真阳清气，向头顶聚拢从百会灌下，降至下丹田，同时两手手心向下，指尖似接非接，从面前下降至下丹田，血压高者可意想血压降至正常。反复 8 次后左手在外右手在内叠放于下丹田处。

功效：中医养生理论认为，"以行导气，以息导气，以意导气，使气血顺着人体的十二经脉、奇经八脉、常用穴位进行运转循环，从而把天地间精华采进来，把人体内部病气排出去。这样，就使人体内部不断充实'真气''正气'，增强自身防病治病的能力，达到强身健体、延年益寿的效果。"[2] 此式即通过调形、调意、调息，进入松静状态，将自身小宇宙与自然大宇宙调适到同频共振的和谐状态，摄取宇宙清气，清洗体内病气、浊气；舒筋活血，平衡阴阳，以正祛邪，调理全身。在程式上从放松下手，从站桩开始，便于集中意念，尽快进入松静状态。

（二）熊经搂气，健脑强脊

接上式，吸气的同时两臂从身体两侧缓缓抬起，与眼睛同高时手心向前，意想两臂向左右伸出无限远，搂采真阳清气；依次向头部、颈部、胸部、腰部各搂气 8 次，意想所搂宇宙真气从头部、颈部、胸部、腹部自前面入由后面出，穿过身体，两手搂气所画之圆穿过头部、颈部、胸部、腹部时相切，穿过身体时开始呼气并带出病气、浊气，在宇宙过滤干净；周而复始做 8 次。依次回复成预备式。

功效：此式是易筋洗髓并重之法。通过动作、呼吸、意念作用于任督二脉的关键部位，用宇宙真气置换体内病气、浊气，健脑益智，锻炼肩、肘关节和脊椎关节，强脊益髓，培补元气，扶正祛邪。

（三）托天接地，平衡阴阳

接上式，舒缓吸气的同时两手向前、向上推举，掌心向上，手指相对，两手举过头顶如托天状，意想全身毛孔吸纳天阳真气。继而呼气的同时，两掌由上方呈弧形向下伸，弯腰，至脚前如按地，同时意想天地相合；两手掌伸至脚前，抓成空心拳，吸气，意想采摄混元真气，缓缓直起腰来，两拳提至胸前，变拳为掌，左手在里，右手在外相叠，意想将真气灌入膻中（中丹田）；呼气，两掌心向下，指尖似接非接，下按，意想真气沉至下丹田。如此 8 次，还原成预备式。

功效：少林《洗髓易筋经》指出："天地本乎阴阳，阴阳主乎动静。人身，一阴阳也；阴阳，一动静也。动静合宜，气血和畅，百病不生，乃得尽其天年。""运定之法，以动化静，以静运动，合乎阴阳，顺乎五行，发其生机，神其变化，故能通和上下，分经阴阳，去旧生新，充实五脏，驱外感之诸邪，消内生之百病，补不足，泄有余，消长之道，妙应无穷。"③ 此式"使人体阴阳之气与天地阴阳之气和谐一致，使人体场和宇宙场协调同步，抓住了人体和谐的核心'天地合一'"④。具体效果在于调理五脏六腑，锻炼心、脑血管，平衡阴阳，调节血压，抻拉脊椎，锻炼两腿、两臂韧带与关节，同时锻炼意念调控能力，有效排除杂念。

（四）开合吐纳，舒胸理肺

左脚向右前方迈出一步，脚尖点地成虚步，重心放在右脚；两臂自体侧向上抬举，同时吸气，掌心相对，至胸前略与肩平时呼气，两掌相向靠拢但不可相贴，稍顿片刻，待气呼尽。两手缓缓拉开若抽丝状，藕断丝连，两手宽度过肩，身体微向后仰。然后两手慢慢向胸前合拢并呼气，掌心相对，两掌间如按弹簧，劳宫穴如有物相触，两手合之接近，继而再拉开，开时吸气，合时呼气，如此开合连做 8 次。然后两手下垂，收回左脚，迈出右脚，开合 8 次，之后，两手下垂还原成立预备姿势。

功效：通过吐故纳新以扩大肺活量，提高肺泡吸氧排浊能力。行功过程中，手掌劳宫穴和手指会有麻胀感，对手三阴经和三阳经起疏导作用，同时锻炼末梢神经灵敏度。

(五) 摇橹划船，活血强心

左脚向左前作大弓箭步，左腿弓膝，右腿蹬直，两手由拳变掌，掌心向外，向前推出，身体随之前倾，推掌的同时缓缓吸气；至两臂伸直时，两掌握拳如抓物状拉回并呼气，如此摇橹划船状推拉8次。换右腿弓，左腿蹬，如前做8次。动作快慢宜随个人气息长短灵活掌握。还原成预备姿势。

功效：舒展肢体，锻炼肩、肘、腕、指和腰腿关节、韧带；握拳与伸开手指，如同心脏收缩与舒张，可增强心脏功能；同时，活动十指，刺激手三阳手三阴起始穴位，有利于打通经脉。

(六) 马步运掌，壮腰健肾

身体下蹲成马步，气沉丹田。两手握拳，拳心向上，置于左右腰际；起右手由左肩处变掌向右缓缓划弧搂气，同时吸气，意想搂大自然真阳之气；以腰为轴，掌心由向内转向外，至转不动时顺势收掌，掌心贴捂命门，意想将真气灌入命门。呼气，换左手从右胯处上抬至右肩处掌心渐向外向左向后缓缓划弧搂气，至转不动时顺势收掌，掌心贴捂命门，意想将所搂阳气灌入命门。左右交替，重复8次。还原成预备姿势。

功效：马步为武术健身的基本功，可稳固下盘，舒筋活血，搂真阳入命门，可增强命门纳气能力，壮腰健肾，固本培元；运掌时舒缓的转动，可锻炼肩、臂特别是腰腿关节、肌肉、神经、经络。

(七) 鸟伸起落，固本培元

接上式，两手手心向下由体侧缓缓向上平举的同时吸气，意在小指，两手略高于肩时，缓缓下按同时呼气，似按水中浮球，身体在两手下按时缓缓下蹲至两腿屈膝成90度（最低屈膝45度），两手下按至大腿两侧止。吸气为升，呼气为降，一升一降，如鸟儿展翅上翔下落，连续做8次。还原成预备姿势。

功效：通过升降吐纳，练后天补先天，培养丹田真气，固本培元。其机理在于，运动手三阳及手三阴和足三阳、足三阴12条经络，使体内真气升上降下，培补元气。同时锻炼肩、臂和腰腿关节。

(八) 按摩胸腹，舒肝健脾

解掉束腰皮带（布带可不解），站、坐、仰卧均可，两脚分开与肩同宽，全身放松，气沉丹田。依次做如下按摩：

(1) 接上式以左手掌（或两手相叠）逆时针绕肚脐揉摩21次，再以右手掌（或两手相叠）按顺时针方向绕肚脐揉摩21次；

(2) 以两手食中无名三指顺时针方向揉摩膻中 21 圈；

(3) 从膻中边揉边下行至耻骨上缘；

(4) 由膻中向下推摩至耻骨上缘 21 次；

(5) 两手拇指相接，其余 4 指并拢，自前胸天突穴位置，用指肚向下推拿 36-100 次。

功效：揉摩脐腹，帮助肠胃蠕动，调动内气聚集下丹田；揉摩膻中穴，补后天之气；推揉腹正中线，疏通任脉；推按疏通任脉两边的足少阴肾经、足阳明胃经、足厥阴肝经和足太阴脾经及带脉，可舒肝活血，健脾和胃，调理三焦，理气纠偏，调治大部分与五脏六腑相关的慢性疾病。

第 1、2、3 式侧重全身的整体调理，第 4-8 式分别侧重于肺、心、肾、肝、脾五脏调理。

四、站桩与内养法

中华气功源远流长，门类繁多，古代养生家多以气功作为益寿延年之要术成功的例子数不胜数。其中站桩气功易学易练，效果极佳，尤其对年老体弱，慢性疾病如神经衰弱、高血压、心血管症、关节炎、肠胃病等，能起到有病治病，无病强身的作用。

（一）彭祖养生筑基桩

身体站立，两足分开与肩同宽，虚领顶颈，含胸拔背，沉肩坠肘，舌抵上颚，两腿微曲，两手如黑熊抱桩状，意守丹田（脐下一寸三分）全身放松，从头到足，如浴甘霖，平心静气，排除杂念，目光先平视，然后视线慢慢内收，两眼似闭非闭。初练以自然呼吸为主，逐渐过渡到深细匀长的腹式呼吸，使丹田真气自然充盈。

初练时间不宜太长，太长则容易滋生杂念。一般以每次七八分钟为宜，根据体力和实际达到的松静程度，逐渐延长时间，能站到 20-30 分钟，即有理想效果。

（二）彭祖益寿内养功

坐、卧、站、行均可，放松全身，放下忧愁、烦恼、欲求，排除杂念，做到心静如止水。先意守丹田片刻，然后行吐纳之术：先吸后呼，吸气时闭口；呼气时若读"吹、嘘、呵、呼、哂、嘻"。每字 6-36 息，不可过多，以免造成损伤。亦可遵循下述口诀配合动作习练："肝嘘睁眼如怒目，心呵头顶叉手臂。脾呼撮口气息匀，肺哂胸前开合频。肾吹双手抱膝头，嘻嘻托天理三焦。"起初呼念六字时可发出呼气声，渐渐过渡到深、细、匀、长而无声。六字吐纳完毕，继续意守丹田片刻，时间长短不限，然后收功。

此六字分别调理肝、心、脾、肺、肾、三焦。根据阴阳五行和经络学理论，肝与胆、心与小肠、脾与胃、肺与大肠、肾与膀胱、三焦与心包经各自互为阴阳表里，调理五脏的同时，也能够调理六腑。"若患者依此法，皆须恭敬，用心为之，无有不差，愈病长生之术。"⑤此法即《庄子·刻意》中所载的"吹呴呼吸，吐故纳新，熊经鸟申"之术。

丹田真气充盈后，可行导引之法，即吸气时以意领气，将气上提到膻中（两乳之间）略微一停，呼气下降。丹田如此一吸一呼一升一降，渐至腹内肠蠕动如雷鸣，达到腹实胸宽中气稳固之境界。丹田为先天气官，膻中为后天气汇。真气下降至丹田，先天与后天会合，以后天补先天，充实本源，真气旺盛，邪不能侵，延缓衰老，益寿延年。

养气以舒服为度。宜遵循循序渐进原则，开始七八分钟，根据个人具体情况，可逐渐延长时间至30分钟甚至一两个小时不等。

五、彭祖益寿健身操

古代练功家在练功后要做些整理运动，使练功不致有流弊或发生偏差等副作用，所以也叫"收功八法"。同时，整理运动也是健身强身、养生延年的独立功法。因此有人单练彭祖益寿健身操，同样可以达到保健养生目的。根据现代科学测定，彭祖益寿健身操对人体内分泌具有很好的调节作用，而对练功而言，能收到去火保健的效果，更可起到舒筋活血的作用，使人感到轻松愉快。

（一）浴面拍头，收功驻颜

将两手擦热，由下向上摩搓若干次，意想皱纹舒展，面色红润。两手微曲成空心掌由前向后拍打头部3-6遍。双手十指从前额发际向后至后发际梳头21次；用大拇指点压风池穴36次。

这一组头面功夫为主要收功动作，不仅可防止偏差，而且可去除皱纹，使面色红润，色斑消退，青春长驻并预防感冒。

（二）震鸣天鼓，醒脑复聪

两掌心捂住耳朵，手指放在脑后，两手手指弹击后脑若干次，若鼓声咚咚作响；突然放开两手。如此反复3次。

此法可增强脑垂体内分泌运动，使思维敏锐，头脑清新，增强记忆力。

（三）浴鼻搓耳，调理全身

将两手拇指外侧搓热，从上往下摩擦鼻梁两侧36次，手指点压迎香穴36次；耳朵外形像肾脏，全耳遍布全身内外各器官反射点，大拇指上下按摩两耳后降压沟21次或两手揉搓两耳36遍，可收按摩全身内外脏器之功效，同时防感冒、祛风寒，通鼻窍，调节血压，消炎止痛，疏通经络。

（四）搓颈擦椎，活血御邪

左手搓右边颈动脉，右手搓左边颈动脉各21次；用手掌摩擦颈后大椎部位21次。搓摩脖颈，防止颈动脉血管硬化；摩擦大椎，防治感冒，阻止外邪入侵。

（五）叩齿搅海，吞咽琼浆

牙齿上下互扣。反复36次以上。牙齿为骨之梢，牙齿互扣，使骨节震动，肌肉压缩，气降下盘，腹实胸宽。有固肾健脑，调节血压、活血醒脑之效。舌尖轻抵上腭，在口腔顺、逆时针各转若干圈，名"赤龙搅海"，然后鼓荡漱口，使津液满口，分三次咽下，吞咽时咕咕有声。津液为人身之珍宝，养生学称之为玉液琼浆或玉液精津，乃体液之精华。能帮助消化，消炎镇静，补益气血，增加精力。故唾液下注于丹田，有练后天补先天的作用。

（六）拍打两臂，疏通经脉

两足分开，与肩同宽。右手拍打左臂，左手拍打右臂，自肩至手，分四面一掌挨一掌拍打，以能忍受为度。用两手空心掌从上到下全面拍打胸腹和后背，运动五脏六腑，打通手三阳手三阴经脉气血。

（七）两手擦（拍）腰，强腰健肾

两手掌拍打后腰或上下摩擦36-72次，搓至发热更好。肾为先天之本，肾健则本固枝荣。故按摩两肾可使腰部肌肉增强活力，防治腰痛，即使到老年腰板也能挺得直。

（八）拍打两腿，疏通经络

两手分别拍打两腿，从大腿根至脚踝分四面一掌挨一掌拍打，以能够忍受为度。坚持每天两次，可打通足三阴足三阳6条经脉。

中医经络学指出："通则不痛，痛则不通。"通过拍打，打通经络，就能祛除病痛，增强体质。

对每节功法所规定次数，除"六字诀"每字不可超过36息外，其他均不必过于执着、拘泥。习练过程中个别人如果出现幻觉、幻视、幻听等情形，勿喜，勿惧，勿恋，勿追，及时觉醒，搓手、浴面、空心掌拍头等，做好收功八法，可保证不出偏差。

六、结论

综合上文，我们认为，彭祖的养生长寿术虽然不会像《庄子》中所说的那样简单，但也不可能像后世不断增益叠加并在一定程度上被蓄意渲染甚至加以神化的那样繁冗、复杂与故弄玄虚。真正行之有效的彭祖长寿养生术，应该是主旨集中明确，符合中华民族传统养生理念，形式简洁明了，便于操作而且效果显著。综合考查先秦至两汉的相关文献和出土文物，可以得知汉代以前，人们所推崇的养生术主要是吐纳导引和行气。《导引图》得到汉人珍视而带到坟墓中去，就是明证。当然，我们并不否认彭祖长寿养生术中的服食养生、情志养生、房中养生等内容的重要性，只因这些问题不在本文所要讨论的范围之内，所以不进行论证。《简明彭祖养生导引术》试图正本清源，虽然不可能做到完全恢复原始的彭祖长寿养生术的原貌，但根据原始文献所提供的线索，尽可能地体现了彭祖长寿养生术通过吐故纳新，促进新陈代谢；平衡阴阳，调理脏腑气血；适度运动肢体、关节、肌肉、韧带，增强生命活力，进而延缓机体衰老速度而延年益寿的精髓与关键，因而是合理并符合科学精神的。

参考文献

① 陈鼓应，注译. 庄子今注今译 [M]. 北京：中华书局，1983.

② 朱会军. 中医理论与中国传统养生体育 [J]. 湖北体育科技，2009（02）：149.

③ 增演易筋洗髓内功图说 [M]. 北京：学术期刊出版社，1988：553-554.

④ 赵明奇，韩秋红. 论彭祖文化的形成、发展与历史地位 [J]. 扬州大学烹饪学报，2008(1)：22-25.

⑤ 陶弘景. 养性延命录·愈病长生要术 [A]. 李远国编著. 气功精华集 [Z]. 成都：巴蜀书社，1988：76.

后　记

彭铁元

　　《彭祖文化探源》是我国研究彭祖文化的集大成者，是值得我们用一生去追寻的使命。

　　从 2015 年 8 月 8 日我们编委会成员相聚起意，到 2016 年 8 月 8 日编辑完成，刚好用时一年。而彭祖及彭祖文化在中国已经诞辰 4000 多年了。彭祖文化已经成为中国文化重要的组成部分，并且深深地融入中华民族的血脉，也成为我们生命中不可分割的魂魄。我们希望彭祖文化能够代代相传，能够永远福佑中华子孙，这就是我们要编辑出版本书的目的。

　　这本书的出版得到了作者、领导和朋友的支持。在本书编辑过程中，作为国家级文化泰斗和大师的本书数十位作者们，在繁忙的工作中以不同方式多次为本书编辑提供各种帮助；中国特型演员、毛泽东的扮演者彭江先生百忙之中为本书题写了书名；著名记者兼作家彭四平先生、著名作家彭开富先生为本书提供了很多宝贵意见；退役海军军官、书法家彭旺华和解放军报记者彭华亮兄多次给予帮助；研究彭祖文化 20 多年的徐州彭长国先生也多次提出建议。我在人民日报社的同事孙丽娜同学负责本书的美术编辑任务；孙丽娟、李凤娇参与了全书校对。特别要感谢的是中国青年政治学院优秀硕士研究生邱琛同学从文章收集、整理，到与著者联系、出版校对，一丝不苟地一直从开头坚持到出版。在此一并感谢！

　　由于我们编辑水平有限，对彭祖文化研究不够精深，错误在所难免，欢迎大家批评指正！为我们以后工作提供宝贵意见。彭祖文化编委会丛书的邮箱是 yu_qing_2008@163.com。

编委会简介

彭小龙

男,中共党员,湖北监利县人,1970年10月出生,市政协委员、百色市工商联执委、百色市田阳工商联副主席、荆州市工商联(总商会)名誉会长、广西有色金属工业协会副会长、广西湖北商会常务副会长、广西商标协会常务副会长、广西湖北商会建材协会会长、百色湖北商会会长兼党支部书记,广西南桂铝业集团董事长,彭祖文化研究会常务副理事长。

彭　滕

女,福建仙游人,1970年7月出生于贵州,。南京航空工业学院毕业,2001年起先后担任厦门大融磁电子有限公司、北京两岸情广告传媒有限公司、谷丁(北京)投资有限公司总经理,现任北京合力金桥系统集成技术有限公司总经理。并先后从事保险、文化传媒行业高管,具有丰富的品牌运营和团队管理经验。彭祖文化研究促进会副理事长。

彭兴国

男,中共党员,江西南县人,1966年2月28日生。1985年毕业于江西南县大学毕业。1987年到1996年在江西余平县驻南昌办事处工作,任副主任、主任等职,1997年到2016年在南县洪城市总商会任副会长一职,2010年任德安洪达房地产开发有限公司董事长,2016年任江西省彭祖文化研究会会长。

◆ 彭祖文化探源 ◆

彭 江

男，中共党员，江西省九江人，1950年10月出生。1968年参军，任石家庄高级陆军学校政治部宣传部专职摄影干事15年。1983年转业至河北画报社，先后任记者、主任、副社长；中华英才画报社冀、津、豫记者站站长等职；是中国电视艺术家协会第二、三届理事，中国电视艺术家协会编、导、演专业委员会常务副主任，中国影视音像交流协会特型演员研究中心主任，中国文学艺术基金会电影电视专业委员会主任；中国摄影家协会会员。彭祖文化研究促进会副会长。

彭 涛

男，湖北洪湖人，1975年3出生。毕业于海南大学汉语言专业，爱好文学及古典音乐。先后担任三株集团湖北省仙桃分公司、海南先锋医药公司、洪湖天健房地产公司、华康医院、湖北华颂珠宝公司、荆州楚河资产管理公司等企业高管。荆州长江创业商会武汉分会常务副会长。彭祖文化研究促进会副秘书长。

彭华军

男，中共党员，湖北安陆人，1976年8月出生。曾在中国人民解放军二炮某部服役，先后在清华同方股份有限公司与星光影视股份有限公司担任企业高管。演艺、文化旅游、广电系统集成行业资深专家。2008年-至今参与奥运开幕式、春节文艺晚会、世博会中国馆、河北省运动会开/闭幕式等活动系统设计。长期研究中国传统文化，彭祖文化研究促进会发起人之一，致力于将彭祖养生与文旅产业资源整合并发扬光大。

彭锦程

男，广东汕尾人，1952年2月出生，1969年-1983年在广东省陆丰二轻系统工作，1984年起下海经商，1994年-1996年创办展球实业（深圳）有限公司，先后担任深圳市政协委员、人大代表，深圳市天主教爱国会名誉主席，中国天主教第七届、第八届全国代表会议代表，深圳慈善会第一届理事会理事，深圳慈善会"劳务工关爱基金"评审小组组长，2011年至今担任广东省工商联合会（总商会）第十一届执委。彭祖文化研究促进会副会长。

彭继峰

男、中共党员，贵州省黔西县人，1971年10月生，遵义医学院本科毕业，先后任黔西县中心医院病理科主任、贵州省商品贸易促进会办公室主任、人民代表报贵州中心采编部主任等职。系中国国学作家创作协会常务副会长、中华彭祖文化研究促进会副秘书长，著有《古韵》《新草》《杂坛》《散花》《格言》《论文》等集子，部分作品被《全国诗歌精选》《诗选刊》《中华好诗词作品集》《中华名人格言》《中外哲理名言》《党旗下的奉献》《华夏优秀人物思想宝库》《国际杰出专家论著精粹》等20余种书典收录，先后被评为"共和国百业杰出人物""全国德艺双馨模范"等称号。

彭良光

男，贵州省贵阳市人，1965年3月出生，贵阳中医学院本科毕业，拥有执业医师、药师、公共健康营养师、按摩保健师证书，先后在贵阳中医学院、贵州省药监局、昆明医学院、贵州省职业技能鉴定指导中心、北京中医药大学和北京第一医科大学学习。1989年3月在贵阳白云区开办医疗机构，2009年开办贵州省医药（集团）兴业大药房彭家回春堂连锁有限公司。2012年被中华爱国英才活动组织委员会聘为常务委员；2013年被评为"全国先进爱国企业家"爱国宣言及先进事迹荣誉登录《中华爱国国典》

◎ 编委会简介

彭文清

男，重庆市万县人，1971年2月出生，重庆康寿无花果开发有限公司任法人代表，重庆无花果产业发展创始人。1991年9月-1993年7月在万县财贸校财审专业学习，多次获得学期奖励"创三好学生"；1993年-2001年，在天城建筑材料厂任会计、营销厂长；2001年-2002年，任天城奔马建材厂厂长。2002年-2005年，在天城镇大团村租地建果园，种植了桂花树，无花果等树种。2005年7月，在北京农学院进修农业专业技术知识，自学了无花果高效无公害栽培技术，为无花果产业发展打下了坚实的技术基础，2013年至今任重庆市万州区钟鼓楼街道大团村村主任。长期研究绿色食品与彭祖养生，是重庆彭祖文化研究会万州分会副会长。

彭媛媛

女，中共党员，四川省乐山市人。1980年12月出生。2003年四川师范大学毕业，2006年北京大学毕业。曾担任北京电视台科教节目中心编导、执行制片人，中央电视台电影频道、中央电视台总编室责任编辑。2010年创办北京九天飞扬文化发展中心并担任董事总经理，2015年创办九天微星科技发展有限公司并担任COO。参与2009年、2010年央视春晚的策划与执行；担任2011-2013年三届中国西部国际博览会开幕式总制片人，多次成功举办大型国际博览会；参与出版《科学人生——50位中国科学家的风采》。先后获得国家发改委授予的2014"中国经济新领军人物"称号，2016年未来创客实验室总决赛"最佳创意奖"，2016年中国科协全国科技工作者创新创业大赛"金奖""最佳商业投资价值奖"。长期从事彭祖养生文化与现代媒体传播。

◎ 编委会简介

彭献金

男，中共党员，江苏徐州人，1966年11月生，金融学、法学双本科学历，经济师。先后任徐州彭城农村商业银行行长兼纪委书记、贾汪区统计局局长助理、贾汪区科协副主席、贾汪区城建重点工程办公室副主任、徐州市贾汪交通投资发展有限公司董事总经理、徐州市贾汪都市旅游投资发展有限公司总经理。长期研究古彭城与徐州文化，彭祖文化研究促进会常务理事、常务副秘书长。

彭旺华

男，中共党员，1972年10月出生于安徽省望江县。军旅25载，历任连、营、团职领导干部。自幼热爱书法和国学传统文化。书法求学于孙伯翔魏碑常年班，中书协刘洪彪副主席草书班。军旅书法家，北京惠通博文书画院副院长。2015年退役后，任合力金桥系统集成技术有限公司（香港主板上市）常务副总裁，华夏崇兴文化传媒有限公司总裁。书法和诗文作品先后在《解放军报》《解放军画报》《书法导报》《书法报》等报刊杂志发表。《中国军网》多家大型网站作过专题介绍，2011年，被评为全军文化人物。

彭铁元

男，中共党员，1963年12月26日出生于湖北仙桃。舆情大数据学者、民国史学者、国家大数据专业委员会秘书长，人民日报社中国城市网大数据研究中心主任、中国政府创新与管理中心副主任；中国现代舆情事业创始团队成员；中央纪委反腐倡廉舆情监测课题组负责人；环保部新闻工作者协会舆情专家组成员；国家安监总局舆情专家；中国企业家非正常死亡课题组负责人；中国企业危机监测与应对课题负责人；中国青年政治学院硕士生导师，北京大学研究员。历任人民网舆情监测室常务副秘书长、人民日报社人民论坛网总编辑、副总编辑。

图书在版编目（CIP）数据

彭祖文化探源/彭铁元主编.—北京：中国书籍出版社，2017.1
ISBN 978-7-5068-5988-2

Ⅰ.①彭… Ⅱ.①彭… Ⅲ.①文化史—研究—徐州 Ⅳ.①K295.33

中国版本图书馆CIP数据核字(2016)第294665号

彭祖文化探源

彭铁元　主编

策划编辑	李立云
责任编辑	李立云　魏焕威
责任印制	孙马飞　马　芝
封面设计	孙丽娜
出版发行	中国书籍出版社
地　　址	北京市丰台区三路居路97号（邮编：100073）
电　　话	（010）52257143（总编室）　（010）52257140（发行部）
电子邮箱	yywhbjb@126.com
经　　销	全国新华书店
印　　刷	河北省三河市顺兴印务有限公司
开　　本	710毫米×1000毫米　1/16
字　　数	264千字
印　　张	15.75
版　　次	2017年1月第1版　2017年1月第1次印刷
书　　号	ISBN 978-7-5068-5988-2
定　　价	80.00元

版权所有　翻印必究